A oficina do cosmógrafo

Frank Lestringant

A oficina do cosmógrafo
Ou a imagem do mundo no Renascimento

Tradução de
Edmir Missio

CIVILIZAÇÃO BRASILEIRA

Rio de Janeiro
2009

TÍTULO ORIGINAL
L'atelier du cosmographe ou L'image du monde à la Renaissance

CAPA
Elmo Rosa

PROJETO GRÁFICO DE MIOLO
Evelyn Grumach e João de Souza Leite

CIP-BRASIL. CATALOGAÇÃO-NA-FONTE
SINDICATO NACIONAL DOS EDITORES DE LIVROS, RJ

L635o
Lestringant, Frank
   A oficina do cosmógrafo, ou a imagem do mundo no Renascimento / Frank Lestringant; tradução Edmir Missio. - Rio de Janeiro: Civilização Brasileira, 2009.

   Tradução de: L'atelier du cosmographe ou L'image du monde à la Renaissance

   Inclui bibliografia
   ISBN 978-85-200-0951-2

   1. Thevet, André (1516-1590). 2. Geografia. 3. Mitos geográficos. 4. Améric - Descobertas e explorações. I. Título.

09-4989
CDD: 910
CDU: 913

COPYRIGHT © Albin Michel, 1991

"Cet ouvrage, publié dans le cadre de l'Année de la France au Brésil et du Programme d'Aide à la Publication Carlos Drummond de Andrade, bénéficie du soutien du Ministèr français des Affaires Etrangères.
« France.Br 2009 » l'Année de la France au Brésil (21 avril - 15 novembre) est organisée: En France: par le Commissariat général français, le Ministère des Affaires Étrangères et Européennes, le Ministère de la Culture et de la Communication et Culturesfrance.
Au Brésil: par le Commissariat général brésilien, le Ministère de la Culture et le Ministè des Relations Extérieures.

"Este livro, publicado no âmbito do Ano da França no Brasil e do programa de apoio à publicação Carlos Drummond de Andrade, contou com o apoio do Ministério Francês da Relações Exteriores.
« França.Br 2009 » Ano da França no Brasil (21 de abril a 15 de novembro) é organizada: No Brasil: pelo Comissariado Geral Brasileiro, pelo Ministério da Cultura e pelo Ministério das Relações Exteriores.
Na França: pelo Comissariado Geral Francês, pelo Ministério das Relações Exteriores e Européias, pelo Ministério da Cultura e da Comunicação e por Culturesfrance.

Todos os direitos reservados. Proibida a reprodução, armazenamento ou transmissão de partes deste livro, através de quaisquer meios, sem prévia autorização por escrito.
Texto revisado segundo o Novo Acordo Ortográfico da Língua Portuguesa.

Direitos desta tradução adquiridos pela
EDITORA CIVILIZAÇÃO BRASILEIRA
Um selo da
JOSÉ OLYMPIO EDITORA
Rua Argentina 171 - 20921-380 Rio de Janeiro, RJ - Tel.: 2585-2000

PEDIDOS PELO REEMBOLSO POSTAL
Caixa Postal 23.052 - Rio de Janeiro, RJ - 20922-970

Impresso no Brasil
2009

Com a única preocupação de viajar

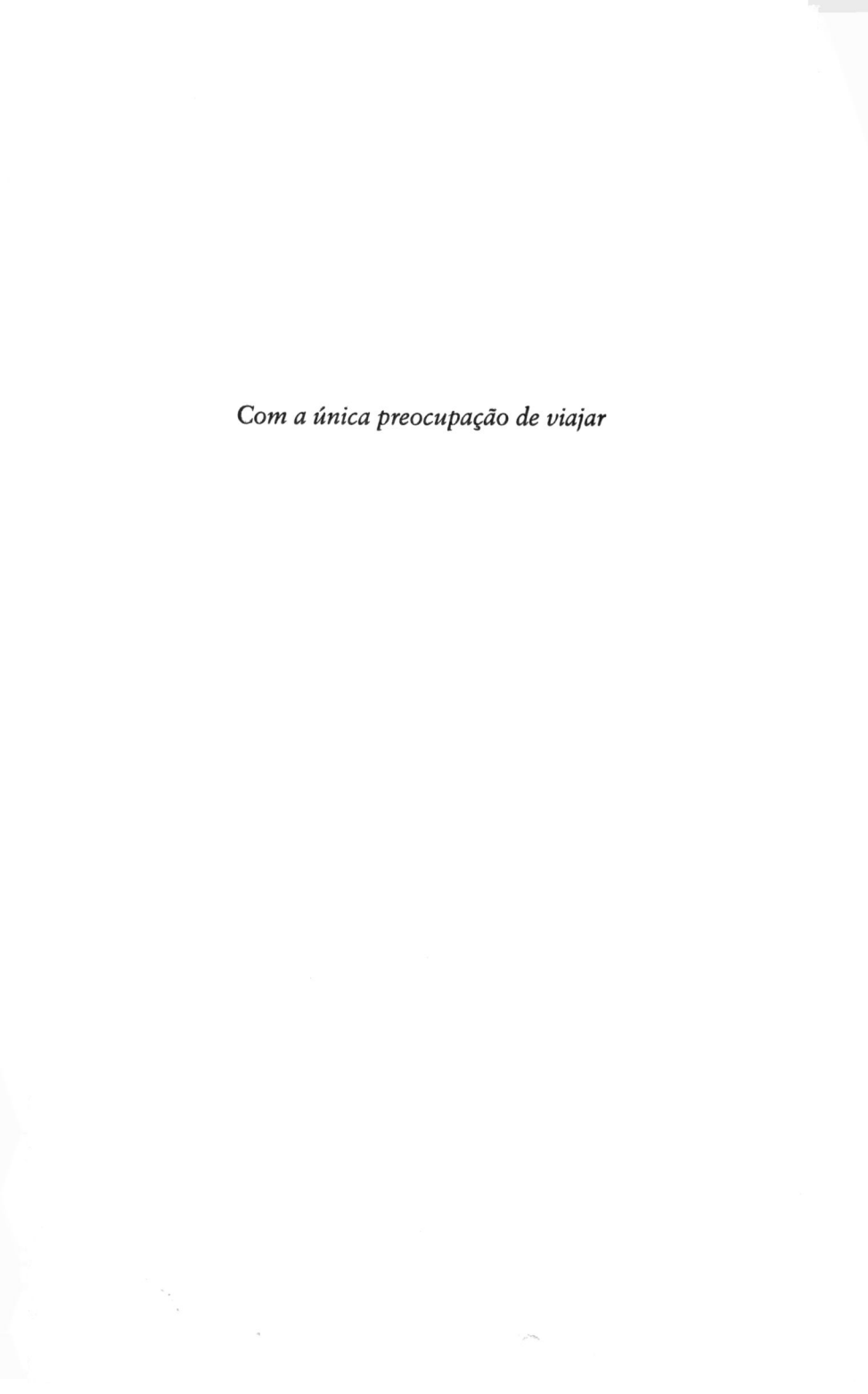

Sumário

PREFÁCIO À EDIÇÃO BRASILEIRA 9
ABREVIAÇÕES 15
INTRODUÇÃO: RENASCIMENTO E COSMOGRAFIA 17

CAPÍTULO I
O modelo cosmográfico 35
UMA COSMOGRAFIA AO AR LIVRE 37
O OLHAR ONIPOTENTE 48
A INESGOTÁVEL INVESTIGAÇÃO 58
COSMÉTICA E COSMOGRAFIA 68

CAPÍTULO II
Lições antigas: um oriente livresco 75
UMA FICÇÃO DE ERUDIÇÃO 77
DO EMBLEMA À MEDITAÇÃO COSMOGRÁFICA 84
DIALOGISMOS 91
O THEVET DE GREGOR HORST 95

CAPÍTULO III
Mitológicas: a invenção do Brasil 101
O TROPISMO BRASILEIRO 103
POLIDORO VERGÍLIO E O PENSAMENTO SELVAGEM 116

CAPÍTULO IV
Mitológicas II: amazonas e monarcas 129
CONFUSÃO DE GUERREIROS NUS 131
AS QUATRO ESPÉCIES DE AMAZONAS 143
O MITO DA MONARQUIA ÍNDIA 160

CAPÍTULO V
Cartográficas: uma experiência com o mundo 183
A UNIDADE DA COSMOGRAFIA: A LIÇÃO DE GUILLAUME LE TESTU 185
A IMAGINAÇÃO A SERVIÇO DO MAPA 191
FICÇÕES DAS TERRAS NOVAS 203
UM COSMOS EM MIGALHAS 211

EPÍLOGO: O FIM DA COSMOGRAFIA 217
APÊNDICE: GUILLAUME LE TESTU, COSMOGRAFIA UNIVERSAL SEGUNDO OS NAVEGADORES, TANTO ANTIGOS QUANTO MODERNOS (1556) (EXCERTOS) 227
NOTAS 237
BIBLIOGRAFIA SUMÁRIA 295
ÍNDICE 305

Prefácio à edição brasileira

Ao passar da língua francesa à portuguesa, ou melhor, à brasileira, este livro retorna em certa medida a seu lugar de origem. De fato, o Brasil é largamente tratado em dois dos cinco capítulos deste livro. Um Brasil muito diferente do de hoje: mais uma faixa costeira do que um país, um litoral que deixa apenas pressentir profundezas insondáveis, preenchidas com uma floresta a perder de vista, onde ecoam mais os sons das aves que as palavras humanas. Mas já se impunha a ideia de um mundo que em nada se assemelha ao nosso, isto é, ao da velha Europa, a não ser por inversão. Uma espécie de mundo de cabeça para baixo, invertido, oposto do outro lado do equador, donde o seu nome de "antártico". Para compreendê-lo, conhecê-lo e encontrar a base comum, era preciso um terceiro termo que ligasse os dois outros. Esta ponte para os intelectuais do Renascimento foi a Antiguidade, que havia dado um primeiro sentido à universalidade. Mas André Thevet (1516-1592), cosmógrafo dos últimos Valois, personagem principal deste estudo, não possuía, por muito, a bagagem humanista de um Montaigne, tampouco os conhecimentos necessários a uma percepção histórica e antropológica global. A base aparecia, portanto, fissurada, lacunar e pouco sólida. A ambição do cosmógrafo universal encontrava-se, de saída, comprometida.

Thevet teve de recolar os pedaços, fazer fogueira com todo tipo de madeira, empregar a arte de ajeitar os restos. Daí a necessidade de uma oficina ou ateliê, onde fosse ao mesmo tempo carpinteiro, alquimista e pintor.

A palavra *"atelier"*, em francês, tem várias acepções distintas. Originalmente, *"atelier"* é uma pilha, um monte de pequenos pedaços de paus, de pranchas de madeira mais ou menos trabalhadas, à espera de serem utilizados ou descartados, um amontoado jogado num canto, uma reserva de materiais de que se faz uso conforme as necessidades da tarefa diária. Esta é a etimologia de *"atelier"*, de que subsiste algo nos usos modernos da palavra. *"Atelier"*, hoje ainda, tem relação com fábrica, armazém e garagem. Ao fazê-la pender, por pouco que seja, no sentido de *"studio"*, a noção de *"atelier"* se enobrece, sem nada perder, no entanto, do seu caráter de desordem produtiva, de sucata intencional e fecunda. Quando optei por esta palavra, criando a fórmula *"atelier du cosmographe"*, desejava enfatizar o lado "gabinete de curiosidades" da geografia do Renascimento. Este aspecto é particularmente notável na obra de André Thevet, a quem este livro é dedicado. Como um ateliê de artista, a cosmografia de Thevet parece submersa na bagunça do trabalho em curso, dos estudos, dos esboços mais ou menos acabados e de um amontoado de objetos heterogêneos, cujo uso, à primeira vista, não é absolutamente necessário. Penso na acumulação indescritível de vários ateliês ocupados por Pablo Picasso, durante a sua longa carreira, em Paris, Boisgeloup, Mougins, Vallauris ou Vauvenargues, que foram deixados no mesmo estado após a sua partida. Por uma rara sorte, o canteiro geográfico de Thevet nos foi deixado quase intacto, com a desordem fecunda de suas ferramentas e seus mate-

PREFÁCIO À EDIÇÃO BRASILEIRA

riais insólitos ou derrisórios: centenas de mapas de ilhas, rascunhos representando até mesmo quatro estados diferentes de seus últimos livros inacabados e uma "biblioteca de bordo" cuidadosamente anotada. A única coisa que falta neste *Wunderkammer* são os monstros e prodígios que Thevet colecionava no "seu mais precioso móvel". Thevet oferece, assim, a circunstância ideal para se fazer uma "arqueologia" da ciência geográfica no Renascimento.

Na sua segunda acepção de "*workshop*", a noção de "atelier" parece igualmente pertinente. A cosmografia do Renascimento é uma empresa artesanal que exige um mestre e *compagnons*, no caso, informantes benévolos e "*nègres*" literários, dos quais Thevet sempre soube acompanhar-se, para não mencionar os artistas gravadores que trouxe de Flandres a Paris. Elabora-se como um "*bricolage*", em que se lança mão de tudo e não se desdenha nada: relações de viagens e registros náuticos, mas também mitos e artefatos indígenas. Renuncia tanto às lendas populares quanto à tradição douta, refutada com mais energia ainda por continuar a tramar, pela base, a suma cosmográfica. Após essa vistoria do lugar onde se exerce o ofício de geógrafo, o interesse deste livro se concentra então na fábrica do mundo.

Quando foi traduzido para o inglês, em 1994, o editor sugeriu que este livro se intitulasse *Mapping the Renaissance World*. Este título pomposo trazia o inconveniente de mostrar-se exageradamente otimista. Podia parecer que o livro tivesse mudado a sua ambição, não apenas abrindo-se a um público mais vasto, mas adotando um título de maior envergadura: enquanto *L'Atelier du cosmographe* supunha o confinamento de um trabalho de geógrafo em gabinete, *Mapping the Renaissance World* abria essa mesma geografia aos espaços longínquos das grandes navegações. O objeto, obviamente, permanecia o mesmo, mas o novo título o iluminava de um ponto de vista complementar. Indicava a ambição que animava a ciência geográfica do Renascimento: compreender o mundo numa esfera de madeira, resumi-lo, em sua diversidade abundante, numa folha de atlas ou num pergaminho. Talvez mais sutilmente, sugeria que esta ciência do mundo que é a cosmografia não é uma construção hierarquizada e ordenada, apesar do seu esforço para compreender o princípio e a totalidade, mas que ela se deixa apreender como uma paisagem composta de desenho e escrita, com espaços completos e incompletos, seu relevo e seus vazios. A referência à atividade do cartógrafo indicava, ainda, a parte dedicada à estética e ao jogo, nesse esforço para recensear objetos do cosmos, que é também uma viagem através do arquipélago infinito do saber. Daí o caráter ao mesmo tempo arcaico e precursor de uma abordagem como esta. Por sua atenção voltada para o "pensamento selvagem" dos habitantes do Brasil e sua abertura para a incompletude do mundo então descoberto, o "ingênuo" Thevet se tornou, assim, o primeiro dos pós-modernos.

Ao encontrar o português, língua irmã do francês, e a familiaridade das línguas românicas, o *"atelier"* se torna "oficina", esta bela palavra latina que abriga um leque de ocupações engenhosas, do ourives ao professor de escola, do cunhador de moedas ao herborista, e do advogado ao falsário. Mas a *officina*, em latim, também é o galinheiro, uma agitação tépida de penas, onde se põem e eclodem ovos. A *officina* significa a intimidade redescoberta do labor produtivo, realizado no dia a dia, na penumbra e no sigilo. É a obscuridade humilde do trabalho que, por força de paciên-

PREFÁCIO À EDIÇÃO BRASILEIRA

cia e de gestos repetidos ao esgotamento, traz à luz o objeto por muito tempo invisível, o complicado artefato cuja forma ou mecanismo exigiram semanas, ou até meses, de elaboração. *A oficina do cosmógrafo* é o *melting-pot* laborioso, o antro empoeirado e barulhento de onde saiu um mundo inteiro, ou, pelo menos, o modelo reduzido do mundo enfim circunscrito e infinitamente diverso à que o Renascimento acabava de dar à luz.

Antes de reabrir, após dezoito anos, estas páginas repletas do encantamento da descoberta, e também dos sinuosos desvios da investigação, tenho de agradecer a Andrea Daher, uma das minhas primeiras e mais fiéis leitoras, a quem este livro deve a abertura que lhe é feita hoje ao mundo lusófono. A tradução que se lerá, de Edmir Missio, foi o resultado de um projeto orientado por Alcir Pécora.* Agradeço muito a ambos. Mas é aos cuidados atentos de Andrea Daher, à sua perseverança e à sua amizade, que se deve esta tradução, por ter enfim se tornado um livro. Um livro que, graças a ela, recobra seiva e vida, enraizando-se "na terra do Brasil", há muito ilustrada por André Thevet e celebrada por Jean de Léry.

Paris, 13 de abril de 2009
Frank Lestringant

---

*Pesquisa de iniciação científica realizada junto ao Departamento de Teoria Literária do Instituto de Estudos da Linguagem da Unicamp, sob os auspícios da Fapesp.

Abreviações

1. Periódicos e Instituições

BHR	Bibliothèque d'Humanisme et Renaissance.
BSAM	Bulletin de la Société des Amis de Montaigne.
BSHPF	Bulletin de la Société d'Histoire du Protestantisme Français.
IFAO	Institut Français d'Archéologie Orientale (Presses de l'-, Le Caire).
RHLF	Revue d'Histoire Littéraire de la France.
AN	Archives Nationales, Paris.
AN, IC	Insinuations du Châtelet de Paris.
AN, MC	Minutier Central des Notaires de Paris.
BN	Bibliothèque Nationale, Paris.
BN, C & PI	Bibliothèque Nationale, Dèpartement de Cartes et Planes.

2. Obras de André Thevet

CL	Cosmografia do Levante (1554 e 1556).
CU	Cosmografia universal (1575).
DPI	Descrição de várias ilhas (ms., circa 1588).
GI	Grande insular (ms., circa 1587).

HI Retratos verdadeiros e vidas de homens ilustres (1584).
H2V História de duas viagens às Índias Austrais e Ocidentais (ms., circa 1587-1588). [por oposição a Jean de Léry, H1V: História de uma viagem feita à terra do Brasil (1578)].
SFA Singularidades da França Antártica (1557-1558).
SV Segunda viagem de André Thevet nas terras austrais e ocidentais (ms., circa 1587).

Introdução

Renascimento e cosmografia

Há vários modelos críticos possíveis para se compreender a literatura geográfica do Renascimento. Assim como o fez Gilbert Chinard, no início do século XX,[1] podemos recorrer à noção de "exotismo" para medir o desenvolvimento, sobre as franjas progressivamente expandidas do Ecúmeno, das realidades maravilhosas legadas pelos tempos passados, pouco a pouco idealizadas e alegorizadas em novos mitos. O enriquecimento do arsenal de singularidades legado por Plínio e seus êmulos, Solino e Pompônio Mela, acaba por erodir lentamente os quadros taxonômicos tradicionais. Do caos enciclopédico resultante, do qual a obra de André Thevet fornece o balanço adequado, ergue-se tardiamente a figura do outro, o Bom Selvagem, cujo retrato eufórico levará dois séculos a desenhar-se. De Colombo a Chateaubriand, passando por Montaigne e Rousseau, assistir-se-á ao parto doloroso e bastante demorado desse homem da natureza, cada vez mais ingênuo e livre da servidão.

Essa visão positivista da história, cujo defeito é o de pecar pela ilusão teleológica, pode ser corrigida por meio de um segundo modelo, o dos "novos horizontes", do qual outrora se serviu Geoffroy Atkinson.² Esse paradigma tem o mérito de privilegiar, ao menos em teoria, o espaço geográfico sobre a cronologia, a superfície de expansão em relação ao desenvolvimento histórico linear. Trata-se, em princípio, de reencontrar o cerne da questão: Atkinson pode, dessa forma, mostrar a importância relativamente pequena que a expectativa sobre a América teve para o Renascimento, se comparada ao horizonte de expectativa oriental, cujo prestígio milenar encontra-se mesmo aumentado pelo apogeu otomano. A realidade estrangeira que "persegue" literalmente a Europa na época de Suleiman não é a do índio nu e canibal, surgido das profundezas da floresta brasileira; trata-se de uma realidade próxima e longínqua ao mesmo tempo, a do turco muçulmano que monta seu acampamento e levanta seus estandartes estampados com o crescente às portas da cristandade.³

Tal análise, entretanto, comete o erro de negligenciar a questão das escalas. O espaço mediterrâneo, onde ocorre o enfrentamento do cristianismo e do islã, entre uma Europa dilacerada pelo cisma religioso e pelas rivalidades nacionais e o império aparentemente monolítico do Grande Turco, cessou de confundir-se com o espaço mundial. Assim, é arbitrário colocar no mesmo plano fenômenos que pertencem a mapas cujas escalas não coincidem, no caso presente, o mapamúndi e a corografia do Oriente Próximo e balcânica. O autor de *Novos horizontes* retoma aqui uma ilusão da qual os homens do Renascimento liberam-se somente com pesar, a qual consiste em privilegiar o centro mediterrâneo sobre uma periferia pouco conhecida ou ignorada, fazendo coexistir, no interior do mesmo quadro de representação, fragmentos do mundo sem proporção entre eles.

Ora, os eruditos do século XVI, em especial os historiadores de Veneza, cidade localizada no enclave de duas culturas antagonistas, começam a tomar consciência dessa disparidade de espaços, disparidade que provém menos da "qualidade" do que da "quantidade", para fazer nossas as categorias caras à ciência cosmográfica, então em plena renovação. Por isso, as duas grandes coleções de documentos históricos e jurídicos que vêm à luz, com alguns anos de intervalo, na Sereníssima República repartiam o mundo não em função das direções fundamentais do espaço — leste e oeste, norte e sul —, mas em razão da distância e da ordem de grandeza consideradas. Entre Giovanni Battista Ramusio e Francesco Sansovino, respectivos editores de *Navigationi e viaggi* (1550-1559) e da antologia *Dell'historia universale de turchi* (1560), a fronteira não é traçada pelo meridiano ou por qualquer outra linha geográfica, uma vez que o "Oriente" é um objeto comum às duas empreitadas. É a escala que faz a divisão entre esses dois conjuntos complementares.

Ramusio está efetivamente interessado no Extremo Oriente e reserva para si o mundo exterior longínquo, o das "navegações e viagens", como seu título indica explicitamente, enquanto Sansovino consagra sua coleta documental a uma região intermediária — Turquia e Pérsia — colocada como a negação exata do Ocidente cristão. A distinção entre eles pode parecer de gênero, como sugeriu S. Yérasimos,[4] de tal modo que as peregrinações longínquas opõem-se, num mesmo nível, à história em que entra o imediato, mas à qual não têm acesso os povos mais recentemente descobertos. Poder-se-ia dizer a esta altura que, na disposição de mundo erigido pelo humanismo europeu da segunda metade do século, "quanto mais há geografia, menos há história". Mas essa distinção aparente recobre uma outra, a meu ver mais essencial: a pequena escala de representação global distingue-se radicalmente da escala grande ou média que abarca uma região mais ou menos extensa da Terra. A primeira compreende a *quantidade* do mundo, enquanto a outra sonda sua *qualidade*. Um planisfério, que reduz o globo terrestre a suas grandes linhas, não conterá os mesmos objetos que o mapa parcial, corográfico ou topográfico, fervilhante de uma variedade colorida de lugares diferentes. Os fatos históricos, e mesmo o movimento cíclico das estações, entram facilmente no mapa pela grande escala qualitativa, apta a fixar o detalhe dos acidentes e a inscrever localizadamente a fugacidade do presente. O dourado das colheitas e as pradarias esmaltadas de flores fazem parte das matérias que Girolamo Cardano prescreve ao corógrafo perfeito.[5] De maneira inversa, a pequena escala do mapa-múndi abre-se idealmente, em direção ao futuro, em audaciosas antecipações estratégicas.

O modelo reduzido da cosmografia — ou geografia universal — mostra-se propício aos sonhos do navegador, assim como às especulações dos príncipes e diplomatas. Autoriza-os a talhar no oceano azul,[6] a recortar com compasso e esquadro na mão o limite das áreas de influência exclusivamente teóricas. Tordesilhas é, a esse título, o primeiro ato cosmográfico do Renascimento. O tratado, concluído em 7 de julho de 1494 entre Portugal e Espanha, ratificado em 2 de agosto por Isabel de Castela e em 5 de setembro por Dom João II, divide audaciosamente os dois impérios segundo o meridiano "linha reta traçada de polo a polo" a 370 léguas a oeste de Açores.[7] A cosmografia não se embaraça com obstáculos. À altura em que se coloca, ela apaga todo relevo e desfaz todo acidente de terreno. Sem dúvida a extensão vaga e uniforme do oceano constitui seu campo de ação privilegiado. Mas pode-se dizer que a configuração real do globo lhe é indiferente. Uma vez que "ela divide o mundo seguindo os círculos do céu",[8] e que suas linhas de força resultam da projeção do movimento circular dos astros sobre a esfera (estamos, certamente, dentro do sistema geocêntrico de Ptolomeu), a cosmografia reina com soberania absoluta sobre o globo terrestre. Manipula, à sua vontade, as fronteiras naturais que são os rios e as montanhas; dispõe do futuro dos povos, dos quais fixa as migrações e as fronteiras; remodela, se for o caso, a estrutura dos continentes e controla a calculada deriva dos arquipélagos.[9]

Por esse dinamismo orientado em direção ao futuro e que se baseia no inacabamento do presente, a cosmografia situa-se em oposição à minúcia regional da corografia, a qual registra, ponto a ponto, os eventos passados, constituindo o mapa regional como uma autêntica "arte da memória", no sentido da Antiguidade clássica.[10] O mapa-paisagem do topógrafo é o receptáculo colorido e indefinidamente fragmentado de lendas e tradições locais, enraizadas nas asperezas do relevo, dissimuladas nos recuos do terreno, legíveis na toponímia e no folclore, enquanto que o mapa reticular e geométrico do cosmógrafo antecipa as conquistas e "descobertas" da Idade Moderna. Sem dúvida o maravilhoso não está ausente aqui, mas subsiste apenas provisoriamente.

Se, por exemplo, o piloto Havrense Guillaume Le Testu, na sua *Cosmografia universal*, de 1556, dispõe os povos monstruosos saídos de Plínio, Santo Agostinho e Isidoro de Sevilha nas fronteiras do mundo conhecido, é com o fim de estabelecer os limites provisórios de um saber em perpétuo progresso.[11] É preciso entender por "progresso" antes uma ampliação de um espaço que de todos os lados expande suas fronteiras e costura, ao acaso das navegações, as lacunas subsistentes em sua trama do que o desenvolvimento linear e contínuo de uma história retilínea do conhecimento.[12] Haveria alguns *monoculi*, ciópodos, cinocéfalos, além de blêmios, habitantes das profundezas da Ásia que reapareciam entretanto noutros lugares, nas regiões mais impenetráveis do Novo Mundo ou da fabulosa Terra Austral, como os *padrões* de pedra que os navegadores portugueses assentavam de tempos em tempos sobre a costa, marcando assim sua progressão ao longo do litoral africano; sobre essas pedras de espera, pintadas com as cores da fábula, irão se apoiar os futuros avanços da investigação.

Pôde-se concluir pelo desequilíbrio da "literatura geográfica" do Renascimento em favor do Oriente, por não ser percebida a diferença de escalas existente entre a cosmografia, renovada a partir de Ptolomeu por Münster e seus êmulos, e a corografia tradicional. Confundiam-se, assim, ordens de grandeza heterogêneas e, portanto, espaços e objetos que requeriam métodos de análise distintos.

Um segundo erro decorre do precedente. Por ter menosprezado a "revolução cosmográfica" que se opera à virada do século XVI, essa brusca ruptura de escala que transforma o olhar sobre o mundo, e por consequência o próprio mundo, a crítica frequentemente permaneceu prisioneira de uma visão estreitamente historicista da literatura de viagens. Daí a obstinação de separar os "bons" dos "maus" geógrafos, de distinguir os "modernos" dos "atrasados".[13]

Ora, o concerto de insultos, dos quais um geógrafo como Thevet foi objeto em sua vida, resultante de uma polêmica sabiamente orquestrada,[14] não emana dos mais "progressistas" entre os escritores do Renascimento, pelo contrário. Ao lado de inegáveis representantes da "nova história" à maneira do século XVI, tais como Urbain Chauveton ou Lancelot Voisin de La Popelinière,[15] encontram-se nesse grupo anticosmográfico os defensores mais rigorosos da tradição teológica ameaçada. Os católicos "zelosos" Gilbert Génébrard e François de Belleforest, assim como o luterano Ludwig Camerarius, escandalizaram-se menos com as canduras medievais do cosmógrafo de Henrique III do que com a audácia blasfematória de sua empreitada.

Para além da aliança conjuntural formada entre seus adversários, é possível perguntar se Thevet, longe de ter pecado contra a verdade e contra seu século,[16] não foi acusado, ao contrário, devido a suas inovações mais intrépidas. Prova-o a "Henryville" do Brasil, zombada por huguenotes e membros da Liga e que não é, afinal, mais do que uma ficção estratégica, uma antecipação colonial mal compreendida.[17] A mesma incompreensão ocorre no que concerne à curiosidade que Thevet experimenta pelas culturas do Novo Mundo, detendo-se em transcrever os mitos da cosmogonia tupinambá ou extraindo de um códex asteca dos primeiros tempos da Conquista a iconografia ameríndia dos *Retratos verdadeiros e vidas dos homens ilustres*.[18]

O orgulho e a desmedida que os contemporâneos não cessam de estigmatizar em Thevet parecem, efetivamente, consubstanciais ao projeto cosmográfico. Da parte ao todo, e do olho ou da orelha do mundo ao seu rosto, para retomar uma antiga "similitude" representada por Peter Apian (figura 1), o salto da corografia parcial à cosmografia global ocasiona um deslocamento na altura do ponto de vista.[19] É falso dizer que o olhar do observador se amplia; nesse sentido, também, o conceito de "novos horizontes" apresenta-se inexato. Ele se eleva até apreender num instante a convexidade do globo terrestre. Nesse ponto imaginário, os olhos do cosmógrafo coincidem idealmente com os do Criador. A hipérbole espacial permitiu essa passagem do mundo corográfico compartimentalizado à plenitude de um universo enfim revelado na sua totalidade.

Um tal salto do qualitativo ao quantitativo, e da terra ao céu, não se dá sem algumas dificuldades. Um espaço abre-se sob os pés do cosmógrafo metamorfoseado em Icaromenipo. Como abraçar a totalidade ao mesmo tempo transbordante e lacunar do cosmos? De que maneira fazer a ponte entre a visão global teórica e a apreensão milimétrica das singularidades que o "filósofo natural", como fiel herdeiro das *Imagines mundi* medievais, continua a manter com obstinação? De mais a mais, e a questão coloca-se agudamente à época da Contrarreforma, é difícil para o cosmógrafo escapar da acusação de orgulho, se é que pretende, como sua profissão o exige, abarcar em sua visão, e quase reunir nas mãos, as duas extremidades do teatro da natureza, a escala local da experiência individual e a escala universal do projeto divino.

A submissão de princípio à teologia, lembrada ao início de cada um de seus livros, permitirá a Thevet escapar à suspeita de heresia, na qual, ao contrário, recai Guillaume Postel, amigo e companheiro do Levante. Essas precauções, e certamente, também, uma incapacidade inata para se elevar à abstração e penetrar os arcanos da natureza, fazem-no desdenhar das ciências duvidosas. Esse discípulo de Oronce Finé, amigo de Antoine Mizauld e Postel, negligencia a disciplina astrológica e só professa desprezo para com os adeptos da cabala, mesmo que fosse cristã.[20] Dois capítulos da *Cos-*

mografia universal, de 1575, bastam-lhe para despachar a parte matemática do programa que lhe é atribuído e ao qual apenas retornará, sub-repticiamente, em páginas cuja incoerência já foi sublinhada. Manchada pela *hybris*, a empreitada cosmográfica decididamente serve mal aos desígnios da teologia natural. Serão necessários todos os esforços de Sebastian Münster e Richard Hakluyt, que agem na perspectiva das reformas alemã e anglicana, e, mais tarde, os de Mercator e Hondt, nos Países-Baixos da Reconquista católica, para cristianizar essa disciplina, que peca pelo excesso de confiança em si. Afirma-se, então, a fecunda tradição das "meditações cosmográficas", que, de Vadianus a Mercator, faz do exame do atlas a via de acesso privilegiada à compreensão das Escrituras.

"From the Mappe he brought me to the Bible."[21] Por essa síntese impressionante, Hakluyt descreve sua conversão à geografia, sob a égide do seu primo Richard Hakluyt, o primogênito, o qual, recebendo-o um dia em seu escritório, conduziu sua leitura do planisfério aos *Salmos*. O comentário do mapa é um exercício espiritual como qualquer outro e oferece a mais o mérito de não desvincular a reflexão interior do crente da atividade prática no mundo. A admiração suscitada pelo espetáculo da Criação miniaturizado no mapa vai de par com o exame das "comodidades" que ali descobre o geógrafo aprendiz. A beleza do cosmos reside no seu valor de uso e no proveito que o homem cristão pode retirar dele. Espontaneamente, o jovem Hakluyt descobre que o serviço desse Deus generoso do qual ele será o humilde capelão e o projeto de uma Inglaterra maior constituem duas faces de um mesmo dever.

Essa ligação não existe em Thevet. Os sonhos de implantação colonial que nutre em relação à França dos últimos Valois, os quais situa um após outro na baía de Guanabara ou no estuário do São Lourenço, não correspondem de forma alguma à crença no destino providencial de uma nação. Ao inventar fortins e cidadelas muradas ao longo das margens outrora selvagens, ele simplesmente cumpre seu ofício de bom cortesão. O exercício de uma geografia fantástica não persegue outro fim senão a satisfação do príncipe, e secundariamente, também, os gostos megalômanos do "cosmógrafo de quatro reis". Por falta de uma ambição mais alta e da necessidade transcendente que percorre os escritos do capelão anglicano, que se tornou, em Paris e Londres, o propagandista do *lobby* colonialista e puritano,[22] as ficções cosmográficas de Thevet permanecerão sem consequência política. A infelicidade dos tempos e a persistência das guerras civis chocaram-se com um sonho cuja gratuidade reduzia antecipadamente ao nada.

Além do mais, contrariamente a Münster e mesmo a Mercator — que abriam, um, sua *Cosmografia* e, o outro, seu atlas por uma narração da Criação inspirada no Gênese — Thevet rompe com esse casamento da geografia profana e da história sagrada, ao escolher começar *ex abrupto* por uma evocação das definições de Ptolomeu.[23] Longe de celebrar as núpcias de Moisés e da cosmografia — para parodiar o famoso título de Martianus Capella —, sua obra não cessa de evidenciar o divórcio existente entre a desmedida inerente ao programa de Ptolomeu e da escola alexandrina e a humildade requerida do filósofo cristão. Daí as "blasfêmias" de Thevet para com o Antigo Testamento, do qual recusa imprudentemente fábulas como a da baleia de Jonas, do leão de Sansão e dos pigmeus de Ezequiel.

O problema que a hipérbole cosmográfica coloca não é só de doutrina teológica, mas diz respeito ao próprio método. A cosmografia, cuja renovação é contemporânea das grandes descobertas, desenvolve-se paradoxalmente no momento em que a nova disposição do mundo poderia tê-la condenado à obsolescência. A Terra ampliou-se a despeito dela e o ecúmeno, que os antigos limitavam a uma porção longitudinal do hemisfério boreal, foi multiplicado, a partir de então, por quatro.

Ora, esse modelo aparentemente inadequado revelou-se fecundo na mesma razão de seu anacronismo. O suporte com três quartos vazios, que oferecia aos modernos geógrafos, livres para aí inscrever os contornos das terras recentemente "inventadas", forma ao mesmo tempo fechada e aberta, plena e lacunar, representava a construção ideal onde dispor, por montagens aproximativas e discordantes, os "pedaços" de espaço que os navegadores reuniam em suas longínquas viagens, após tê-los consignados sumariamente em seus roteiros e portulanos.[24] Jean Lafond já lembrava que "o bom modelo é produtivo na medida em que se aplica a um outro domínio além daquele ao qual estava ligado até então".[25]

Da mesma maneira, poder-se-ia sustentar que a produtividade da cosmografia ptolomaica no Renascimento advém de que o objeto-mundo não é mais idêntico àquele que existia na Baixa Antiguidade. Ora, em relação à realidade que pouco a pouco resulta das navegações de alto-mar, o modelo cosmográfico parece ao mesmo tempo avançar e retroceder. Retroceder, por todos os limites que fixa à curiosidade e à ação humanas, e que precisará reverter um a um. Como o revela a experiência, a inabitabilidade das zonas glaciais e tórrida é um dogma sem fundamento. Não há simetria exata entre os hemisférios boreal e austral. A América, alongada em latitude, contradiz a organização geral do Mundo Antigo, dividido pelo Mediterrâneo em três continentes vizinhos: Europa, Ásia e África. A doutrina aristotélica das esferas encaixadas de terra e água coloca problemas insolúveis ao cartógrafo e logo deverá ser substituída pela concepção moderna de globo terrestre.[26]

Mas esse modelo pode ser corrigido. Ele é perfectível, à medida que ultrapassa consideravelmente o estado dos conhecimentos práticos. Espaços virgens subsistem sobre a esfera, sobretudo ao redor dos polos, onde se prolongam indefinidamente as especulações a propósito da passagem noroeste ou do continente austral. As profundezas da América do Norte ou da África escapam durante muito tempo à ampliação do olhar e à extensão crescente dos fluxos da economia-mundo. O universo, teoricamente completo, permanece maleável.

Definitivamente, a fecunda inadaptação desse modelo age em um sentido duplo e contraditório: é ao mesmo tempo, pelo atraso experimental e pela projeção matemática, que abre à ciência do Renascimento o espaço de jogo onde é possível introduzir variantes de projetos nacionais ou pessoais, as "ficções cosmográficas" discutidas anteriormente. A Inglaterra de Raleigh e Hakluyt inventa para si um império setentrional que levará meio século para ser fundado. Já a monarquia francesa vai destinar para si uma Nova França errática, cuja direção, ao longo das décadas, desloca-se do Brasil à Flórida e ao Canadá, para fixar-se por um momento na hipotética Terra Austral, que La Popelinière consagra à agonizante dinastia dos Valois, na época da guerra de sucessão de Portugal.

Thevet, por seu lado, vai tirar partido desse modelo, cujo quadro ambicioso, abertura de princípio e jogo interno deixá-lo-ão livre para dispor à sua vontade da profusa diversidade do mundo. A parte de iniciativa que recai sobre o cosmógrafo no exercício de sua profissão é imensa, mesmo que não seja ilimitada. De fato, o primado atribuído à extensão libera-o das sujeições da cronologia. Indevidamente, sem dúvida, Thevet serve-se do argumento para fazer tábua rasa da tradição científica da qual se quer contraditoriamente o herdeiro.

* * *

A cosmografia, assim compreendida, é também um projeto de vida. Antes de iniciar o exame da obra, convém dar em grandes pinceladas o percurso de uma carreira exemplar sob vários aspectos.

Thevet é de origem modesta. Filho mais novo de uma família de cirurgiões-barbeiros de Angoulême, foi colocado pelos pais, aos 10 anos, no convento dos franciscanos daquela cidade. É a ordem religiosa que lhe permitirá viajar e ter acesso *de facto* à disciplina geográfica. Um primeiro périplo o conduz ao Levante de 1549 a 1552. Feito cavaleiro do Santo Sepulcro em sua passagem por Jerusalém, devia cumprir, paralelamente ao itinerário de peregrinação, uma missão de natureza diplomática que o reteve cerca de dois anos em Constantinopla. De volta ao convento, supervisiona a redação de uma *Cosmografia do Levante*, que deve mais à compilação de autores humanistas do que às próprias lembranças. A obra, abundantemente ilustrada, é publicada em Lyon, em 1554.

O trampolim da futura carreira de cosmógrafo dos reis de França lhe é oferecido por uma segunda viagem, dessa vez ao Novo Mundo, em companhia do cavaleiro de Malta, Nicolas Durand de Villegagnon.[27] A aventura da França Antártica — a França austral exígua, fundada sobre uma ilhota da baía de Guanabara — reduz-se, para Thevet, a um curto inverno passado "entre os mais selvagens do universo", de 15 de novembro de 1555 a 31 de janeiro de 1556. Fica doente logo após o desembarque e é repatriado no mesmo navio que o trouxera. Dessa breve estada nos trópicos retira a matéria de um segundo livro, muito mais original do que o precedente e decisivo para sua celebridade. *As singularidades da França Antártica* é uma obra lançada no fim de 1557, traduzida para o italiano e o inglês, que suscita a longo prazo empréstimos, imitações e polêmicas. A qualidade da documentação sobre a flora, a fauna e os costumes dos índios do Brasil meridional e a rica ilustração, em que cenários de fantasia, decorados com artefatos indígenas, avizinham-se das pranchas botânicas consagradas à mandioca, à bananeira, ao ananás, garantem a publicidade da obra entre a corte, os amantes de curiosidades e os poetas. A pintura de um Brasil edênico estimula a rivalidade literária de Jodelle e Jean Dorat, Du Bellay e Ronsard, que compõem, por emulação, variações inéditas a respeito das conquistas de Jasão, do tema da idade de ouro perdida e da nua liberdade de nossos primeiros pais.

Após essa publicação Thevet poderá realizar a ambição de vida. Secularizado a pedido em janeiro de 1559, torna-se logo *valet de chambre* e, depois, cosmógrafo do rei. A função não parece ter existido na França antes dele. Talvez ele mesmo a tivesse criado a partir dos modelos espanhol e português. As atribuições são vagas e as remunerações incertas:

Thevet não será jamais o técnico em ciência náutica que tanto estimavam os soberanos da Península Ibérica, nem o detentor de segredos de Estado que teriam feito dele o equivalente a um ministro ou conselheiro privado do Príncipe. Como na França não há política marítima coerente durante todo esse período e as iniciativas na matéria sucedem-se sem ordem — emanando, a cada vez, de partidos inimigos que disputam os ouvidos do rei, ora Coligny ora os Guise —, o papel de Thevet permanece, parece, em segundo plano. Daí o descrédito que o atinge ainda em vida e o sucesso quase geral da "cabala dos doutos", conduzida a partir dos anos 1570 contra um autodidata insolente o bastante para pretender o monopólio do saber geográfico do reino.

Da convivência com o poder, especialmente com o séquito florentino de Catarina de Médicis, saberá, entretanto, reter as informações inéditas e de algum valor estratégico, como as provenientes da *Histoire notable de la Floride*, de René de Laudonnière (1566), ou as memórias do senhor de Roberval no tocante ao estabelecimento colonial no Canadá.[28] Mas desses documentos nada tira além da matéria de capítulos impenetráveis, que formam o grosso de suas últimas obras, que permaneceram em estado de manuscrito, a *História de duas viagens às Indias Austrais e Ocidentais* e, sobretudo, *Grande insular e pilotagem*, atlas comentado de 300 mapas de ilhas e ilhotas do mundo inteiro.[29]

É certo que Thevet ostenta, desde então, ambições universais. Por volta de 1560, estabelecendo-se em Paris, inicia-se a parte mais controvertida da carreira e da obra. Seu perfil, anteriormente, era o de um viajante de longas travessias — e foi assim que os contemporâneos o saudaram, reconheceram e cantaram em odes ditirâmbicas. Às qualidades de firmeza, coragem e curiosidade requeridas em tal papel, pretende doravante acrescentar uma ciência e uma perspicácia sem limites. No novo papel, busca os favores dos grandes, frequenta senhores católicos e protestantes e só de bem longe dirige as empreitadas de compilação cada vez mais vastas, em que seu principal mérito é o de verter os documentos inacessíveis a qualquer outro senão a ele, e dos quais é talvez o único a pressentir seu interesse. Sua coleção *americana*, em que, ao lado do *Codex Mendonça*, figuram os fragmentos a respeito da religião dos tupinambás e astecas, alimenta o quarto tomo da *Cosmografia universal*, de 1575, e povoa, uma dezena de anos mais tarde, a oitava parte dos *Retratos verdadeiros e vidas dos homens ilustres*, abrindo aos heróis do Novo Mundo a galeria de personagens legada por Plutarco e já enriquecida de grandes contemporâneos.

Num tempo em que triunfa o princípio das coleções de viagens e documentos, a cosmografia é pouco a pouco condenada à obsolescência. Mas é o único modelo que permite reunir os dois períodos divergentes de uma vida e os dois extratos de uma obra heteróclita. Por meio dela, a experiência errante dos anos de juventude e a sedentaridade da idade madura deixam de se contradizer. Os relatos de viagens ao Levante e ao Brasil dos comedores de homens estruturam a imensa compilação que se sedimenta progressivamente em torno desses dois tropismos originais. A fim de operar a fusão entre a observação e o contorno suposto, a ficção cosmográfica segundo Thevet avança algumas ideias-força, ou temas obsessivos, como se queira: o primado da experiência sobre as autoridades, a soberania de um olhar ubíquo envolvendo instantaneamente o globo terrestre e a preferência concedida, entre as fontes, aos escritos técnicos e "populares" dos pilotos e dos marinheiros. Um tal programa, sem dúvida, não define um método digno desse nome. Porém, testemunha, diante do compromisso duradouro que imporá a época clássica entre tradição e novidade, a extensão de uma crise à qual a cosmografia de sua parte remedia com meios extremos e não sem alguma brutalidade. A empreitada conduz a um impasse. Thevet não terá posteridade imediata. Durante dois séculos serve de figura de contraste aos olhos dos sábios ávidos de clareza e de ordem, indiferentes, além disso, à radical estranheza das singularidades etnológicas trazidas de horizontes longínquos. Contudo, pela atenção extrema que presta aos *realia,* pela secreta afinidade que mantém com o pensamento selvagem dos índios, cercada com uma rara precisão, essa obra de um tempo de crise anuncia preocupações que são as nossas hoje. Pela obstinação de um olhar constantemente aplicado à diversidade das coisas, é uma das primeiras a suspeitar desse universal humano que terá força de lei durante toda a época clássica.

CAPÍTULO I O modelo cosmográfico

> Se perguntasse aos que têm tal opinião, se depois
> de terem estudado cinquenta anos os livros de
> Cosmografia e navegação do mar, e terem os mapas
> de todas as regiões e o quadrante do mar, o compasso
> e os instrumentos astronômicos, se gostariam pois de
> empreender a condução de um navio por todos os
> lugares, como faria um homem bem experiente e
> prático, eles não teriam a intenção de se pôr nesse
> perigo, não importa o quanto tenham aprendido na
> teoria.
>
> Bernard Palissy, *Discours admirables
> de la nature des eaux et fonteines*,
> Paris, 1580, f.* 6 r°.

> ...nessas matérias, os mais sábios não veem tão
> claramente, quanto os Marujos e aqueles que
> viajaram durante muito tempo nessas terras, visto
> que a experiência é mestra de todas as coisas.
>
> Thevet, *CU*, II, XXI, 3, f. 913 r°.

UMA COSMOGRAFIA AO AR LIVRE

Ao escolher o paradigma cosmográfico — e ele o faz desde a primeira publicação, em 1554 — André Thevet, a despeito das aparências, vira resolutamente as costas à Idade Média. Para isso, recorre a um modelo antigo que o Renascimento, especialmente com Sebastian Münster em seu papel de editor de Ptolomeu, tinha acabado de renovar. A hipótese cosmográfica supõe um mundo global e preenchido, sem outros limites além do orbe dos céus que desenha por projeção os polos, as regiões e as zonas. Essa visão global e geométrica da Terra, que Montaigne julgava suspeita e que Belleforest tachava de bom grado de orgulho blasfematório, é extraída de Ptolomeu, cujo primeiro capítulo da *Geografia* forma o preâmbulo da *Cosmografia universal*, assim como já tinha sido usada por Münster no início de sua *Cosmografia*.

Ainda que Thevet não tenha uma particular deferência para com os grandes antigos, dos quais tem um conhecimento superficial iniciado por meio da leitura de compilações da Antiguidade tardia, de Pompônio Mela a Solino, necessita desse quadro formal para instituir seu projeto descritivo e dar-lhe ao mesmo tempo a autoridade e a amplitude necessárias.[1] A referência a Ptolomeu desempenha aqui, um pouco, o mesmo papel que a onipresente menção de Plínio na *Historia general y natural de las Indias*, de Gonzalo Fernandez de Oviedo. Sabe-se que o cronista espanhol deve ao naturalista latino, por ele reverenciado, um quadro de exposição rigorosamente imitado, até mesmo ao considerar, a exemplo de seu predecessor, a introdução ou "proêmio" como sendo o primeiro dos livros de sua *Historia*, constituindo-se o segundo o verdadeiro início da narração, com a viagem inaugural de Cristóvão Colombo às Índias.[2]

Mais desenvolto e menos estritamente formalista, Thevet tem em comum com Oviedo o fato de acrescentar a essa reprodução fiel de um modelo milenar a sua correção pela experiência dos modernos. A autópsia é diretamente aglutinada à forma imutável herdada da Antiguidade e evidencia de imediato a inadequação do quadro mantido. Na antiga matriz, a matéria é nova:

> Todavia, a história que escreverei será verdadeira e ausente de quaisquer fábulas e mentiras,[3]

pois essa reduplicação da obra de Plínio para o Novo Mundo procede da experiência pessoal do autor. A suma americana é recolhida "de dez mil trabalhos, necessidades e perigos", suportados "por 22 anos ou mais".[4] Antecedendo Thevet, o conquistador Oviedo apoia-se num longo caminho de provas físicas e morais para assegurar a veracidade de suas palavras. Em oposição a esses geógrafos de gabinete que foram Aristóteles, Ptolomeu e Plínio, Oviedo enfrentou, antes de escrever, a natureza rebelde da América e os estigmas, por permanecerem gravados em sua carne, constituem-na em memória dolorosa e meritória.

O MODELO COSMOGRÁFICO

Era necessário, sem dúvida,

> a rudeza da região, o ar dessa, a grande espessura das matas e dos arbustos dos campos, o perigo dos rios, grandes lagartos e tigres, o experimentar das águas e carnes com perigo de nossas vidas,[5]

para que mercadores e habitantes se servissem, "às mesas postas e sem qualquer trabalho", do suor e do sangue dos primeiros conquistadores. Mas semelhantes penas e trabalhos fundam, mais ainda do que essas vilas e colônias logo prósperas, a autoridade de uma história escrita a partir da experiência. Não só "os olhos escrevem", para retomar a síntese proposta por François Hartog ao definir a autópsia,[6] mas o corpo coberto de cicatrizes do viajante experiente coloca-se por inteiro como garantia da verdade do testemunho.

Da mesma maneira, Thevet multiplica ao longo de sua obra essas provas qualificadoras em que aparece continuamente "em perigo de sua pessoa", como recorda meticulosamente nos sumários alfabéticos da *Cosmografia*.[7] De Jerusalém à Guanabara e de Gaza a Sevilha, a curiosidade impenitente e o dever de filósofo natural expõem-no a mil perigos: lesões e pauladas, golpes e ferimentos, violentos interrogatórios e prisões balizam essa odisseia dolorosa. Escapa das celas turcas para recair nas da Inquisição espanhola e frequentemente deve a salvação da vida apenas ao sangue-frio fornecido em tempo útil pela Providência divina. Esses perigos contínuos, cuja encenação no teatro dos quatro continentes é um pouco repetitiva, destinam-se a provar os méritos eminentes do autor, cujo crédito supera a ciência fria dos geógrafos de gabinete. A epístola preliminar a Henrique

III, a esse respeito, faz eco com grande exatidão ao prefácio da *Historia natural y general*, no qual Oviedo dirige-se a Carlos V. Ao lembrar, por sua vez, a utilidade da geografia nos negócios de governo e nas empreitadas de conquista, Thevet evoca, para terminar os relatórios de serviço, "as quatro partes do mundo" e os intermináveis sofrimentos suportados ao mar, exposto como estava

> ao elemento mais inconstante de todos, e à mercê de ventos, furacões, tempestades, barbárie e crueldade dos povos estranhos, e a uma infinidade de outros perigos, dos quais se pode esperar antes a morte do que a vida.[8]

A crer nisso, portanto, não dependeu de Thevet não ter sido um desses construtores de império, dos quais Oviedo pretendia-se um dos representantes mais autênticos e desinteressados. As circunstâncias históricas na França não se prestavam muito a essa aparência de heroísmo marítimo em que logo se fecha o cosmógrafo de monarcas tão efêmeros quanto indiferentes à aventura colonial.

O espaço oceânico, tratado nesse martírio do viajante experiente, assegura o elo, dos mais problemáticos, entre uma experiência pessoal, necessariamente limitada no espaço e no tempo, e a consideração geral do mundo permitida pelos instrumentos matemáticos da cosmografia. O mar, o elemento inconstante por excelência, temido desde a Antiguidade, é também, e contraditoriamente, o espaço indiferenciado e uniforme em que a teoria casa-se perfeitamente com a prática. Sobre a superfície ininterrupta dos oceanos, as linhas do céu propagam-se idealmente sem encontrar obstáculos. O Tratado de Tordesilhas, de 1494, retificava à sua maneira o

O MODELO COSMOGRÁFICO

privilégio reservado ao oceano nessa simplificadora partilha das áreas de influência entre Espanha e Portugal.

O semimeridiano, ou "linha reta" traçada "de polo a polo" a 370 léguas a oeste dos Açores, é uma linha de demarcação que cruza o Atlântico[9] e permite às frotas portuguesas, com destino à costa oriental da África e da Índia, seguirem o circuito traçado pelo movimento dos ventos alísios no hemisfério sul.[10] Levada pela necessidade da *volta* sul-atlântica, a descoberta do Brasil por Cabral em 1500 vai fazer dessa linha divisória uma fronteira terrestre — aproximativa e teórica —, extraindo do cone da América espanhola uma parte da fachada atlântica. Mas o semimeridiano fixado na Conferência de Tordesilhas — e que será necessário em seguida completar para decidir a difícil questão da atribuição das Molucas — é de início livremente traçado através do espaço indefinido das águas.

Sem sinais nem acidentes, não há lugar tão abstrato como o oceano. Como assinala o piloto Pedro de Medina em *Arte de navegar*, célebre manual de uso em todos os portos da Europa, é uma grande sutileza "que um homem com um compasso e linhas retratadas saiba circundar e navegar todo o mundo".[11] Tal é, entretanto, a aposta que destaca a cosmografia náutica, guiando o marinheiro através de "uma coisa que é tão vaga e vasta como o mar, onde não há caminho nem rastros". "E para dizer a verdade", acrescenta Pedro de Medina, valendo-se do Livro da Sabedoria,

> é coisa sutil e difícil, bem considerada por Salomão, quando diz que uma das coisas mais difíceis de encontrar é o caminho de um navio pelo mar. Pois ele não segue qualquer caminho e não deixa qualquer indicação.[12]

Ora, é nesse lugar abstrato, o "apropriado lugar das águas", que não tem relevo nem cor definida,[13] margens nem rotas, que paradoxalmente coincidem a teoria cosmográfica e a experiência concreta do navegador. Importunado pelos borrifos e pelo sal, deslocado pelas ondas, joguete dos elementos desencadeados, o corpo do piloto e cosmógrafo ocupa, assim, essa posição de controle ideal, entre o mar e os céus, dominando do castelo da caravela o horizontal do oceano e contemplando acima dele o trajeto das estrelas que lhe indicam posição e rota. O entusiasmo, e mesmo a *hybris* do cosmógrafo, manifesta-se, a crer-se em Thevet, nesse lugar geométrico e indeterminado onde o mundo, reduzido às linhas essenciais, mostra-se totalmente compreensível — no sentido pleno do termo. Essa euforia é irradiada por vezes na *Cosmografia universal*, nas páginas em que o autor representa-se não diante do mapa-múndi, mas em meio a ele, integrado à superfície oceânica que ele sulca com seu navio ao mesmo tempo que a domina pelo olhar:

> Tudo isso que vos digo e narro não se aprende nas escolas de Paris, ou de qualquer universidade da Europa que seja, antes na cadeira de um navio, sob a lição dos ventos, onde a pena é o quadrante e a bússola, mantendo comumente o astrolábio diante do brilho do sol.[14]

A admirável metáfora da escola de navegação conduz a esse emblema vivo do conhecimento prático soberano e determinante. Toda mediação para além dos indispensáveis utensílios técnicos, tais como o quadrante, a bússola e o astrolábio, é suprimida: a planície marítima do mundo e o saber humano sobre o mundo coincidem, então, exatamente. Essa atitude grandiosa e soberba do cosmógrafo ao ar livre, desdenhoso dos colegas fechados em gabinetes, assemelha-se à apoteose náutica de Magalhães, tal como a representa Jan Van der Straet numa gravura publicada em 1594 na Quarta Parte das *Grands voyages*, de Théodore de Bry: sentado, de armadura, no convés superior da caravela que atravessa o estreito epônimo, entre um Apolo citaredo que flutua nos ares e um gigante patagão engolidor de flechas empertigado como um rei, os pés cobertos, sobre a praia próxima, o descobridor tem na mão o compasso, ao qual recorre para relacionar suas medidas de ângulos sobre a esfera armilar situada diante dele.[15]

Espalhados sobre a ponte e apontados para fora da bordagem, colubrinas e canhões indicam que o cálculo cosmográfico, ao permitir uma apreensão instantânea do espaço, não é, por isso mesmo, desinteressado. Bem ao contrário, seu fim é imediatamente político. A empreitada de Thevet será, após as de tantos outros, transformar a posse intelectual e simbólica do mundo em uma conquista militar. O desmoronamento da monarquia dos Valois, as hesitações ou as veleidades de sucessivos monarcas, a incúria dos comandantes de guerra e a fragilidade de uma armada naval heteróclita e malarregimentada atirarão esse sonho de império em direção à ficção, mas o cosmógrafo não carrega sozinho a responsabilidade dessa perversão de uma ciência rebaixada a lenda, por falta de campo de aplicação e meios de ação.

Para retornar ao lugar de escolha do geógrafo de alto-mar, a esse ponto ideal, móvel e radiante de onde vê o céu e a terra, imaginando um pelo outro a partir do convés instável de um navio de alto bordo, nessa espécie de utopia oceânica em que se colocou, constata-se que Thevet toma ao pé da letra o sonho de ubiquidade e onipotência alegorizado pela gravura de Straet. Uma descrição particularmente reveladora mostra o cosmógrafo ultrapassando a linha do equador e descobrindo com algumas horas de intervalo as constelações dos dois hemisférios. Nessa noite mágica e crivada de estrelas, em que o céu se inverte acima dele, o viajante vê seu saber expandir-se progressivamente aos limites do cosmos, reduzindo a vãs especulações a ciência de todos os predecessores desde a origem do mundo. Versão thevetiana do *Sonho de Cipião* se se quiser, mas em que o espírito do cosmógrafo de modo algum está separado do corpo e da terra. A ubiquidade do olhar realiza-se à altura do homem e a onisciência de quem vê se desenvolve na esteira da caravela deslizando sob os ventos alísios.

Que importam então a fome, a sede e o calor tórrido, uma vez que um tal encantamento está reservado ao cosmógrafo merecedor?

> Mas, para conhecer as coisas raras e excelentes, o homem curioso, como eu, não se inquieta das penas ou contrariedades que lhe sejam dadas, pois o contentamento lhe faz esquecer o peso e o fardo dos labores. Foi assim lá, onde em poucas horas vi os dois polos. Nisso Deus me fez mais feliz do que Aristóteles, Platão, Plínio e outros, que se confundiram ao falar dos corpos celestes; pois o que disso disseram, apenas pela imaginação, é o que se tornou observável, sujeito à minha visão. Vemos o levantar e o deitar de todas as estrelas, tanto das duas Ursas do Polo Boreal quanto aquelas que acompanham e se avizinham do Polo Austral.

Celebrando o "lirismo" dessa página, e mais ainda a atmosfera sugestiva da gravura que a acompanha,[16] que tinha já na época agradado a Flaubert,[17] Gilbert Chinard vê aqui a

O MODELO COSMOGRÁFICO

vibrante lembrança do calor das noites tropicais.[18] Sem dúvida, considerando-se a avareza de detalhes pitorescos comum à maior parte dos geógrafos e viajantes do Renascimento, essa evocação destaca-se pela tonalidade pessoal e concreta. O recurso às sensações — demasiadamente raro, ao menos antes de Léry, para não ser ressaltado — obedece, entretanto, a um programa ideológico muito preciso. A euforia experimentada por Thevet na passagem do equador não é só de ordem estética e sensorial. O evento demonstra a dupla superioridade da prática sobre a teoria, e dos modernos, que sulcam um mar enfim livre e aberto, sobre os antigos, que especulavam do confinamento dos gabinetes e cujo olhar ultrapassava raramente a disposição regular, mas limitada, de seus pórticos. Thevet distingue diretamente por um simples olhar

aquilo que o homem acreditou ver,[19]

e que os filósofos da Antiguidade imaginavam por conjecturas. Sua "felicidade" traduz, bem mais do que a embriaguez da navegação longínqua, o orgulho de um experimentador que teria conseguido colocar o mundo inteiro sob sua lupa.

A própria gravura, que mostra uma navegação pela noite calma e vento favorável, contribui para fornecer a prova dessa prática triunfante. O piloto com a balestilha, o bastão de Jacó à mão, que se prepara sobre a popa da caravela para medir a altura dos astros, prova uma vez mais o privilégio atribuído por Thevet ao exercício daquilo que Lucien Febvre chamava a "geografia ao ar livre".[20] O espaço real desdobra-se sem limite em torno do observador: mapa náutico e celeste à escala um, revelado continuamente pelo curso regular da nau aos olhos do peregrino mais atento do que maravilhado.

Convém então recolocar uma tal visão, sem dúvida alguma admirável, mas fortemente marcada de espírito polêmico, na oposição maniqueísta entre prática e teoria, personificações gêmeas e inimigas, que Bernard Palissy, em seus *Discours* um pouco posteriores ao *De la nature des eaux et fonteines*, faz dialogar a perder de vista a respeito das questões mais variadas da filosofia natural, para dar sempre a vitória à primeira.[21] Palissy mostrar-se-ia nisso um discípulo de Paracelso. Digamos, de maneira mais geral, que ele se situa em uma tradição alquímica, em que a noção de experiência, com seus pares de "tentativa" e "prova", goza de um prestígio inegável, a partir da metade do século XVI.[22] Uma tal experiência apenas anuncia de muito longe o método de Claude Bernard. Ela se funda sobre elementos de observação parcelares, recolhidos de praticantes diversos e isolados, dos quais se autoriza para arruinar, por uma generalização abusiva, as certezas milenares dos doutos. Reivindicação de um saber proletário, se se quiser, emanado frequentemente de autodidatas e trabalhadores manuais — Paré é cirurgião, Palissy oleiro e Thevet um franciscano malformado — e que se esforça para abrir uma brecha na ciência institucional dos humanistas que se correspondem em latim, leem grego e por vezes hebraico e ignoram soberbamente aqueles que não estudaram como eles.

O paralelo com as grandes navegações é, de resto, conduzido por Palissy, a fim de demonstrar que toda a teoria do mundo nada vale sem o exercício assíduo da prática. Uma tal aproximação com os indiscutíveis progressos observados no domínio geográfico está a ponto de tornar-se um *leitmotiv* da literatura alquímica. Testemunha disso, desde 1549, é o prefácio composto por Antoine du Moulin para sua tradução da *Chiromancie et physiognomie*, de Jean d'Indagine.[23] A apologia de ciências tão pouco exatas como a quiromancia, a geomancia e a fisiognomia serve-se do desvio insólito do Novo Mundo e dos Antípodas. O triunfo futuro de Jean d'Indagine e seus admiradores franceses é pressagiado pela brilhante vitória alcançada por Colombo e Magalhães sobre Ptolomeu e Lactâncio, esses especuladores de gabinete mais à vontade entre zonas celestes e anjos do que na ponte de um navio.

Em um tal contexto intelectual, não é de espantar que a vista, por si mesma, seja o argumento de autoridade última que Thevet opõe tanto aos predecessores como aos detratores. Tratando-se da disciplina cosmográfica, dir-se-á, parodiando Montaigne, que aí está "o fundamento místico de sua autoridade".[24] Pode-se acrescentar, sempre com o autor dos *Ensaios*, que "ela não tem qualquer outro". A definição primeira da cosmografia, tal como a dá em 1564 o bolonhês Leonardo Fioravanti, faz toda sua validade depender efetivamente da experiência. Essa verdade aparece tão fortemente ao compilador do *Miroir universel des arts et sciences* que ele se abstém de demonstrá-la:

> A cosmografia é uma ciência, que nenhum homem pôde aprender ou conhecer senão por meio da experiência, o que é muito claro e não precisa de prova.[25]

Herdeiro dessa evidência, Thevet apropria-se dela em benefício exclusivo. Desde o início, a observação pessoal do autor estabelece seu poder tirânico e arbitrário, remetendo todos os discursos anteriores ao nada:

> Bem posso dizer ter observado algumas estrelas fixas na terra austral, de modo que se tivesse estado dez anos a ouvir um doutor, atormentando-se sobre um astrolábio, ou sobre um globo, não teria tido conhecimento disso. [...] Se os antigos as tivessem visto e conhecido, como fiz, não as teriam esquecido, assim como às outras que viram deste lado.[26]

A polêmica unívoca contra as autoridades e a destruição sistemática dessas em nome da sacrossanta autópsia não ocorrem sem risco. Equivalem a negar toda ideia de progresso, em proveito de uma revolução do saber que passaria necessariamente pela experiência ubíqua e totalitária do escritor-viajante. Por essa declaração passavelmente terrorista, apresentada desde o início da *Cosmografia universal*, Thevet chega a opor, de maneira bem arbitrária, o olho nu a esses instrumentos realmente indispensáveis ao piloto e navegante que são o astrolábio e o globo. A reivindicação de uma experiência única e *ingênua* aproxima-se do obscurantismo mais patente.

O OLHAR ONIPOTENTE

Quem diz cosmografia diz escala muito pequena, no sentido cartográfico do termo. Isso pressupõe que se adote o olhar ideal do Criador sobre o mundo, ou que o transportemos, a exemplo de Menipo, ao reino da lua. Em outros termos, existem para o cosmógrafo duas vias de acesso privilegiadas ao seu objeto, abertas pelo êxtase e pela sátira.

Passemos rapidamente pela segunda. Nas *Nouvelles des regions de la lune*, uma espécie de continuação da *Sátira*

O MODELO COSMOGRÁFICO

Menipeia publicada em 1604, o sentimento antiespanhol serve-se do estilo de Rabelais e da ficção de Luciano. Três peregrinos lendários, Aliboron, Franc Archer de Bagnolet e Roger Bon Temps, encontram o narrador anônimo, "no longo caminho que leva a Mirebeau", e vão em sua companhia para a lua, de onde assistem, por um alçapão aberto sob os pés, ao naufrágio da invencível armada de Espanha. As "galeaças e galeões, carracas e carracões, barcas e barcaças" parecem, ao longe, borboletas voando na tormenta. Os tripulantes lançando-se à água são, por seu lado, comparáveis a ovas ou minúsculos excrementos de insetos.[27] Assim como Luciano, no *Icaromenipo* e na *Verdadeira história*, zombava dos geógrafos de seu tempo, o anônimo seguidor da Menipeia associa à sátira "lunática" o nome de Thevet, "que viu as coisas invisíveis".[28] O procedimento de redução por distanciamento é a arma adequada para arruinar as pretensões humanas de grandeza e, no caso presente, tornar ridícula a aspiração de Felipe II, "rei de todos os diabos", à monarquia universal. Mas é também, e a princípio, o meio técnico que tem o cosmógrafo, o filósofo ou o poeta científico para reduzir seu objeto, que é o mundo, a dimensões compreensíveis pelo olho humano. Fazendo isso, o êmulo satírico do "Luciano francês"[29] parodia as ambições rivais do hinista e do cosmógrafo: um e outro pretendem elevar-se até o império celeste e privilegiam em sua representação do cosmos a visão de conjunto sobre o detalhe particular.

Esse fenômeno de ascensão cosmográfica é descrito de forma insuperável por Agrippa d'Aubigné no segundo livro das *Tragiques*, quando a Virtude, dirigindo-se em sonho ao poeta, promete-lhe um ponto de vista que se projeta sobre o mundo e a história

> Quero fazer seu espírito voar sobre as nuvens
> Quero que vejas a terra do ponto em que a viu
> Cipião, quando o amor ao meu nome o transportou[30]

A uma tal altitude,

> O mundo é apenas uma ervilha, um átomo a França[31]

Reconhece-se aqui o eco do *Sonho de Cipião*, esse mito filosófico incluído na *República*, de Cícero, e divulgado ao longo da Idade Média e do Renascimento pelo comentário de Macróbio. A viagem da alma até a mais alta esfera permite-lhe alcançar a perfeita clareza; os limites do universo e os fins da história lhe são simultaneamente desvelados. A vaidade dos tormentos humanos, a inútil agitação que envolve o átomo terrestre num turbilhão contínuo, tornam-se-lhe imediatamente perceptíveis, do mesmo modo que a recompensa dos justos e a punição dos maus no além. Entretanto, a harmoniosa música das esferas cristalinas que se movem diante dele submerge o espectador assim transportado num estado de enlevamento duradouro.

A ficção do sonho expõe a operação extraordinária que consiste em elevar-se acima do universo para compreendê-lo e descrevê-lo na totalidade. As simples forças humanas não bastariam a essa operação que desafia a verossimilhança e que é fácil de ironizar. Também d'Aubigné atribui seu voo através dos ares à Virtude ou, em outro ponto do poema, à Providência Divina. Apenas a graça eficaz é capaz de transportar a alma em êxtase, inteiramente entregue a Deus, a seu lugar de origem, à pátria longínqua da qual a vida terrestre a exilou. Daquele ponto, as aparências se dissolvem em benefício de uma verdade que escapa à vista dos simples mortais. O Almirante Coligny, assassinado neste mundo, castrado e arrastado na lama na manhã de São Bartolomeu, regozija-se no céu de um espetáculo tão desprezível, que apenas seus carrascos, encarniçando-se contra uma sombra, tomaram por trágico.[32]

Sem dúvida Thevet e os geógrafos de seu tempo não partilhavam do élan místico do poeta huguenote, o qual, chegado ao fim de sua epopeia setenária,

pasma-se extático ao seio de seu Deus.[33]

Mas isso que em d'Aubigné remonta a uma teologia da história, cujo fim inverte seu curso, ao preço de uma brusca mudança das aparências ilusórias, responde no erudito a um tipo de imperativo *a priori*. É a mudança de escalas que, de chofre, fornece o quadro de investigação necessário. Sem a viagem da alma, não há ponto de vista instantâneo sobre o cosmos. O parentesco entre a cosmografia e a poesia sacra é então essencial e primeiro.

No princípio era a esfera, poder-se-ia dizer; e aos membros dessas duas profissões, cingidos com os louros da realeza, competia presidir sua conquista. A figura circular e esférica do cosmos, como se notou a propósito dos *Hinos*, de Ronsard,[34] não se liga a uma "concepção definida de sistema de mundo". De Aristóteles toma o encaixe dos quatro elementos: da Terra imóvel no centro até o fogo periférico, passando pelos estágios intermediários da água e do ar. A Ptolomeu deve o geocentrismo e o duplo movimento, próprio e geral, das esferas celestes, mas ignora aí a complexa teoria dos epiciclos e dos excêntricos.

De fato, a simplificação extrema do cosmos vai no sentido de uma intelecção imediata, de uma posse instantânea. Ela facilita a operação de miniaturização que Ronsard, no *Hino da filosofia*, descreve em uma síntese surpreendente:

> Porém, todo o céu desce à terra,
> E sua grandeza numa esfera encerra
> (Milagre) quem tantos astros contém
> Como um brinquedo, às nossas mãos vem[35]

Os astros são cativos da esfera de madeira, da mesma forma que, um pouco mais acima, no mesmo *Hino* os demônios o são do anel de ferro dos feiticeiros. A forma redonda assegura a transição do anel mágico de bruxo à esfera celeste do cosmógrafo, exprimindo a plenitude de um poder e o encerramento sobre si de um império universal.

Vê-se que Ronsard de forma alguma partilha o pessimismo teológico de d'Aubigné, assim como de suas prevenções inteiramente calvinistas, com relação à capacidade humana A extensão dessa não é tão frágil a seus olhos que não possa, por um passe de mágica, submeter a natureza e aprisioná-la em um espaço restrito, em que seja mantida como potência e como que domesticada. O elogio da filosofia, termo geral para designar todos os estudos da natureza, e que abarca, por consequência, as disciplinas aparentadas da cosmografia e da poesia epidítica, orienta-se assim para a glorificação do espírito humano, capaz de disputar com o Criador a soberania sobre o mundo. Ao tema tradicional da elevação da alma através do cosmos, Ronsard empresta uma ressonância prometeica:[36] agora, por um movimento inverso, é o cosmos que desce inteiramente à mesa do filósofo, que dele se apodera furtando-lhe o segredo.

Mais do que em direção a d'Aubigné, cuja obra poética, por muito tempo inédita, sem dúvida ignorou, é em direção a Ronsard que se inclina o católico Thevet, por temperamento, pela religião em comum e pela profissão do cosmógrafo. Entre Ronsard e Thevet, a relação deu-se por uma troca de serviços e pela dependência dos mesmos protetores, a Rainha Catarina de Medici, em primeiro lugar, mas também mecenas poderosos como o Cardeal de Lorraine, o Chanceler Michel de L'Hospital, o Procurador-Geral Gilles Bourdin e o Cardeal de Bourbon. A ligação social e a presença junto às mesmas clientelas evidenciam uma comunhão de preocupações intelectuais. Uma mesma simbologia é empregada nos *Hinos*, de 1555, e na grande *Cosmografia*, 20 anos depois. Fazer o inventário do mundo não é contribuir eficazmente para sua celebração? A encíclica cosmográfica é comum ao desígnio de uma poesia hínica e ao projeto descritivo do geógrafo universal.

Da mesma forma, compreende-se que as peças preliminares emanadas dos principais membros da Plêiade e de seus êmulos, de Jean Dorat a Ronsard e de Jodelle a Guy le Fèvre de La Boderie, contam-se às dezenas na introdução das obras de Thevet: dois poemas em 1554 na *Cosmografia do Levante*, três nas *Singularidades*, de 1557, mas 16 antecedendo a *Cosmografia universal*, chegando a 17 nos propileus dos *Retratos verdadeiros e vidas dos homens ilustres* (1548). Esse florilégio poético, que celebra as núpcias do humanismo e do novo cosmos, exalta as figuras gêmeas do aedo e do viajante. Seguindo a imagem favorável entre os representantes da geração surgida no reinado de Henrique II, Orfeu e Jasão navegam juntos na busca de outros velocinos de ouro. O piloto é um segundo Tiphys, que doravante empresta o rosto, a voz e o nome ao franciscano girovago, o quase homônimo Thevet d'Angoulême. Cumprindo a predição contida na *Quarta Égloga*, de Virgílio, Thevet — "alter Tiphys" — é chamado a renovar o mundo por meio de suas viagens. De fato, como o nota Jean Dorat e Guy Le Fèvre de La Boderie, suas peregrinações inscrevem no círculo da esfera a cruz de itinerários conduzidos inicialmente ao Oriente, depois ao Mediterrâneo e ao Extremo Ocidente.[37]

A figura circular, que privilegia a cosmografia ao combiná-la com aquela da cruz que estrutura o quadro do mapa-múndi, define a perfeição de uma empreitada que é tanto política quanto intelectual:

Pois nada é excelente no mundo se ele não for redondo.[38]

A máxima de Ronsard, que remete simultaneamente à esfera do mundo, à coroa do rei e à tonsura do padre, postula uma soberania "geral e cósmica" ainda mais do que geográfica.[39] A "cosmocracia", cujo modelo é tomado do pensamento dos antigos e que possibilitou desde seu nascimento o principado de Augusto, representa o resultado ideal da cosmografia poética comum ao poeta do *Hino do céu* e ao agrimensor infatigável dos quatro continentes.

Ora, o mito, em Thevet, desemboca em uma ambição política — e é por isso que as "ficções dos poetas", sustentando sua glória e combatidas por seus detratores, devem ser consideradas com grande seriedade. Entre o Príncipe e o Poeta, "fascinados um pelo outro" em razão de seus segredos respectivos,[40] o cosmógrafo assegura um tipo de transição instrumental. Tendo acesso ao poder do Príncipe, pela transmissão ou, contrariamente, pela retenção de informações estratégicas, entretém com o Poeta um estreito parentesco. O poder ilimitado que o Poeta — Ronsard, Dorat, Le Fèvre de La Boderie — comunica ao rei, soberano mitológico do orbe terrestre, encontra um começo de realização com o mapa ou a esfera dedicada ao monarca, acantonada com suas armas, percorrida por seus navios, e que abre a seus sonhos de império um espaço de intervenção ampliado até os confins do globo terrestre. O mapa-múndi é ao mesmo tempo a representação hiperbólica e instantânea de um império sem fronteiras e um programa concreto de ação militar que contabiliza os lugares e estende, através de um espaço orientado, o dinamismo de futuras conquistas. Na junção de uma poética inspirada e do cálculo estratégico mais realista, a cosmografia toma a metáfora e a hipérbole como figuras ativas que permitem, pela eficácia do discurso e do traço, transformar o mundo.

Compreende-se a partir daí que o excesso retórico, que preside a geografia dos cosmógrafos, tenha sido acusado pelos defensores daquilo que se pode chamar, com George Huppert, a "nova história" do fim do século XVI. De Jean de Léry, o historiador do Brasil francês, a Lancelot Voisin de La Popelinière e ao inglês Richard Hakluyt,[41] todos estigmatizam um erudito que usurpa a glória do Demiurgo e recorre indiferentemente aos instrumentos do matemático e ao tratado dos *tropos*. Às acusações de ordem metodológica conjugam-se efetivamente, desde 1575, as de blasfêmia. Pela pena de François de Belleforest, autor de uma cosmografia concorrente publicada no mesmo ano, e pela de Ludwig Camerarius, que em 22 de julho escreve a Hubert Languet, a acusação de impiedade reúne católicos franceses e protestantes da Alemanha na condenação unânime do cosmógrafo pretensioso.[42]

Ora, esse foi o efeito de um risco conscientemente assumido por Thevet, a consequência inelutável do reinado sem partilha que pretendia instaurar sobre as coisas. Pela ponte lançada do Poeta ao Príncipe e do mito de uma soberania universal ao exercício prático dessa, a cosmografia tende a traduzir em fatos o sonho antigo da cosmografia alexandrina ou romana. Graças às grandes descobertas, o ecúmeno subitamente multiplicado coincide, enfim, com a esfera terrestre. Thevet aproveita a ocasião histórica para se fazer porta-voz de uma monarquia verdadeiramente universal que pertencia, por direito, à França dos Valois. Demasiadamente pragmático para partilhar por muito tempo essa ilusão e demasiadamente astuto para ser homem de uma só causa, deixa a seus turiferários de ocasião a preocupação de cantar esse futuro radioso. O conjunto poético reunido no início dos anos 1560, e publicado com 15 anos de atraso na introdução da *Cosmografia universal*, testemunha uma relação de forças desaparecida e proclama, ao tempo das guerras de religião e do triunfo da hegemonia espanhola, um otimismo que se tornou anacrônico.

Desde então, o desígnio do cosmógrafo segue a contrapelo de um movimento iniciado ainda em vida — e em meio ao seu campo — no desenvolvimento das ciências da natureza. Como lembrava François de Dainville, o Concílio de Trento teve por vontade e como efeito reconciliar o domínio da experiência sensível com o princípio de autoridade. Sem dúvida a "epistemologia da situação" que impôs, e da qual Galileu foi a mais ilustre vítima, não contribuiu precisamente para o progresso do saber.[43] O controle da autoridade eclesiástica, por todo lugar em que se estabeleceu, aprisionou a física ao jugo do aristotelismo e confirmou a fidelidade ao sistema de

Ptolomeu que a hipótese sacrílega de Copérnico não havia conseguido abalar. A despeito de obrigar o erudito a uma prudência elementar, esses limites imperiosos não interditam a investigação dos fatos naturais. O retorno a uma disciplina intelectual podia, em uma certa medida, favorecer a pesquisa nos domínios especializados da botânica ou da astronomia, por exemplo. A retirada se operava, assim, de uma ciência geral, cujos princípios no momento não eram mais discutíveis, em direção aos saberes particulares e práticos, decifrados em profundidade, nos limites de cada arte. Certamente inabalável em seu orgulho solitário e decididamente surdo àquilo que a historiografia jesuítica chama pudicamente as "moções do humanismo cristão,"[44] Thevet não renunciaria por nada às suas prerrogativas universais.

Ao contrário dos livre pensadores eruditos de seu século, os Michel Servet, os Giordano Bruno, que cedem às tentações da filosofia especulativa, o cosmógrafo dos reis de França não se afasta muito das realidades mais tangíveis, visivelmente constrangido quando o adversário obriga-o a combater no terreno das ideias. Sempre reticente ao falar de teologia, direito ou mesmo política, comete blasfêmia sobre blasfêmia, confiante na experiência que o conduziu aos lugares santos e o leva a contradizer a Escritura e os padres: em Belém a manjedoura é uma gruta; Jerusalém não está no centro do mundo; não há leões às portas de Gaza nem baleia no Mediterrâneo, a despeito do que afirmam as histórias de Sansão e de Jonas.[45] A mesma insolência exibe com relação a Santo Agostinho e Lactâncio, que negavam os antípodas, contra a evidência demonstrada pelos modernos. A atitude blasfematória de Thevet — que seus amigos, como o muito ortodoxo teólogo da Sorbonne Gabriel Du Préau, são os primeiros a reprovar[46]

— não se manifesta na revolta contra Deus e o dogma; ao contrário, num grau aparentemente mais humilde, procede do papel desmedido que ele atribui ao auxiliar mais reconhecido da ciência moderna: *experientia, rerum omnium magistra*.

A heterodoxia de Thevet, é definitivamente a constituição dessa experiência pessoal como valor absoluto, em vista da qual lhe é lícito negar toda autoridade, por mais venerável que seja. Por suas bazófias repetidas, Thevet não coloca em causa apenas os ensinamentos da Escritura, mas compromete a própria validade de todo saber. Pode-se concordar, nesse caso particular, com o Padre Dainville, cuja análise, de resto, não é desprovida de intenções apologéticas: a espécie de regulação imposta externamente à ciência moderna pela Igreja, nascida no Concílio de Trento, teria dispensado o cosmógrafo de "divagações perigosas"[47] — divagações laterais, se se quiser, e que, sem atentar contra o dogma teológico enquanto tal, solapavam na base a pirâmide das autoridades profanas e sacras.

A INESGOTÁVEL INVESTIGAÇÃO

A bem dizer, a dificuldade é inicialmente de método. Ao se descer do mito poético à ordem prática e do céu de Cipião ao gabinete do geógrafo, constata-se que é impossível fazer coincidir a miopia do observador humano, cujo campo visual é restrito, e a visão intelectual e englobante do cosmos. Essas duas dimensões extremas e opostas da investigação geográfica não poderiam ser compreendidas, uma e outra, no instante concreto e imediato da experiência. Em outros termos, se a topografia, essa "narração particular" valorizada por Montaigne,[48] depende da prática cotidiana do indivíduo que se desloca, olha e anota o espetáculo mutante que o rodeia, a cosmografia, em compensação, supõe a mediação de um modelo teórico e o reconhecimento de uma tradição científica e convenções de análise. O topógrafo está solitário em face do objeto-paisagem que avalia de imediato. Porém, para atingir a compreensão total do objeto-mundo, o cosmógrafo necessita de auxiliares e precursores. Sua profissão coloca-o na extremidade de uma cadeia de operadores com tarefas fragmentárias. Tributário da história da disciplina, depende também de intermediários e de uma rede de informantes cujas observações vai se esforçar para recuperar.

A apoteose do piloto em seu navio, de balestilha em mãos, surgiu como o emblema de uma indecisão intencional entre as ordens de grandeza mais afastadas. Visão deliberadamente inconstante como a de Thevet, e que tende a diluir os limites, os planos de ruptura de uma escala a outra.

Análoga à do piloto em sua caravela, a atitude do "insulista" em sua ilha, esse espaço pouco mais estável do que o castelo do navio, autoriza a mesma transgressão de escala. Ao subir ao topo da mais alta elevação, está apto a perceber as margens desdobrando-se simetricamente em torno dele, inscritas no mar imóvel assim como na retidão da superfície do mapa. Tal é a ascensão de "tão alta montanha", "feita quase como pirâmide", situada na "ilha dos Ratos", a 4 graus de latitude norte, que permite ao cosmógrafo aventureiro chegar, a partir da visão topográfica sobre o espaço imediato de uma ilhota infestada de roedores, à consideração do cosmos apreendido nas engrenagens e nos números. Ao custo de um "grande sofrimento" e "incômodos" superados com o perigo de vida, triunfa sobre as armadilhas do lugar. Durante duas noites em face das estrelas, goza do espetáculo do universo fixo diante do olhar. Desse "Monte *Angoumoisin*" — ao qual bem pode então dar o nome de sua pequena pátria, para a tomada de posse simbólica que assim efetua por sua conquista e estada — descobre a olho nu os segredos da ciência cosmográfica que os geógrafos de gabinete buscam em vão.

A fórmula enfática marca ainda aqui a passagem de uma ordem a outra, da escala local à escala mundial:

> É dessa montanha que vi as estrelas, que estão próximas do círculo Ártico, a saber, que não é outra coisa que a verdadeira revolução do pivô da eclíptica ou Zodíaco, o qual é tão afastado do Polo Ártico quanto o Trópico de Câncer o é do Equinocial, que estão a 23 graus e meio. O mesmo posso dizer do círculo Antártico, que leva o mesmo nome.[49]

Na presente situação, o caso, certamente inventado, pois relacionado a uma hipotética "primeira viagem" de 1550,[50] é destinado a tornar verossímil a brusca mudança de ponto de vista, o alargamento da visão — da experiência local à universalidade do saber. Porém, o mais das vezes, Thevet não se embaraça muito com tais precauções narrativas. Daí essas sínteses telescópicas pelas quais pretende testemunhar ocularmente dados que de modo algum pertencem à experiência visual do viajante.

Trata-se de provar que o oceano é rodeado pelas terras, e não o inverso, como acreditavam os antigos? Basta a Thevet alegar suas peregrinações pelas quatro partes do mundo para vencer — pensa ele — 20 séculos de tradição cosmográfica. É pelo *essai* [ensaio, demonstração] — no sentido de experiência ou prova dado por Montaigne — de suas navegações

O MODELO COSMOGRÁFICO

de longo curso que Thevet pode afirmar que o oceano não é um cinturão aquático a margear o ecúmeno, mas, ao contrário, um segundo e maior Mediterrâneo, reunindo os povos dispersos às suas margens:

> E depois, todavia, pelas minhas navegações *j'ai essayé* [provei, demonstrei] não só que havia terra, mas ainda que o mar estava totalmente cercado, que não se via mais água, mas o costado da Antártica.[51]

Ao custo de uma elipse espacial e temporal, o momento fugaz da viagem abre-se a uma evidência totalmente abstrata, comumente impossível de compreender sem a mediação do mapa-múndi e dos instrumentos matemáticos e sem o necessário recuo do trabalho de gabinete:

> Agora que encontrei terras de contornos tão grandes, por que diria que é o oceano que circunda a terra? Já que ao contrário *eu vi com meus olhos* o oceano, fazendo como que uma viravolta e retorno para si do Ocidente ao Oriente.[52]

A confusão de escalas faz com que o olhar do piloto, perscrutando, a uma incerta distância, a curvatura de um golfo ou a inflexão de uma linha costeira, coincida subitamente com o do cartógrafo no gabinete a considerar na esfera as grandes massas de terras emersas, simplificadas pela miniaturização do globo.

Definitivamente, a menos que se retome o ponto de vista ubíquo e do Demiurgo, que "tem mãos tão grandes que numa contém todo o mundo e entre dois ou três dedos gira toda a Terra",[53] percebe-se mal como a prática da navegação — o olhar fixado no horizonte ou elevado em direção às estrelas — poderia recuperar sobre o globo terrestre uma informação coerente, uniforme e geral. Faz-se assim pouco caso dos incidentes de percurso, da subjetividade do observador e, mais ainda, da capacidade limitada dos órgãos sensoriais.

Mas Thevet necessita dessa ficção de um ponto de vista simultaneamente particular e geral, pessoal e perfeitamente objetivo, para arruinar as pretensões da antiga geografia. A autópsia triunfante e ubíqua do piloto "na cadeira do navio" e do "insulista" no topo de sua ilha serve para condenar as quimeras dos antigos, bem como as especulações dos contemporâneos inoportunos. De modo sintomático, o desenvolvimento relativo à terra que cinge o oceano, no início da *Cosmografia universal*, segue-se à crítica, a mais tradicional possível à época do Renascimento, da *vana gloria*. O duplo exemplo de Aristóteles e Empédocles, que se suicidam por orgulho e louco amor da glória, o primeiro jogando-se no mar Egeu e o segundo na cratera do Etna, denuncia, segundo a tópica conhecida do humanismo cristão,[54] a pretensão de um saber incapaz, por vocação enciclopédica, de fixar para si os limites humanos. Sem perceber que essa acusação de *hybris* poderia retornar contra si — o que ocorreu a partir de 1575 pelas vozes de Belleforest e Ludwig Camerarius —, Thevet estigmatiza os que tentam em vão penetrar os segredos da natureza, tais como a origem das "correntes" e do fluxo e refluxo do mar, em vez de confiar, em relação a essas questões delicadas, na infinita prudência de Deus.

Contudo, uma primeira diferença revela-se entre Thevet e os filósofos da Antiguidade: renuncia a sondar as profundezas ocultas do mundo para contentar-se em dominar a superfície pela ascensão do olhar ao céu. A inclinação à desmedida leva-o a seguir o voo de Ícaro sobre o mar, mais do que as pegadas sombrias de Aristóteles e Empédocles, cujo desaparecimento sela a justo título um "conhecimento pelos abismos".[55]

Outra diferença com os vãos antigos é que a temeridade do cosmógrafo aparece em certa medida justificada pela Revelação. A Palavra ensina à humanidade que o mundo lhe pertence na sua totalidade, sem exceção de criaturas ou territórios. Readquirir ao olhar do homem esta pátria inteira que é a Terra, tal é a tarefa santa à qual se aplica o trabalho cosmográfico. Efetivamente "não há ciência, depois da teologia, que tenha maior virtude do que essa para nos fazer conhecer a grandeza e o poder divino e tê-lo em admiração".[56] Trata-se, a partir disso, de acentuar a ruptura com uma filosofia cheia de si mesma e que, por ter se mostrado incapaz de ampliar seu campo de investigação dentro dos limites prescritos a Adão, negou que o mundo fosse cognoscível de um polo a outro.

Thevet retorna várias vezes a esse motivo ao qual as *Singularidades* consagram todo um capítulo: é pela cegueira e presunção que os "filósofos naturais", desde "Tales, Pitágoras, Aristóteles" até Plínio e Ptolomeu, afirmaram sem provas que a zona tórrida e as zonas glaciais, quer dizer, três quintos da superfície do globo, eram inabitáveis.[57] As Escrituras — que Thevet não se proíbe de desmentir em outros lugares — e a experiência dos modernos provam o contrário, unidas aqui no mesmo movimento de ampliação do mundo e da erradicação de um passado de erros e restrições supersticiosas. A ilustração da narração do Gênese e o elogio da navegação vão lado a lado:

Assim foi o homem criado por Deus, para que pudesse viver em qualquer parte da terra, seja quente, fria ou temperada. Pois Ele mesmo disse aos nossos primeiros pais: crescei e multiplicai. A experiência com vantagem (como várias vezes dissemos) certifica-nos o quanto o mundo é amplo e acomodável a todas as criaturas, e isso tanto pela navegação contínua por mar como pelas longínquas viagens por terra.[58]

Os antigos reuniam dois equívocos aparentemente contraditórios. À pretensão de uma procura vã e inadequada das causas, somam a incuriosidade pelos espaços longínquos. Nisso Thevet concordaria com Montaigne, que ironiza os "agradáveis faladores" e prefere, à busca ilógica das causas, a investigação sobre a inesgotável diversidade das coisas.[59] O programa da cosmografia será definitivamente o de restituir ao conhecimento humano essa dimensão horizontal de que o pedantismo dos antigos o havia em grande parte privado.

Para fazer isso, nada melhor do que uma inversão radical de suas afirmações temerárias: por exemplo, em sentido oposto à opinião de Aristóteles, e em conformidade com a de Avicena e Alberto, o Grande, Thevet concluirá que a zona tórrida não só é habitável, mas "mais salubre para a vida humana do que todas as outras".[60] O mesmo gosto do paradoxo polêmico leva Thevet a mudar completamente a aparência do mapa-múndi, trocando os lugares respectivos em que os antigos haviam assinalado as águas e terras emersas. De ilha central, a terra torna-se cinturão, cercando por todos os lados um oceano reduzido aos contornos de um segundo Mediterrâneo, ou melhor, de um vasto mar Cáspio.[61]

Esse espírito de contradição vivificado pelo princípio da autópsia obriga Thevet a efetuar sem cessar o grande salto

O MODELO COSMOGRÁFICO

entre *quantitas* e *qualitas*. Ao custo de acrobacias retóricas, tenta reunir em sua mão a esfera, tal como aparece ao Criador que a move, e o estreito teatro da experiência humana. Thevet, sabe-se, duvida da abstração. Da mesma forma, prefere, ao mapa universal plano, o "globo e a esfera redonda", que são o análogo miniaturizado do mundo, capazes de fornecer ao cosmógrafo o aspecto, a consistência e o volume da Terra situada sob o olhar de Deus. Do globo, que gira em seus dedos como o Demiurgo, pode tirar o "julgamento seguro", opondo-o, por exemplo, aos que pretendem designar a América pelo termo impróprio de "Índias".[62]

Certamente, o cosmógrafo ignora a boa distância a que, segundo Pascal, o sábio, assim como o homem polido, deve se colocar em relação às coisas.[63] Avaliado pela medida do Grande Século, seu erro sem dúvida alguma seria científico, mas ainda mais estético e, consequentemente, social. Para o apreciador de pinturas, assim como para o físico, a "distância demasiada" e a "proximidade demasiada" impedem a visão de um e de outro.[64] Ora, são esses os lugares insustentáveis contraditoriamente requeridos pela ambição cega dessa ciência universal do concreto. Sofrendo sucessivamente de miopia e presbitia, o cosmógrafo tem tanto o olhar colado sobre o detalhe singular e único dos quais o universo fervilha quanto gostaria de abrangê-lo inteiro num único instante. Conhecendo mal seu alcance, incapaz de manter-se no "meio-termo entre dois extremos" que definem, segundo o autor dos *Pensamentos*, o grau do espírito humano,[65] pretende ocupar simultaneamente as duas extremidades da cadeia.

Da mesma maneira, quando sua autópsia decai da consideração geral do mundo rumo ao espetáculo particular de uma singularidade, tende a esgotar-se numa repetição estéril. Esforçando-se por estar em toda parte, Thevet nunca acaba de provar seus ditos pela redundância de uma experiência fictícia. O desdobramento da viagem ao Brasil é o símbolo disso, assim como as duas travessias do Sinai em direção a Meca,[66] o batismo das duas "ilhas de Thevet" no Canadá e no Brasil,[67] sem esquecer o Monte *Angoumoisin*, inaugurado em uma bela noite de 1550 a alguns graus acima do equador. A reduplicação permite reconhecer nesse experimentalismo exaustivo a marca distintiva de transportes imaginários às extremidades da Terra.

Sintomática é ainda a obstinação com que resolve *in situ* as questões naturais mais diversas. Sobre o problema bastante controvertido das cheias do Nilo, a respeito das quais Heródoto, Aristóteles, Plínio e muitos outros se enganaram alinhando num belo coro as razões mais contraditórias, Thevet invoca o testemunho do leitor de uma tal cacofonia, para declarar com soberba:

> Vós perguntaríeis o que é que Thevet pretende concluir com isso. Nada além do que sei e vi durante dois anos, nove meses e pouco, em que estive e filosofei no Egito.[68]

Entretanto, a estada do velho franciscano no Egito, que não se estendeu muito além do inverno de 1551-1552, aparece ampliada às dimensões inverossímeis de quase três anos.

Atrevendo-se a verificar as afirmações de Plínio no capítulo relativo ao avestruz ao encontrar no Cairo um desses "pássaros selvagens", empenha-se em pôr à prova a proverbial gula do animal dando-lhe uma peça de ferro.

> a qual pareceu-lhe tão bem que foi estrangulado[69]

Daí a indignação do intrépido viajante face aos disparates dos doutos: "É rir e zombar de mim, que sei o contrário, por experiência própria." Acontece que o zelo experimental de Thevet desencadeia verdadeiras hecatombes. Para refutar Dioscuredes e seu comentador Mattioli quanto à densidade das águas do mar Morto, as quais não engoliriam os corpos nelas mergulhados, Thevet ali espalha uma série de objetos heteróclitos, desde "ossadas e crânios de cavalos e camelos, mais de mil" até "três de nossa gente" massacrados pelos saqueadores árabes, passando pelo asno selado de um cristão nestoriano e as botinas "ao estilo turco" de um de seus correligionários.[70] Animado pelo furor de provar, Thevet enfileira caso sobre caso: o ataque dos janízaros que serviam de guias, uma disputa entre peregrinos bêbados que brigavam por uma "garrafa de vinho" e a emboscada surpresa dos cavaleiros do deserto. Multiplica em até "cinco vezes" suas visitas ao assim chamado "lago" e transforma-o em um insondável depósito: "Todas aquelas coisas, conclui, não falharam em ir incontinente ao fundo, perdendo-se de vista." Abatido por essas provas desconcertantes, o infortunado Mattioli não tardará muito a depor as armas.

A regressão qualitativa que se observa aqui engendra uma proliferação do ponto de vista topográfico em detrimento da visão de conjunto. Do rigor da exposição cosmográfica recaise, parece, no conto. Porém, além do caráter sem dúvida involuntário dessa mudança, o caso saboroso trai a ligação de Thevet com o que é ao mesmo tempo uma estética e um princípio de descrição do mundo: a admirável e cintilante *varietas*. É a ela que caberá ornamentar os espaços regulares e demasiadamente uniformes delimitados pelo projeto da esfera.

COSMÉTICA E COSMOGRAFIA

Um antigo jogo etimológico com a palavra grega *cosmos*,

que equivale a ornamento ou, se quiser, belo, agradável e deleitável,[71]

tende a associar o universo a um espetáculo visual valorizado pela inesgotável diversidade e, desde as origens, reservado por Deus para recreação e instrução do homem.[72] Essa pedagogia do Criador, que recorre à imagem — ou mais exatamente às inumeráveis e variadas imagens que, da base ao topo, desdobram-se da imensa escala de seres — para fazer compreender ao espírito humano, por induções sucessivas, a unidade do grande Todo, é por sua vez imitada pelos autores da "filosofia natural", naturalistas, médicos e geógrafos. Fortalecidos dessa certeza, segundo a qual cosmética e cosmografia procedem do mesmo princípio divino da variedade, uns e outros fazem de suas descrições eruditas essa "marchetaria frouxa" cara ao autor dos *Ensaios*, em que a disseminação de objetos singulares interdita toda taxonomia demasiadamente precisa.

Restituir, na desordem aparente da exposição, a eufórica diversidade do "teatro da natureza universal",[73] esse é o projeto declarado dos compiladores de "singularidades". Essa literatura — dado que toma por modelo essa ornamentação maneirista, adorno ou jardim, que é de início o mundo e que pretende nele repetir o milagre da pedagogia divina —, reclama naturalmente para si uma estética do estampado e de entrelaços. É necessário a Thevet, portanto, embaralhar os quadros classificatórios e confundir num mesmo tecido os fios de discursos heterogêneos. Esse programa é esboçado por Thevet a partir da epístola dedicatória da *Cosmografia do Levante* e se encontra retomado sem variações notáveis no Prefácio da *Cosmografia universal*, de 20 anos depois.[74] Sobre o modelo da *Polyhistor*, de Solino, trata-se de alternar as matérias de modo a "recrear o entendimento humano", inimigo da uniformidade, como a própria terra, que demanda "mudança de sementes".

A segunda diversidade do texto será constituída a partir da diversidade primeira do mundo e sob a direção dessa. O sumário dos capítulos da *Cosmografia do Levante* oferece a ilustração concreta disso: alternadamente são evocados a "Ístria e Eslavônia" de habitantes poderosos e vorazes (cap. IV), os "lobos" (V), as "transformações" pelas quais é preciso entender a licantropia (VI), os "ursos" (VII), "um assalto e combate que sofremos ao mar pelos turcos" (VIII), Cândia, tremores de terra, lebres, Constantinopla, leões, tigres, camelos, elefantes e a origem das marés. A trama tênue — e sujeita a desvios e retrocessos — de um itinerário de Veneza a Jerusalém permite alinhar aqui e ali os capítulos da enciclopédia tomados da *História natural*, de Plínio, algumas "lições" etimológicas sobre os nomes da lebre (XV), dos colossos (XXXI) ou de Marselha (LVIII), dos adágios destinados a "ilustrar" os cretenses (IX), o monte Athos (XIV) ou as virtudes espartanas (XXVII), especulações botânico-teológicas sobre a bananeira e a árvore do jardim do Éden (LI) e enfim, insinuados aqui e ali, em meio a essa galeria de imagens singulares, os traços esparsos e sempre hipotéticos de uma experiência pessoal.

Mesmo quando a matéria das *Singularidades da França Antártica* apresenta uma maior homogeneidade, que se dá em função da novidade de seu propósito, o autor ainda se compraz em entremear retratos de animais — tais como leões da Mauritânia (cap. 4), tartarugas marinhas (14), luta de rinocerontes e elefantes (22, f. 41 r°) — ao itinerário de sua viagem e aos costumes dos povos estrangeiros ou lendários; a idolatria dos africanos (cap. 17, f. 31 r°), o uso de vinho de palma (cap. 11, f. 20), a luta das amazonas (cap. 63, f. 124 v°), o triunfo dos canadenses (cap. 82, f. 164 r°) interrompem e fragmentam a narração linear de uma expedição à região dos canibais.

Nessas duas obras, Thevet descartou uma distinção que havia se apresentado, de início, ao seu espírito: a que opõe as "histórias" às "questões naturais".[75] A *Cosmografia do Levante* e as *Singularidades* resultarão de um balanceamento entre uma e outra. É evidente que o prazer do texto e a ilusão de verdade que fornece ao leitor resultam de uma tal alternância. Ao misturar a narração das aventuras humanas ao quadro variado da natureza, o "singularizador" evita toda cesura no interior da harmonia universal. As leis da história participam da física e da medicina, ciências às quais está ligada por toda uma rede de analogias. Daí esses elementos da cronologia dinástica introduzidos no inventário monumental de uma cidade, esses retratos de grandes homens encrustados na topografia de alguma ilhota do mar Egeu, entre as curiosidades naturais do lugar.[76]

Mas, nesse sentido, o projeto do autor das *Singularidades* vai ainda mais longe. Não só se mostra em perfeito acordo com a ciência de sua época — que percebe, entre as coisas divinas, humanas e naturais, um conjunto de correspondências tangíveis que permite classificá-la dentro da mesma nomenclatura — mas também empenha-se em servir-se dessa exibição da diversidade, reproduzindo nisso o jogo divino da natureza.⁷⁷ O resultado produzido leva então a pensar na enciclopédia chinesa citada por Borges, que justapõe, no mesmo lugar do saber, as rubricas mais incongruentes e que arruína assim o princípio de toda classificação.⁷⁸ Eis como Thevet apresenta a lista das gravuras que ilustram a sequência de suas singularidades orientais:

> Também aqui verás as figuras e os retratos de bestas, pirâmides, hipódromos, colossos, colunas e obeliscos o mais próximo da verdade que me for possível.⁷⁹

Sem dúvida a maior parte dos objetos aqui registrados pertence ao seio do campo teoricamente ilimitado dos *rariora*, à subcategoria das "antiguidades orientais", mas aí se misturam desde o início às "feras", que não são senão "elefantes", "girafas", crocodilos, cujos traços mais maravilhosos são mascarados pela tradição científica. A história natural acompanha os monumentos da história humana. O crocodilo do Nilo e o icnêumon insinuam-se no intervalo aberto entre a coluna de Pompeu na Alexandria e o "corpo mumificado" descoberto em uma sepultura de Sakkara, cujo desenho parece copiado de um jazigo do gótico tardio.⁸⁰

De mais a mais, como não descobrir, na lista dos vestígios evocados, uma justaposição desordenada de lugares de referência e de momentos históricos disparatados, do Egito faraônico à Rodes alexandrina, da Alexandria romana ao Império Bizantino? Estas palavras complicadas, como Hipódromo ou Obelisco, que designam por volta de 1500 as realidades ainda fabulosas para o "leitor benévolo" e mediano, constituem, no limite, puros objetos verbais, cujas sonoridades são engendradas, pouco a pouco, por ecos deslocados ao longo da cadeia sintática. Nesse fragmento de nomenclatura rabelaisiana, Colosso [*Colosse*] gera Coluna [*Colomne*], pela retomada, parece, de um radical comum; Hipódromo [*Ypodrome*] procede de Pirâmide [*Pyramide*], invertendo as letras iniciais; e o Obelisco, concluindo por sua edificação terminal o alinhamento dos Colossos e Colunas, toma deles uma vogal mestra. O jogo onomástico que representa, com a voga do anagrama e do equívoco, um dos fundamentos da ciência poética do Renascimento,[81] torna-se aqui a regra de uma *dispositio*.

Ao colocar um tal princípio poético e discursivo no posto de comando da produção do texto científico, Thevet desencoraja antecipadamente todas as taxonomias. Ou, mais exatamente, multiplica ao infinito as categorias primeiras. Efetivamente, mesmo que não seja possível conceder um sentido às maiúsculas que ornam, na lista acima, cada uma das palavras admiráveis que ela encerra, pode-se entretanto reconhecer nelas substantivos que designam igualmente objetos singulares e individuais. Além da raridade assim evidenciada do Hipódromo ou do Obelisco — mas podendo em outros lugares tratar-se muito bem da Lebre, do Lobo ou do Crocodilo — o singular constrói cada termo numa individualidade inassimilável.

A classificação, incapaz desde então de tratar apenas dos conjuntos que supõem generalizações restritas, detém-se apenas nessas unidades atomísticas irredutíveis constituídas pelas "singularidades". A par desse esmigalhamento, nada mais é próprio: nem classes, nem subclasses intermediárias. De fato, cada indivíduo — animal, planta ou artefato — define sua própria classe, revelando-se, por isso mesmo, essencialmen-

O MODELO COSMOGRÁFICO

te diferente do objeto-classe imediatamente contíguo. A coleção de singularidades aparece definitivamente como esse arquipélago heteróclito e inumerável de categorias individuais dispostas em ilhotas que é preciso, uma a uma, cercar, descrever e preencher com um primeiro nome. Assim entendida, a cosmografia conduz logicamente ao insular.[82] E é assim que deveria ter terminado a obra de Thevet se o mecenato dos grandes não o tivesse abandonado na velhice.

Resta o título de partida: que Thevet, da primeira à terceira obra, tenha mantido, para designar uma certa recensão metódica do particular, o termo "cosmografia" e que tenha acreditado poder aplicá-lo de início à narração de sua viagem ao Levante indica bem de qual ambição seu projeto está imbuído. Mergulhar na minuciosa diversidade do mundo, reconhecer nisso a fundamental e inesgotável heterogeneidade, reencontrar paradoxalmente a vontade de compreender sua totalidade. Colocar-se desde o início sob o signo do *cosmos* biface — universo e ornamento — implica casar essa visão global e instantânea com a dispersão indefinida no campo das coisas singulares. Aceitando o risco de perder-se nelas, esse enciclopedista do disparatado que Thevet representa bastante bem recupera aí a unidade "deleitável" e brilhante da Criação.

Uma vez admitidos esses princípios gerais de uma poética, convém aplicar-se à elaboração prática da obra. De que maneira em particular se resolve o retalhamento de uma descrição distendida entre a menor e a maior escala, englobando o mundo e esforçando-se em exaurir nele a inesgotável substância?

Uma tripla investigação, filológica, mitológica e cartográfica, irá nos permitir recensear, num percurso mais sistemático do que cronológico, as diferentes técnicas às quais recorrem o cosmógrafo e seus ajudantes, investigadores e escritores, copistas e gravadores, a fim de proceder à união do todo e de suas partes. Ao término descobrir-se-á, na necessária falta de acabamento, o "modelo reduzido" do cosmos em que Thevet, durante a vida, trabalhou com a obstinação paciente de um artesão.

CAPÍTULO II Lições antigas: um
oriente livresco

> Que não haja história que não tenhas na memória presente, ao que te ajudará a cosmografia daqueles que escreveram sobre isso.
>
> Rabelais, *Pantagruel*, VIII, édition G. Demerson, *Oeuvres complètes*, p. 247.

UMA FICÇÃO DE ERUDIÇÃO

A *Cosmografia do Levante*, primeira obra publicada por Thevet, ao retornar do Oriente Próximo, não é exatamente uma narrativa de viagem.[1] A trama itinerária de um périplo realizado de Veneza a Marselha, passando por Constantinopla, Egito e Terra Santa, serve de quadro onde classificar, em relação aos lugares geográficos sucessivamente percorridos, os lugares retóricos, filosóficos e morais emprestados das compilações do tempo.

Dentre os instrumentos usados para a elaboração de uma obra a menos pessoal possível, as *Lectiones antiquae*, de Coelius Rhodiginus[2] ocupam um dos primeiros lugares, se é que se pode estabelecer uma hierarquia de fontes concorrentes entre os humanistas. Pela frequência com que povoam a primeira *Cosmografia* de Thevet, como o nota meio século mais tarde Gregor Horst, seu tradutor alemão,[3] as *Lições antigas* merecem ser mantidas como exemplo de um método de trabalho e escrita.

No primeiro estágio, a bricolagem thevetiana não se apoia nos mitos indígenas, como será o caso a partir das *Singularidades da França Antártica*, nem nos elementos hiperbólicos e desconexos de uma cartografia fantástica, no modo de procedimento sistematizado nas 300 plantas de ilhas do inacabado *Grande insular*. Ele continua apenas jogando, da maneira mais tradicional e mais atípica, com os lugares comuns de um saber duplamente milenar novamente redistribuído pelos compiladores da virada do século XVI.

Inicialmente editadas em 16 livros, em 1516, na cidade de Veneza, as *Lectiones antiquae* adquirem em 1541 a forma definitiva, na edição póstuma organizada por Froben em Bâle. Repartidas em 30 livros, essas lições magistrais procediam dos cursos que Lodovico Ricchieri de Rovigo (daí seu *cognomen* Rhodiginus) dera, tanto na cidade natal quanto em Bolonha, Ferrara, Vicenza, Pádua e Milão entre 1491 e 1525, ano de sua morte.[4] A maior parte dos capítulos, comentários digressivos que frequentemente partem de uma palavra, adágio ou fórmula jurídica, funda, sobre a análise filológica, a reflexão erudita concernente a certo tipo de uso ou doutrina filosófica dos antigos, ou ainda o exame da história natural e da geografia. O estudo dos *verba* introduz ao conhecimento das *res* e, nesse sentido, a gramática parece restauradora do direito, da medicina e mesmo da teologia, disciplinas obscurecidas pelo escoamento dos séculos.

Pelos milhares de *loci* examinados e reunidos em concatenações de autoridades, as *Lectiones antiquae* situam-se ao lado das *Cornucopiae*, de Nicollo Perotti, chamado Sipontinus, ou do *Dictionarium*, de Ambroglio Calepino, o famoso "Calepino".[5] Súmula impressionante de conhecimentos, "tais que uma vida humana empregada em um estudo contínuo teria dificuldades em agrupá-los",[6] as *Lições antigas* merecem os subtítulos de *Cornucopiae* e de *Thesaurus* que lhes confere a edição de 1542. Cornucópia transbordante dos frutos do saber de gregos e latinos, são também o tesouro inesgotável a que gerações de humanistas recorrerão, de Rabelais a Montaigne.⁷ Um compilador apressado como Pierre Boaistuau de Nantes recorreu várias vezes a elas para compor em 1558 seu *Brief discours de l'excellence et dignité de l'homme*.⁸ O inclassificável Étienne Tabourot, *seigneur des accords*, cita-o em suas *Bigarrures* para uma definição dos acrósticos, acompanhado da autoridade lendária de Ennius e das Sibilas.⁹ Mais próximo de Thevet e do gênero cosmográfico, Bartolomeu de las Casas, o historiador das novas Índias e apóstolo dos índios, recorre frequentemente a Coelius Rhodiginus em suas crônicas e apologias.¹⁰

Presença indispensável de todo escritório de erudito, encontrada nas bibliotecas de numerosos conventos, a obra de Coelius Rhodiginus estará na origem de toda uma série de escritos de segunda geração, tão diversos quanto sua matéria. Pois, se se pode recorrer às *Lectiones* como uma apostila para achar a citação ou a autoridade que falta, o compilador mediocremente sábio será capaz de encontrar, aqui e ali, os materiais para os quais não tem tempo ou paciência para pesquisar em outros lugares. Nessa biblioteca em miniatura que são as *Lições antigas*, ele descobre já prontos os canais de autorização de que necessita acerca de um dado assunto. As associações entre lugares heterogêneos já estão tecidas e, logo, uma hierarquia de textos é estabelecida: o leitor-escritor só tem de copiar ou resumir.

Em 30 capítulos dos 58 que contam a *Cosmografia do Levante*, o vestígio é patente. Alguns dentre eles são mesmo inteiramente alimentados pelas *Lições*. Assim, o curto capítulo XLVII, intitulado "Da doutrina e interpretação dos hebreus", que recentemente atraiu a atenção de François Secret, expõe a cabala segundo Pico della Mirandola, mas o faz por meio da lectio X, 1 *(Hebraeorum doctrinam triplici calle incedere, tamultico, philosophico, cabalistico)*, que Thevet se limita a resumir.[11]

Tal caso, em que o empréstimo aparece ao mesmo tempo maciço e contínuo, é entretanto, muito raro. Mais frequentemente, Thevet aproveita o *Index vocum et rerum singularum cognitu necessarium*, presente em toda edição das *Lectiones*, para alinhar no corpo do mesmo capítulo até uma dezena de lugares distintos. A respeito de Lacedemônia, em que se crê evidenciar a influência de Plutarco e de sua *Vida de Licurgo*, o compilador associou, a partir dos "verbetes" que lhe abria o Index sob os nomes de Esparta e Lacedemônia, nove lugares provenientes de seis *lectiones* heteróclitas: *Hospitum expulsio a Sparta; Eurotas, Sparta, Lacedaemon, unde appellationem traxerint; Spartanorum mores explicantur; Spartanorum sacrificia praetenuia; Laconici breviloquii commendatio; Pudicitiae commendatio.*[12]

A última rubrica, em que a cidade de Lacônia não é explicitamente nomeada, pôde ser descoberta pelo escriba por ocasião de um capítulo anterior consagrado à ilha de Quios, cujas mulheres eram antigamente conhecidas pela castidade.[13] Reempregando uma das duas *lectiones* (XIII, 6 e 7) que já lhe haviam servido sobre essa matéria de alta consideração moral, Thevet — ou mais seguramente, em seu lugar e turno, seu amigo *ghost writer* Belleforest — soube então colocar de lado uma informação preciosa para a sequência de seu propósito. Nesse caso, o emprego de fichas sumárias permitiu refinar e variar o recurso às *Lições antigas*. O índice serviu adequadamente de ponto de partida, mas o usuário não se deixa escravizar por ele.

Esse uso livremente associativo, apoiado sobre a ordem paratática e arbitrária do alfabeto, mas que o organiza em seguida, assemelha-se ao recurso que Thevet faz, ao mesmo tempo, das *Cornucopiae*, de Perotti, do *Dicionário*, de Calepino, ou dos *Thesauri*, de Robert e Henri Estienne. Por exemplo, o primeiro capítulo da *Cosmografia*, consagrado a Mântua — e que não é de forma alguma uma descrição dessa cidade nem a narração do período que o autor poderia ter passado ali —, combina, excluindo qualquer outra fonte e, bem entendido, toda nota pessoal, os artigos "Mântua", "Pó" e "Vesúvio" extraídos de algum dos dicionários que Thevet tinha à mão.[14]

É semelhante ainda o uso feito na *Cosmografia do Levante* dos comentários de Plínio, Solino (por J. Camers ou S. Münster) e Pompônio Mela (por J. Vadianus). As *Castigaciones*, de Ermolao Bárbaro, reservam o mesmo papel para Plínio e Pompônio Mela, que consiste em dispor o maior número possível de autoridades e sentenças nas margens de um texto, sem verdadeira importância em si mesmo, simples suporte linear de uma exibição de erudição extensível ao infinito.[15]

Thevet apenas cita alusivamente o "autor das lições antigas" em uma ou duas passagens da *Cosmografia do Levante*; mas o usa quase a cada página para as questões mais díspares, do direito romano à botânica e do proverbial medo leporino à explicação da cabala, do azedume do mel corso ao estudo comparado das leis de egípcios e romanos, das virtudes da água do Nilo ao elogio da excelente organização política dos marselheses.[16] Coelius Rhodiginus não é claramente mencionado nos capítulos, "Da Lacedemônia" (XXVII) e "Das leis dos egípcios" (XXXV), que lhe devem sua matéria e construção. Por ocasião de um parêntese relativo à ação purificadora do mar que lava todos os crimes, à exceção do parricídio, Thevet introduz furtivamente esta notação: "como Catulo e Cícero atestam".[17] Ora, esse inciso com *função* de autoridade é o resumo de toda uma "lição" de Coelius Rhodiginus (XI, 22), que associava a essa passagem da apologia *Pro Roscio Amerino* — empregada precisamente para "lavar" um inocente da acusação caluniosa de parricídio — um feroz epigrama de Catulo sobre o mesmo assunto.[18]

O inciso "como Catulo e Cícero atestam" torna-se incompreensível em Thevet, e o leitor desprovido de uma sólida cultura humanista seria incapaz de encontrar por si só os lugares em questão. Mas como não ver aqui que o objetivo dessas referências, mesmo que alusivas, não é de forma alguma a busca de uma verdade científica ou a resolução de uma grave aporia! Trata-se de lançar poeira aos olhos do "benévolo leitor", fazendo, barato, uma mostra de erudição. As autoridades de Catulo e Cícero valem apenas enquanto autoridades. O que elas "atestam" de fato? O que está em jogo na questão levantada, em um texto constantemente digressivo que não desemboca jamais num balanço ou numa conclusão?

Essas referências têm um valor ornamental: respondem à estética da *varietas* anunciada desde o começo na *Epístola a François de La Rochefoucauld* e lembrada frequentemente ao longo da obra. Desse modo, Thevet se esforça em adensar sua compilação, não só multiplicando os objetos de estudo mais variados e as questões mais diversas, mas também dispondo, aleatoriamente, o maior número de autores possível. Todos esses nomes próprios, muito mais numerosos do que os escritores efetivamente consultados pelo redator da *Cosmografia* — no máximo 30 — abrem ao leitor deslumbrado os tesouros da sabedoria da Antiguidade. O "autor Thevet" não é o único a ganhar com esse jogo de nominação e acumulação de autoridades, alinhadas em listas heteróclitas e inverificáveis de imediato. A contrapartida de um prestígio adquirido sem grandes custos é a nova dignidade da qual o leitor se vê investido. Cúmplice de uma ilusão que o adula, cabe-lhe apenas entrar de bom grado na "ficção de erudição". O pacto de leitura quer aqui que o público consinta o *trompe-l'oeil* oferecido por um florilégio reunido pelo menor custo e cujo proveito simbólico é inestimável. Permite-lhe exibir, por sua vez, essas flores raras e diversas, apoiando-se sobre um saber duplamente furtado.

Exibindo um humanismo de empréstimo, a *Cosmografia do Levante* é parasita das robustas compilações dos eruditos europeus da virada do século. Com 50 anos de distância, ela reemprega o espólio do primeiro humanismo, destinando-o a um público que ignora o latim, talvez, tanto quanto o grego. Não postulando esforço dos leitores potenciais, a *Cosmografia* adota a forma recreativa do *Polyhistor*, de Solino,

> a fim de que a obra composta de diversas matérias possa melhor recrear o entendimento humano, que é semelhante às terras, que demandam diversidade e mudança de semente.[19]

A densidade das autoridades alegadas contribui assim para o efeito colorido que se busca. Ela fornece, ao mesmo tempo, a esses "novos-ricos" da cultura, que são Thevet, Belleforest e seus leitores, o benefício social de um saber enciclopédico obtido sem esforço e como que por jogo.

DO EMBLEMA À MEDITAÇÃO COSMOGRÁFICA

Anteriormente falei de ornamentação. O procedimento de montagem mais sumário consiste em encaixar na matéria da viagem ao Levante, sem pré-avisos nem transição, a pedra preciosa furtada das *Lições antigas*. "Não quero esquecer os doutores e expositores judeus...", assim começa, *ex abrupto* a digressão de um capítulo relativo à cabala, que retarda ainda mais a entrada do peregrino em Jerusalém.[20] Pode-se confrontar essa transição das mais brutais com esta outra, que abre uma página de um colorido intenso consagrada aos lendários Pigmeus montados em cabras e lutando contra grous: "Farei aqui um capítulo breve, e à parte, de algo não menos verdadeiro, ainda que porventura vos pareça estranho."[21] Evidentemente, o autor-compilador-intérprete inquieta-se muito pouco em arranjar, de um assunto a outro, conexões fluentes e imperceptíveis. Claramente compartimentalizadas em casas sucessivas de um tipo de jogo de tabuleiro geográfico, os materiais da investigação são apresentados pelo que são: objetos curiosos vindos de outros lugares e colecionados para o prazer do olhar e do espírito.

Os importantes problemas de filologia clássica herdados do humanista de Rovigo são introduzidos com a mesma desenvoltura: "Duvida-se aqui de uma coisa digna de ser entendida, saber se a palavra Dasipus (que significa coelho) é um termo geral e denominativo ou bem próprio e especial."[22] A questão é relevante e se intercala entre a série das diferentes "denominações" da lebre, em grego e latim, e a evocação dos costumes lendários do animal.

O advérbio dêitico "aqui" aplica-se admiravelmente a esse gênero de enxertos locais, pelos quais um suporte é fixado num ponto preciso do itinerário levantino: "Aqui convém tratar do Colosso de Rodes..." (cap. XXXI, 104, 20); "Aqui convém notar que entre todas as outras nações os egípcios foram muito ciosos de suas sepulturas..." (cap. XLII, 155, 20-22); "Aqui deliberei (com a ajuda de Deus) vos declarar em geral, e sucintamente, da Judeia..." (cap. XLV, 165, 26-27); "Aqui convém em poucas palavras descrever Belém e Jericó" (cap. L, 180, 2-3).

Mais elaborado, mas podendo ser facilmente combinado com o precedente, o enxerto etimológico ou gramatical permite extrair de um nome próprio ou comum constituído pelo título do capítulo, tal como "Mântua", "lebres", "Atenas", "pirâmide", uma "verdade" em forma de história, herói epônimo, questão de filosofia natural ou controvérsia filológica. O empréstimo das *Lições antigas* não vem mais só preencher uma casa vazia, desenvolve os estoques de sentidos contidos na palavra-etapa situada num itinerário pedagógico. Mântua traz à lembrança Manto, filha de Tirésias (I, 17, 2). As lebres suscitam uma discussão erudita sobre a origem e as razões de sua denominação (XV, 53-54). Atenas e a deusa Atena, as pirâmides e o fogo que diminui ao elevar-se mantêm uma conformidade recíproca, que enriquece de ressonâncias laterais a trama linear da viagem (XXVIII, 91, 15 e XLI, 152, 12).

A inclusão emblemática ou alegórica obedece a uma outra ordem de motivação. Essa consiste em associar ao topônimo, ou mais geralmente ao termo tomado como significante, um significado moral. Tal uso é bastante frequente na *Cosmografia do Levante*, que, ao combinar a imagem e o texto, assemelha-se em certas partes a uma coletânea de emblemas. Dessa forma, os "retratos" do leão, do elefante ou do camelo são a ocasião de desenvolvimentos parenéticos sobre a clemência, a fidelidade conjugal e a sobriedade.[23] A girafa vista do castelo de proa do Grande Cairo pelo viajante é, como o ensina Angelo Poliziano, o "simulacro das gentes doutas e letradas".[24] O face a face da alma e do corpo do emblema, do *motto* e da imagem, é então completado por algumas linhas explicativas:

> Pois eles parecem à primeira vista seres ásperos, rudes e deploráveis, embora, em razão do saber que tenham, sejam muito mais graciosos, humanos e afáveis do que os outros que não têm conhecimento das letras e das virtudes.[25]

Nota-se que o jogo alegórico prolonga aqui a alusão etimológica. A girafa aparecia aos romanos como um misto de camelo e leopardo (devido ao pelo malhado), daí o nome *camelopardalis*.[26] A significação emblemática que Thevet, na sequência de Angelo Poliziano, descobre no animal repousa igualmente numa dicotomia inscrita no próprio corpo, entre uma parte anterior desmedida e uma posterior das mais modestas. O emblema procede definitivamente de uma leitura analítica, elemento após elemento, da anatomia do "monstro".

Para escorar essas notações pontuais que tendem a estabelecer uma relação entre a *Cosmografia do Levante* e a literatura emblemática do Renascimento, é preciso ainda mencionar um empréstimo isolado que essa obra faz de um dos teóricos do gênero. No "Prefácio", Thevet conclui o elogio da visão, o mais perfeito de todos os sentidos, por esta consideração um tanto obscura:

Que assim seja, não se pode negar que esse sentido tão necessário nos mostre as diferenças de várias coisas, e que por ele alcancemos a comparação da imagem quase viva com a letra semimorta.[27]

Ora, essa é a retomada elíptica do Prefácio que Barthélemy Aneau havia escrito para suas *Décades* de animais emblematizados, publicadas em Lyon em 1549:

> Dado que (como diz o Rei Candulus em Heródoto) os olhos são mais seguros para o homem do que as orelhas, fizemos retratar, e traçar o mais próximo do natural visto, ou ajuntar à descrição apropriada, as figuras daquelas feras, tanto domesticadas quanto selvagens, familiares quanto estranhas, para comparar a imagem quase viva com a letra semimorta e deleitar os olhos corporais ao olhar a pintura e o entendimento espiritual ao aprender pela leitura.[28]

O encontro contrastante da imagem viva e da letra morta representa o próprio princípio da sintaxe emblemática. Em virtude de uma analogia de inspiração platônica, a imagem dá acesso à significação espiritual pelo canal mais nobre dos cinco sentidos. Do "corpo" à "alma", e do prazer dos olhos ao contentamento do espírito, a pedagogia complementar da imagem gravada e do texto impresso permite uma iniciação em dois tempos, em que o útil une-se ao agradável. Como o bestiário moralizado, que Barthélemy Aneau herda da Idade Média e que renova por contaminação com o gênero então recente da emblemática,[29] a *Cosmografia do Levante* conjuga ponto a ponto o "conhecimento verbal" ao "conhecimento imaginário", de maneira a extrair da filosofia natural seu mais alto sentido.[30]

A função emblemática não se limita em Thevet ao inventário da coleção de animais do Grande Turco em Constantinopla (cap. XVIII a XXII) ou ao Cairo (cap. XXXVIII e XXXIX), cortejos de feras singulares que lembram as *Décades* zoológicas de Aneau, mas sem propriamente imitá-las. Estende-se ao conjunto do livro pelo contraponto contínuo da imagem e do texto e pelo procedimento da incrustação que caracteriza o *emblema* no sentido primeiro do termo.[31] Os empréstimos emblemáticos de Coelius Rhodiginus agregam um sentido moral a uma curiosidade natural ou cultural enquistada no curso do périplo oriental. É assim com a *Lesbia regula* ou "regra de Mitilena", encontrada ainda nos *Adágios*, de Erasmo,[32] e que introduz no contorno dessa ilha do mar Egeu uma reflexão de filosofia política sobre as leis maleáveis que se conformam aos costumes em lugar de os reformar, como deveriam.[33]

O "juiz egípcio" ou *Aegyptius iudex*, que significa "um bom juiz, que de forma alguma é corrompido por dons e presentes",[34] é encontrado da mesma maneira num dos capítulos consagrados à etapa alexandrina do franciscano. Associado a uma segunda fórmula proverbial igualmente extraída das *Lições antigas*, *Virgo justicia est, prognata Jove*,[35] o emblema permite à exposição elevar-se da descrição das regiões e dos costumes até a parênese, numa tendência que o escriba François de Belleforest desenvolverá posteriormente em sua obra de autor.

Os *Adágios*, de Erasmo, usados por Thevet com o tesouro incalculável das *Lições antigas*, testemunham melhor ainda, talvez, a função emblemática da montagem das fontes. O adágio *Aetna, Athon*, recolhido pelo humanista de Roterdã nas *Noites áticas*, de Aulo-Gélio, para significar uma dificuldade e uma angústia extremas,[36] é integrado com toda naturalidade por Thevet ao capítulo consagrado à "Montanha Santa outrora chamada Athos".[37] O caso é interessante, na medida em que Thevet, contrariamente a Erasmo enclausurado em seu gabinete de trabalho, apoia-se na realidade concreta de uma peregrinação. Ora, para ornar essa realidade geográfica, serve-se de um texto com valor alegórico e moral, invertendo num só golpe a relação de prioridade entre o comparante e o comparado. Não é mais a geografia que ilustra ou simboliza uma verdade de ordem ética, mas é essa verdade que fica encarregada de enriquecer ou mesmo de definir o lugar ou o acidente geográfico encontrado. Ao fazer isso, Thevet inverte o modo de emprego habitual dos *Adágios*. Em lugar de ali procurar um ensinamento moral ilustrado por um exemplo, parte do exemplo ilustrativo, "significante" local que insere em seu lugar no itinerário, acompanhando-o sempre de sua lição. Ao acaso do caminho seguido pela descrição, o *topos* geográfico traz para si, de tempos em tempos, o *topos* retórico ou moral.

Semelhante exemplo, que não é isolado na *Cosmografia*, remete desde então ao gênero da "meditação cosmográfica", para retomar a feliz fórmula de Gerhard Mercator,[38] gênero ilustrado por toda uma série de geógrafos-teólogos, como Sebastian Münster, Joachim Vadianus, Josias Simler ou Joost de Hondt. A meditação cosmográfica, que Thevet por sua parte abandonará bem rapidamente na produção ulterior, faz o mapa-múndi entrar na composição das *Vanitas* picturais, onde se avizinha do crânio, das ossaturas, da vela ou da ampulheta. Ao considerar, por exemplo, a repartição desigual dos oceanos e das terras emersas, permite ler no mapa sobretudo o admirável desígnio da Providência Divina.[39]

O ponto de partida e a base privilegiados de Thevet estão então na *Epitome trium terrae partium* do suíço Joachim Vadianus, o reformador de Saint-Gall, cuja mensagem religiosa transparece em amplas passagens da *Cosmografia do Levante*.⁴⁰ Trata-se, por exemplo, de pintar os fastos espirituais da Pentápole líbia ou da Tebaida egípcia? Vadianus fornece não só catálogos de personagens santas e escritores eclesiásticos de que Thevet necessita, mas dá ainda, de etapa em etapa, a chave da leitura geográfica da história sagrada. Ao longo da viagem, a anamnése local favorece o retorno — quase sobre os passos do peregrino — aos dias da vida evangélica e do tempo bendito da Igreja primitiva. A meditação cosmográfica orienta-se nesse momento em uma via um pouco diferente, pela moralização de uma paisagem, um campo fecundo, uma cidadela, um deserto pedregoso ou vale florido. A região de Gaza tem boas vinhas e produz "grande abundância de amêndoas e romãs". Essa fecundidade efetiva, inteiramente material, evoca aqui uma outra, de ordem espiritual, "pela semente da palavra divina e chuva da doutrina apostólica".⁴¹ Idêntica elevação do temporal ao espiritual e do espaço geográfico ao seu mais alto sentido encontra-se a propósito de Jericó: "Essa cidade foi muito rica e abundante em bálsamo, mas ainda mais opulenta do odor da palavra divina."⁴² Ou ainda, de Antióquia, cidade dos lírios vermelhos: "Mas em verdade Antióquia é sem comparação mais famosa e mais renomada por ter produzido tão belas flores, isto é, tantos mártires, confessores..."⁴³

A similitude, no caso de Gaza, é acompanhada da oposição cronológica entre um passado radiante e um presente decepcionante. Um contraste idêntico pode ser estabelecido entre a aparência topográfica de um lugar e sua essência espiritual. Assim ocorre com a Arábia Deserta, estéril e arenosa, mas infinitamente mais rica de ouro e perfumes, se tivermos em mente o sentido histórico e moral, do que a Arábia dita Feliz. Pois é nesse precioso deserto que os hebreus viveram 40 anos após a fuga do Egito e no qual foi concluída a primeira Aliança:

> Ouso dizer que essa parte deve ser preferida à Arábia Feliz pela única razão de ela ter recebido os filhos de Israel após terem atravessado o mar Vermelho com os pés secos.[44]

Como prova da mensagem evangélica, a geografia cai como uma luva. Deserta e Feliz, as duas Arábias trocam qualidades e respectivos locais. A topografia cristã de Vadianus inverte, assim, as aparências físicas em proveito da edificação espiritual do leitor catecúmeno. Integradas à marchetaria da viagem ao Levante, as meditações cosmográficas de Vadianus entram em composição com os "provérbios comuns" recolhidos de Erasmo e as lições extraídas de Coelius Rhodiginus. Eles se fundem então na emblemática geral desenhada, no entrelaçamento da imagem e do texto, pela *Cosmografia do Levante*.

DIALOGISMOS

O "autor das lições antigas"[45] é muito frequentemente solicitado para o último tipo de montagem que falta examinar. Trata-se do dialogismo, procedimento pelo qual o compilador opõe a uma autoridade como Plínio ou Aristóteles seus oponentes antigos ou modernos. Das *Lições antigas* são extraídas essas dificuldades dignas de meditação: os elefantes têm articulações nas pernas? Suas presas devem ser consideradas como dentes ou chifres? Para o primeiro problema, Thevet não hesita em combater a opinião de Estrabão e Santo Ambrósio em nome da experiência, seguindo uma célebre aula de anatomia, ministrada alguns anos antes em Damasco pelo naturalista Pierre Gilles.[46] Quanto à segunda questão, ele se inclina, sem maior originalidade, para a opinião de Coelius Rhodiginus, que decidia em favor dos chifres.[47]

O exemplo mais prolixo de uma tal estrutura é dado pelo capítulo XXXI da *Cosmografia do Levante*, intitulado "Dos Colossos de Rodes", no qual se discute, em perto de três longas páginas, a espinhosa questão de saber se os colossenses aos quais se dirige o apóstolo Paulo são mesmo os habitantes da cidade do célebre colosso ou, antes, de Colossos da Frígia. A resposta é conhecida de antemão e pouco importa. Raffaello Maffei, chamado Volaterranus, a quem Thevet recorreu para todos os nomes prestigiosos com os quais orna essa disputa fictícia — Heródoto, Estrabão, Plínio e São Gerônimo[48] — já havia resolvido o problema da maneira mais satisfatória:

> *Colossis urbs apud Lycum fluvium, cujus meminit Herodotus [...]. Hujus urbis meminit item noster Hieronymus. Ad hos igitur epistolae sunt Pauli, non ad Rhodius (ut vulgus putat).*[49]

Tudo está dito em poucas palavras. Mas o que conta para Thevet são as possibilidades de amplificação por dialogismo encerradas por essa pequena correção. Ao recorrer a algumas das autoridades fornecidas por Volaterranus — essencialmente São Gerônimo na Epístola aos Colossenses — e nomeando-as todas, mesmo se, em três de cada quatro casos, elas não tenham relação com a controvérsia em curso, o compilador não chega só a preencher, mas também a animar a matéria de sua *Cosmografia*. A "ficção de erudição", da qual falava ainda há pouco, é aqui obtida pela encenação de uma dialética profusa e puramente ostentatória. De dimensões mais modestas, os debates sobre os ursos da África (cap. VII, p. 30) ou sobre a licantropia (cap. VI, p. 27) concorrem da mesma maneira para dar cor e relevo à exposição:

> Alguém perguntará o que isso parece aos gentios, que fingiram tantas transformações? [...] Respondo que se pode encontrar quem, por ter a imaginação viciada e corrompida, se convence de que tem forma de lobo [...].

Ao retomar por conta própria uma dúvida expressada por Plínio, Thevet não corre muitos riscos sobre uma questão das mais delicadas.

A repetição, de capítulo a capítulo, dessas disputas de fachada poderia, com o tempo, cansar o leitor. Thevet percebeu o perigo e por isso tentou uma vez trazer à tona o debate. Por ocasião de uma expedição ao mar Negro e para enganar a monotonia do passeio,

> foi proposta uma questão, digna de ser citada novamente, ao Senhor Jean Chaneau, natural de Poitiers, por uma pessoa do grupo amante da virtude: saber se os peixes respiram ou não.[50]

É evidente que o fraco pretexto narrativo desfaz-se logo que enunciado, deixando à "opinião comum" — que na ocasião era a de Plínio, ela mesma corroborada pela leitura de Coelius Rhodiginus — o campo livre e o encargo de preencher a quase totalidade do capítulo.

Thevet praticamente confessa o procedimento, quando, ao termo de uma discussão filológica sobre os diferentes nomes da lebre, conclui — ou não conclui:

> Você tem, amigo leitor, autores de um lado e de outro, dos quais lhe quis advertir e mostrar os pontos em que se fundam. Contudo, não sei se ousaria dizer que o homem facilmente contradiz o outro e bem frequentemente sem causa justa e razoável.[51]

É inverossímil que o benévolo leitor decida em lugar de um autor que afeta modéstia especialmente ao declarar: "Essa questão de julgar tão grandes personagens não cabe a mim." O que está em jogo, evidentemente, está em outro lugar. A vantagem de uma disputa exibida com a ajuda de uma grande quantidade de autoridades provenientes, ainda nesse exemplo, de Coelius Rhodiginus, não é chamada a se traduzir em termos de ganho científico. Mais tarde, na *Cosmografia universal*, Thevet se desejará igual a esses autores consideráveis que não temerá em maltratar. Nesse momento, ele os reverencia ostensivamente, não hesitando, todavia, em classificar esse vão desejo de debate entre as fraquezas da natureza humana. A parênese, que tem a última palavra nessa página leporina, já é um meio de se alçar à altura, e mesmo ligeiramente acima, dos "grandes personagens" que o compilador apressado conhece apenas de nome.

O THEVET DE GREGOR HORST

Da aurora radiante do Renascimento ao apogeu vulgarizador na França, o caminho que conduz dos *Adagiorum chiliades* ou das *Lectiones antiquae* à *Cosmografia do Levante* é acompanhado de uma redistribuição do saber inicial. Das volumosas miscelâneas eruditas reunidas entre 1490 e 1520 até o agradável compêndio ilustrado de Belleforest-Thevet, o formato e a apresentação do livro mudam, o público transforma-se e amplia-se. Mas o trajeto não para aí. Thevet, que é em relação a Erasmo e a Coelius Rhodiginus um pouco aquilo que Solino foi para Plínio, um compilador dotado de senso do maravilhoso, encontra um destino de algum modo semelhante.

A fortuna imensa do "macaco de Plínio", desde a era carolíngia até o Renascimento, da qual testemunham manuscritos e edições às dezenas,[52] conheceu um avatar último e fecundo ao início do século XVI. É nessa época que os ricos comentários de Joannis Camers e de Sebastian Münster "se rebaixam", por assim dizer, ao magro esboço do *Polyhistor*, às vezes reduzido a uma nomenclatura de topônimos, como no capítulo consagrado às ilhas do mar Egeu, a ampla matéria de Aristóteles ou de Plínio. O zelo dos humanistas encerra o ciclo. O resumo encontra-se acrescido de suas "sobras", se bem que reúna nesse momento uma soma de informações comparável à que continha o texto de partida! Poder-se-ia pensar que o balanço de uma tal operação é nulo. Na realidade, se a ciência pouco progrediu do ponto de vista estritamente quantitativo, obedece doravante a um princípio de organização diferente. A nova disposição, que multiplica as mudas e os enxertos, engendra uma prática de leitura inédita. A incursão repetida de margens que proliferam em um texto em que elas incidem por todas as partes, e onde se incrustam sob a forma de indicações de notas e incisos, praticamente interdita a leitura corrente. Essa dialética, que Thevet introduzia de maneira artificial no corpo de sua compilação pelo viés de questões retóricas, representa aqui o exercício real da leitura. Crítico por necessidade formal, tende a reconsiderar a própria noção de autoridade. O termo desse processo é alcançado com as severas *castigationes*, em que Ermolao Barbaro "castiga" Plínio e Pompônio Mela. Situando-se nessa tradição antiautoritária que o humanismo crítico inaugura após a virada do século, François de Belleforest mais tarde cobrirá com suas glosas vexatórias a *Cosmografia universal* do ilustre Sebastian Münster.[53]

A exemplo do resumo de Plínio por Solino, o florilégio de lições antigas, adágios e outras palavras sedutoras reunido por Thevet encontrou seu comentador. Gregor Horst, humanista alemão e médico do príncipe eleitor de Hesse, empreende em torno de 1613, para enriquecer os lazeres forçados oferecidos pela dieta de Ratisbonne, a tradução para sua língua do livro publicado em Lyon uns 60 anos antes. O fruto do trabalho é a *Cosmographia Orientis, das ist Beschreibung desz gantzen Morgenlandes,* editado em 1617 em Giessen por Caspar Chemlin.[54] Na versão alemã, a *Cosmografia do Levante* é acrescida de substanciais *marginalia,* enriquecida de gravuras extraídas das ilustrações de 1556 e ornada com uma xilogravura proveniente de um "folheto" de Joachim Strüppe, que representa o verdadeiro retrato da múmia do Egito.[55]

A discreta conformidade de Thevet para com a Reforma, em um episódio como o da tempestade no mar, não desagradou a esse luterano que louva a "piedade" de um autor qualificando as "conjurações" do povo de "zombaria e coisa mais gentia do que cristã":

> *Allhie beweiset der Autor recht als ein frommer Christ, dass in allen unsern nöthen wir keinen anderen Helfer und Mitler suchen sollen, als allein Gott den Allmächtigen.*[56]

A propósito do capítulo sobre Antióquia, Gregor Horst nota com satisfação que Thevet não está de acordo com a denominação oficial dos jesuítas, que lhe parecem usurpar um nome reservado ao Filho de Deus.[57] Mas o tradutor dissocia em outro ponto do franciscano evangélico, quando esse último considera os "erros" dos patriarcas da Grécia. Aos seus olhos, de fato, os gregos ortodoxos estão menos distantes da verdade do Evangelho do que os católicos ligados ao papa de Roma:

> *Dass die Griechen in vielen der Evangelischen Warheit neher kommen als die dem Bapst zu Rom anhangen, ist allhie offenbar, wiewol der Autor es vor irrthumb helt.*[58]

A conformidade ideológica quase total entre o Thevet dos primeiros anos e o médico erudito de Hesse, que invoca de bom grado a Bíblia de Lutero para corrigir as faltas da Vulgata — por exemplo, na questão dos pigmeus, da qual Ezequiel, sem desagradar a São Gerônimo, jamais falou[59] —, sem dúvida favoreceu esse reencontro inopinado após um intervalo de meio século.

Mas o essencial está alhures. A obra de Thevet recomenda-se, como nos assegura o tradutor, pela compendiosa variedade. Dentre os livros de viagens ao Santo Sepulcro, não se encontram muitos que, tão brevemente e em tão poucas palavras, reúnam tantas coisas memoráveis.[60] O que interessa a Gregor Horst são as incontáveis possibilidades de intervenção que lhe são abertas, a diversidade das matérias e a concisão de propósito. A *Cosmografia do Levante* é ainda preferível às mais volumosas *Observations*, de Pierre Belon, ou às *Navigations et pérégrinations*, de Nicolas de Nicolay, pelo caráter perfeitamente tópico e desprovido de originalidade do conteúdo. Da epístola dedicatória, o tradutor-comentador insiste em particular sobre as "feine lustige *quaestiones*" que matizam a *Cosmografia* do francês e cuja resolução é da mais alta utilidade.[61] Ora, essas "questões" eruditas, das quais se pôde apreciar acima a qualidade e a necessidade, vão permitir ao glosador fazer, por sua vez, exibição dos mais variados conhecimentos. Tratar-se-á tanto de estabelecer as aproximações com o testemunho de viajantes alemães, tais como Hans Jacob Breuning ou Rudolph Kircher,[62] quanto de atualizar uma informação histórica que recentes acontecimentos vinham subverter. Assim a ilha afortunada de Quios, livre de qualquer dominação à época de Thevet, cai posteriormente sob o jugo otomano.[63]

Mas o caso mais frequente e notável, na medida em que se vê reproduzir-se aqui o fenômeno observado a propósito de Solino, é o das anotações marginais que alimentam o abreviado que é o Levante com suas próprias fontes — os *Adágios*, de Erasmo,[64] e as inevitáveis *Lições antigas*. Coelius Rhodiginus, que Gregor Horst conhecia muito bem, reaparece assim, de lugar em lugar, diante das passagens que Thevet precisamente furtou. Mas não há intenção de denúncia no comentador. Ao justapor ao resumo da *Cosmographia orientis* as "lições" das quais provém, Gregor Horst não procura erigir um processo verbal, mas enriquecer com quinhões pessoais um livro que o seduz por todas as solicitações que dirige ao leitor erudito. Mesmo quando identificou a fonte literal de uma passagem — como é o caso para asplenon, erva que cura a doença do baço, que atrofia esse órgão entre o gado da ilha de Creta[65] — contenta-se em notar a coincidência, sem extrair disso um argumento de natureza filológica:

> *Eben also schreibet auch Caelius Rhodiginus lib. 4 lect. antiq. cap. 18. nahe bey Cortina in Candia mercket man bey dem Viehe keine Miltz, welches endlich die Naturkündiger aussgeforschet haben, dass es von einem Kraut herkomme.*[66]

Da mesma forma que na questão clássica dos dentes do elefante,[67] o achado preciso não é muito explorado além do levíssimo efeito de surpresa que pode suscitar a primeira abordagem. Quando em outro ponto intervém a propósito dos tremores de terra aos quais Creta estaria fortemente sujeita,[68] da honestidade proverbial dos insulares de Quios[69] ou da antipatia lendária entre o leão e o galo,[70] e esses três exemplos por simples aproximações com o texto das *Lições antigas*, Gregor Horst apenas usa suas anotações para assegurar de maneira intermitente às margens da obra sua presença de leitor admirado e cúmplice.[71] A "ficção de erudição" é por isso mesmo confirmada, reforçada pela autoridade complementar trazida pelo tradutor.

Solino tinha sido enriquecido pelos comentadores humanistas com as sobras de Plínio, das quais originariamente provinha o *Polyhistor*. Agora, Thevet encontra-se ilustrado, graças ao zelo de um médico de Hesse, pelas *marginalia* reti radas das *Lectiones antiquae*, sua fonte primitiva. Essa circulação paradoxal do saber humanista — que se esmigalha em florilégios, logo engrossados com glosas que se alimentam do mesmo adubo e reconstituem em torno dos menores pretextos discursivos as enciclopédias soterradas e envelhecidas — parece regulada por uma estrita tautologia. Da aurora do Renascimento à da Época Clássica, e da Itália do Norte ou dos Países Baixos à Alemanha, passando pela França, é aparentemente o mesmo *corpus* de informações que se propaga, diversamente ordenado segundo as circunstâncias e o público. Mas o milagre é que os caminhos circulares da compilação renovam em cada época as condições do contrato tácito ligando um autor ao leitor. O pacto de erudição, soberano ao tempo do humanismo triunfante, logo dá lugar a uma ficção em que o prazer da variedade tende a substituir o rigor da investigação filológica. Quando Gregor Horst ajusta a história levantina de Thevet a Hesse, não ignora que o público ao qual a destina espera o prazer diferenciado de um entretenimento repleto de incidentes, mais do que a certeza que emana de uma lição magistral.

CAPÍTULO III **Mitológicas: a invenção do Brasil**

> Ao percorrer os espaços virgens, [os navegadores dos antigos séculos] estavam menos preocupados em descobrir um novo mundo do que em verificar o passado do antigo. Adão, Ulisses lhes foram confirmados.
>
> Claude Lévi-Strauss
> *Tristes tropiques*, Paris, 1955, p. 80.

O TROPISMO BRASILEIRO

Considerando as dez semanas que Thevet efetivamente passou na Guanabara, o Brasil ocupa em sua obra um lugar desmedido. Não só as *Singularidades*, de 1557, lhe são na sua maior parte consagradas, mas a França Antártica, oficialmente perdida em 16 de março de 1560, povoa com suas numerosas remanências os quatro tomos da *Cosmografia universal*. Um livro inteiro, o livro XXI, está preenchido com a descrição dos índios tupinambás da região do atual Rio de Janeiro. Chega-se até a representar nos *Verdadeiros retratos*, entre os chefes das tribos antropófagas do litoral brasileiro, dois "homens ilustres", a saber, o temível Cunhambebe, de quem foi prisioneiro Hans Staden, o arcabuseiro de Hesse, e Nacol-Açu, "Rei do Promontório dos Canibais".[1] Nos manuscritos deixados por Thevet à ocasião de sua morte, a natureza e os povos da França Antártica ganham ainda mais em importância: a *História de duas viagens às Índias Austrais e Ocidentais* representa o estado quase acabado de uma nova versão ampliada da viagem ao Brasil, a mais rica do ponto de vista documental.[2] Quanto ao *Grande insular*, inédito, traz em oito mapas, dos quais quatro conservaram-se até hoje, um conjunto topográfico sem precedente sobre as regiões ocupadas de maneira temporária pelos franceses entre Macaé e Angra dos Reis.³

De 1557 a 1592, o Brasil meridional constitui decididamente um ponto de referência constante em Thevet. Termo de comparação obrigatório para descrever os prodígios naturais e morais dos outros três continentes, serve, por exemplo, para dar conta da singular etologia do camaleão da África e da Ásia, a partir do caso não menos maravilhoso do bradípode com apetite de passarinho.⁴ Para grande escândalo de Belleforest e dos doutos que se indignam com a possibilidade de conceder tanto interesse a alguns arpentes de terra selvagem, Thevet erige sua "América", a saber, uma parte ínfima do Brasil, como paradigma do espaço longínquo.

Trata-se de descrever o hipopótamo ou cavalo marinho, que se esconde nas águas do Manicongo, na África? O paralelo impõe-se com esse rio, cuja foz situa-se "próxima do promontório dos canibais", e que "esses comedores denominam *Toluilq*, palavra etíope, que significa justamente grandes dentes". Na sequência da palavra nômade, o animal transporta-se além-Atlântico, onde são descobertos, contra toda expectativa, "esses monstros marinhos, bem pouco apreciados pelos bárbaros, pelo pouco prazer e contentamento que têm com eles; e as denominam em sua algaravia *Naxahaquy*, isto é, pouca coisa".⁵

Desejaria Thevet erigir, a propósito do "golfo Arábico" ou mar de Omã, um catálogo de "golfos, desconhecidos dos antigos"? Os exemplos extraídos do Novo Mundo fluem de sua pena para chegar, de maneira previsível, à baía de Guanabara ou "Janeiro", ali onde permaneci por muito tempo, à entrada da qual fizemos nosso forte, por temor de sermos surpreendidos pelos bárbaros da terra ou outros.[6]

Em virtude do modelo cosmográfico, que promove a união dos extremos e extrai, segundo os círculos do céu, equivalências laterais do Oriente no Ocidente ou oposições verticais do Norte ao Sul, o Brasil torna-se a medida de comparação universal que permite descrever a unidade multicor da natureza e das nações que cobrem a terra. As equivalências longitudinais, seguindo o paralelo, ou diagonais, seguindo a eclíptica, são nomeadas pelo simbolismo climático, mas traduzem-se também na estrutura dos continentes. Já nas *Singularidades*, Thevet observava uma conformidade de trajeto entre o Ganjes e o Amazonas. Assim como o primeiro desses rios "faz a separação de uma Índia a outra rumo ao Levante", o rio das míticas guerreiras sem homens poderá delimitar "a Índia América" em relação "àquela do Peru".[7] De um hemisfério a outro, uma fronteira natural reflete-se e duplica, fazendo do Novo Mundo a imagem especular do Antigo.

Entre essas duas metades, o nome comum de "Índias" traduz, ademais, uma solidariedade de essências. Ao combinar a sinédoque da parte pelo todo com a metáfora espacial, de que é devedor pelo feliz erro de Colombo, Thevet é capaz de constituir uma região particular do Brasil num paradigma generalizável aos "novos horizontes" em seu conjunto. No plano dos costumes, os tupinambás servirão de modelo a todos os "bárbaros", a cultura material das mais toscas e as crenças supersticiosas representando uma medida cômoda para avaliar o grau de selvageria ou de civilidade dos povos exóticos. Pois, se é manifesto que "essas pobres gentes" são "os macacos dos habitantes das Índias",⁸ a recíproca exige que os "índios" num sentido amplo, da Pérsia às Molucas e da Arábia ao Cataio, sejam medidos pelo côvado dos brasileiros. Dos índios orientais, a comparação estende-se aos árabes, aos turcos, inimigos tradicionais da cristandade, e até mesmo às nações mais recônditas da Europa, dos moscovitas aos escoceses, passando pelos escandinavos descritos por Olaus Magnus.

A lendária inimizade entre turcos e árabes, que engendrará o ditado "de turco a mouro", poderia, à época de Thevet, dispensar toda glosa, tanto o motivo está em vias de tornar-se tópico.⁹ Contudo, o cosmógrafo estima necessário recorrer ao exemplo dos brasileiros, canibais por desejo de vingança, a fim de dar a este lugar-comum o seu valor superlativo:

> eles de modo algum estimam-se mais do o que fazem os margajás, os tupiniquins e os tabajaras da Antártica, os quais é impossível conciliar, tanto são encarniçados.¹⁰

É da profissão do cosmógrafo associar assim povos separados pelo intervalo dos oceanos e descobrir afinidades e emulação entre eles.

O paraíso dos turcos, que Thevet declara alhures "muito libertino", e onde os defuntos, sentados diante das mesas postas, em meio a insinuantes servas, recordam à vontade sua concupiscência carnal, evoca a lembrança de um "paraíso do mesmo tipo" que "nossos marajás" imaginam "para o repouso de suas *Xerepiquaras*, isto é, as almas de seus pais e mães falecidos". Essas almas bem-aventuradas passeiam

> em belos jardins, cheios de avati, que é milho, e de bons frutos, e muito cauim, que é sua adocicada bebida,

e elas "brincam continuamente com seus pajés, que são os seus profetas".[11]

Poder-se-ia ver aqui um desses curtos ensaios de mitologia comparada apreciados por Thevet e que o fazem adivinhar confusamente nos mitos índios da América do Sul variantes da história de Melusina e de Merlim, o Mago, ou insólitos prolongamentos da "conquista do santo Graal".[12] O mérito de tal comparativismo é duplo: permite ao cosmógrafo exibir seu saber universal e, desse modo, administrar a prova de um domínio global da diversidade humana, visto que tem nas mãos e sob os olhos as extremidades do mundo. Ademais, a comparação dos turcos com os brasileiros reveste-se de um aspecto polêmico inegável. Descortês para o Islã, o paralelo tem a vantagem, aos olhos de Thevet e de seus leitores, de rebaixar a religião detestada ao nível da "leviana crença dos selvagens" austrais,[13] o monoteísmo islâmico encontrando-se confundido com o xamanismo índio.

Marca ligeiramente aposta de um valor depreciativo, a aproximação vale ainda para as superstições dos povos do norte da Europa. A "idolatria dos lituanos, antes de serem cristãos", seria traduzida especialmente pela adoração "de um martelo de grandeza e grossura monstruosa", de que os signos do Zodíaco teriam feito uso para libertar o sol aprisionado numa torre.[14] Desse mito singular, Thevet não deixa de aproximar o "belo relato" dos selvagens da Antártica, imaginando que três estrelas do céu converteram-se um dia, pela vontade de Mair-Monan, em três altas montanhas de sua terra.

A "história de ignorância desse povo" pleiteia alhures em favor de sua possível conversão ao cristianismo. Devedor de Olaus Magnus pela informação sobre as crenças das gentes de Thule, que discernem nos estalidos da banquisa as gementes almas do purgatório, Thevet coloca em paralelo essa sã superstição, que tem o mérito de desferir um ataque aos progressos do luteranismo nos países escandinavos, e a outra que observou entre "esses pobres selvagens mais do que bárbaros, que estão entre os dois trópicos".[15] Por meio de seus ancestrais, consideram que pelo canto lamentoso de um pássaro, "grande como o pombo trocaz", exala-se a voz dolorosa das almas ou *Xerepiquaras* "de seus pais, mães, irmãos e amigos, que sofrem penas que lhes são desconhecidas". O canto fúnebre do volátil — sem dúvida o *Trophony* mencionado no capítulo consagrado aos gigantes da Patagônia[16] — permite reconhecer nessas almas toscas a presciência da verdade professada pela Igreja Católica e obstinadamente combatida pelos sequazes dos pretensos reformadores.

Esses selvagens logo saberão "que Deus por seus pecados lhes dá tal sofrimento"[17] e aí compreenderão a razão de suas infelicidades póstumas. Ao ampliar para a América do Sul a lição do Arcebispo de Upsala, esse militante da Contrarreforma exilado em Roma, que via com temor os demônios e o protestantismo apoderarem-se de sua longínqua pátria,[18] Thevet inscreve-se na ortodoxia mais estrita ao mostrar entre os povos aparentemente mais distantes da luz divina "centelhas" do sol eucarístico que logo brilharia sobre eles. A cristandade perdida do norte da Europa está prestes a reconstituir-se sob as latitudes austrais, na outra extremidade da Terra.

Esse império das sombras que é o Brasil pagão ressurge, em outro momento, a propósito do milagre de Vervins.[19] O triunfo público do Santo Sacramento sobre uma possuída da Picardia evoca na memória do cosmógrafo milagres análogos obtidos sobre "Anhã Ipoxi", o diabo da Antártica: o fato é que os selvagens

eram frequentemente libertados, ao se lhes ler o Evangelho, tanta força tem o nome de Jesus sobre essas potências obscuras.

A ignorância dos brasileiros, testemunhada pelas trevas em que estão envolvidos, deixando prever sua conversão futura, traduz-se ainda no plano da civilização material. A alta ciência da cosmografia, por exemplo, é-lhes desconhecida e sua navegação se reduz à cabotagem. Esse modelo serve para descrever o tosco saber náutico dos marinheiros da região caspiana, povo que "nada observa além de seu roteiro".[20] Desprovidos de bússolas e de cartas marítimas, içando nos mastros rabos de raposa para conhecer a direção do vento, os "caspianos" não devem muito em grosseria aos habitantes do que Thevet chama, não sem orgulho, "*minha* França Antártica".[21] Toscos, mas por isso mesmo frugais, os bárbaros do Brasil observam as regras de uma dietética rigorosa, escandalizando-se com carnes de porco salgadas ingeridas sem precaução pelos colonos franceses, seus amigos, e que lhes abreviam a vida. Nisso aproximam-se, superficialmente, é verdade, dos preceitos de superstição maometana, dos árabes do Levante.[22]

Vê-se, portanto, como, alternadamente, homens da natureza ou, ao contrário, distantes dela, as "pobres gentes" da Antártica definem o paradigma contraditório da humanidade não cristã. De modo inverso do que se entrevê já na *História de uma viagem*, de Léry, ou no ensaio *Dos canibais* — um tipo de alegorização do selvagem que o encarrega de encarnar, por exemplo, o reino da natureza, a Igualdade primitiva ou a Liberdade ociosa da Idade de Ouro ovidiana — a "América" de Thevet não ocupa o lugar de qualquer conceito. É apenas a suma de traços particulares e circunstanciais, isto é, condensa nela mesma um catálogo de "singularidades" irredutíveis e contraditórias. Cruel e pervertido, virtuoso e hospitaleiro, homem honrado e "grão ladro", os qualificativos que lhe são aplicados alternada ou simultaneamente surgem regulados em função de um código constantemente móvel que se modela, a cada detalhe, sobre a particularidade realçada a cada momento.

A alimentação, as crenças, a arte da guerra ou a medicina definem muitas maneiras de apreender o selvagem e de julgá-lo segundo apreciações contraditórias. Ora se reduz ao modelo positivo esboçado por Montaigne: ignorando a medicina e a física, os brasileiros praticam melhor os preceitos do que "Aristóteles, Averróis ou Avicena", pois "a natureza ensinava-lhes e ensina todos os dias o que é bom e o que é prejudicial".[23] Ora dá provas, ao contrário, de uma tolice estupefaciente, de modo que

> a primeira vez que viram chegar e flutuar navios nas cercanias do grande mar que os avizinha, [...] estimaram e acreditaram, por jamais terem visto, tampouco ainda seus pais, tais pesados e grandes barcos, que fossem ilhotas, que flutuassem sobre o mar.[24]

O interesse de Thevet está em todas as circunstâncias que formam o índio do Brasil, e não no universal singular que constituirá mais tarde o homem da natureza. Com toda evidência, o selvagem em mosaico e polimorfo do cosmógrafo franciscano situa-se nos antípodas do bom selvagem dos filósofos, pálida abstração que não chega mais a preencher qualquer conteúdo etnográfico concreto.[25]

Sabe-se que as modernas ciências do homem, na origem, irão decorrer dessa recusa das singularidades, pensadas como exteriores à razão, bem como à natureza. O programa da Sociedade dos Observadores do Homem, tal como foi fixado em 1796 por Gérando, condena de modo muito explícito a "curiosidade" bulímica e desordenada dos antigos viajantes muito apegados ao acessório e ao exótico e incapazes de atingir a generalidade. É então que em lugar das velhas rapsódias repletas dos bricabraques dos gabinetes de curiosidades impõe-se o modelo, cada vez mais intolerante e redutor pela própria pretensão ao universalismo, de uma antropologia fundamentalmente etnocêntrica.[26]

A patente falta da razão unificadora provê todo o valor da empreitada de Thevet, e isso, poder-se-ia dizer, até em seus defeitos mais tangíveis. A desordem da investigação é produzida tal qual; nenhum achado é subtraído da atenção do leitor benévolo, tampouco o comentário menos refletido e mais anódino. As condenações mais violentas — esses "brutais", esses "bestiais" selvagens — encontradas a cada página são quase sempre neutralizadas na sequência por elogios simétricos e, ao que parece, totalmente sinceros ou desenvoltos. Evidentemente, Thevet não está isento dos preconceitos políticos, religiosos ou mesmo racistas dos contemporâneos (pois o racismo, o que quer que se tenha dito dele às vezes, não é um fenômeno estranho ao século dos grandes descobrimentos), mas, como não escolhe muito no *corpus* de informações que tem, seria certamente trabalhoso descobrir nele as censuras ou os silêncios que afloram, com respeito à religião, por exemplo, no ensaio de Montaigne ou na *História*, de Léry.

Paradoxalmente, é essa fragmentação do índio em diversos acidentes que pode constituí-lo em termo de comparação universal. A "América" do Brasil austral está presente por toda parte, da Lituânia à Arábia Deserta, do Egito à Islândia e da região caspiana à Picardia. Espalhado pelos quatro continentes, na multiplicidade de cacos de um espelho estilhaçado, o selvagem brasileiro torna-se capaz de refletir, e desse modo esclarecer, as realidades mais desconcertantes e mais esparsas. Longe de reduzir a pluralidade inesgotável do universo à empobrecedora unidade, ele conjuga, em sua pessoa feita de contrastes, o espírito de geometria inerente ao raciocínio cosmográfico e a variedade admirável e decepcionante, ao mesmo tempo, das coletâneas de *rariora*. Ubíquo e diverso, onipresente e inapreensível, é uma das chaves da cosmografia segundo Thevet.

Nesse sentido, a revolução cosmográfica operada pelo natural de Angoulême — no sentido em que se fala em revolução copernicana, mas o cosmógrafo atém-se, claramente, ao esquema geocêntrico de Ptolomeu — seria a de privilegiar uma margem, o Brasil, em relação a um centro tradicional, a Europa ou o seu oposto milenar, o Oriente Próximo mediterrâneo. Uma vez que seu sistema descritivo tem por dupla característica ordenar-se sobre a armação geométrica do mapa e remeter-se sempre, em última análise, à sacrossanta autópsia, ser-lhe-ia necessário eleger esses dois polos aproximativamente situados nos antípodas um do outro: o Levante da peregrinação dos anos 1549-1552 e o Extremo Ocidente austral da viagem à Guanabara no inverno de 1556. Mas o Oriente de ruínas e de clichês que Thevet herda de uma tradição plurissecular, e onde não pode inovar muito senão sobre o modelo um pouco cansativo da denegação, é logo suplantado pelo brilho novo de um Brasil inaudito, cuja amplitude não cessa de se afirmar ao longo das sucessivas obras. Em razão de um Levante antiquado, cuja descrição redundante, cada vez mais destacada das fontes vivas da peregrinação, é extraída de compilações facilmente identificáveis, de Paolo Giovio a Sansovino,[27] o tropismo brasileiro governa pouco a pouco a extensão do mapamúndi thevetiano.

Disperso sobre todo o orbe terrestre, o Brasil também o está na língua de seus aborígenes. Não se encontra em Thevet — ao menos antes do *Grande insular* inacabado — nem dicionários exóticos nem "colóquios" bilíngues como em Cartier ou Léry,[28] mas frases erráticas, repostas na situação, ou estranhos vocábulos perdidos em contextos imprevisíveis. A palavra *margajá*, para designar um garoto traquina, passará ao uso corrente na época clássica, sem dúvida, a partir de Thevet ou de alguns de seus imitadores.[29] Mas o cosmógrafo emprega também a alcunha de *Gentio Morubixaba* para falar de Lutero, o qual teria "proibido todos os discípulos e adeptos, sob pena de serem repudiados por sua Igreja, de entrar em disputa com os ministros católicos".[30] Ora, o termo *morubixaba* qualifica, na sociedade tupinambá, os velhos sábios que, reunidos em conselho numa "casa longa", deliberam sobre a guerra a empreender. Numa passagem da *Cosmografia universal*, Thevet não hesita em compará-los com os "senhores conselheiros no Senado de Veneza, tanto mostram gravidade e modéstia em seus conselhos".[31] Em outro momento, coloca em cena um *morubixaba-açu*, ou "grande rei", pavoneando-se, "inteiramente nu como estava", a maça sobre o ombro, diante de Villegagnon e seu séquito recém-desembarcados do navio.³² É evidentemente cômico imaginar Lutero como chefe canibal e naturista, presidindo do alto de sua rede os debates dos partidários. Mas não é certo que o leitor não prevenido tenha provado o sal da situação, já que a palavra obscura e bárbara era explicada apenas 160 páginas depois.

Mais inesperada ainda e quase incompreensível é a conclusão, na coletânea dos *Homens ilustres*, do capítulo consagrado a Robert Gaguin, o autor do *Compendium de Francorum Gestis*.³³ Unindo ao elogio desse representante do primeiro humanismo os de Rodolfo Agrícola, do "Doutor Jasão Maynus de Milão, reformador do direito"³⁴ e do "satírico" Jean Lemaire de Belges, Thevet introduz a propósito desse último uma "alusão" onomástica das mais incongruentes na aparência. O autor da *Lenda dos venezianos*, "espantosamente picante" nos "sobressaltos" de sua pena afiada, seria, a crer na prosopografia, um historiador único em sua obra-prima, as *Ilustrações da Gália e singularidades de Troia*:

> E ainda que alguns tenham desejado murmurar, se se deseja atentamente considerar os discursos desse mair, bem pouca raridade será encontrada das coisas advindas na cristandade até o nosso tempo que ele não tenha tocado.³⁵

A anominação *Lemaire-ce Mair* beira o absurdo para quem ignorasse que um *Mair* (ou *Maire*) é o nome genérico dos heróis civilizadores na cosmogonia tupinambá.³⁶ O próprio Thevet dá a esse nome o sentido primeiro de "transformador", isto é, de mágico, e chega a consagrar três capítulos da *Cosmografia universal* a narrar pormenorizadamente os avatares míticos de Maire-Monan, Maire-Pochy e Maire-Ata.³⁷

Quando se sabe que Jean Lemaire, ao manter a indistinção original entre mito e história, tenta realçar essa por meio daquele, não há como deixar de ficar impressionado com a justeza relativa da alusão proposta por Thevet. Ao revelar, por intermédio do Pseudo-Bérose de Annius de Viterbo, as origens fabulosas das duas monarquias irmãs, a alemã e a francesa, desde o Dilúvio e o saque de Troia, Jean Lemaire é, em certo sentido, comparável aos caraíbas (*karai*) ou profetas brasileiros. Reunindo em suas pessoas as qualidades de xamãs e de semideuses, surgem aos índios como reencarnações dos *Maires* primitivos e sobretudo do principal dentre eles, Maire-Monan, o autor de metamorfoses infinitas sobre si mesmo ou sobre os objetos mais diversos.[38] A sua "teologia", da qual Thevet precisa que "jaz, não por escrito, mas na simples memória de cada um",[39] narrava ainda, além das "transformações" preditas, mitos de origem, não de uma dinastia principesca — é claro — mas de invenções tais como a cultura do milho e dos tubérculos ou o uso do fogo.

A bricolagem histórico-mítica de Jean Lemaire não deixa de lembrar o refinamento das cortes de Borgonha e mais ainda da França, o "pensamento selvagem" dos tupinambás tal como Thevet minuciosamente transcreveu, colorindo-o com incidentes irônicos. Recorrendo a tudo, acomodando as tradições mais díspares num mesmo corpo de doutrina, o poeta de Margarida da Áustria e de Ana da Bretanha reuniu, sob o projeto de uma concórdia política e cultural da Europa cristã, os materiais de uma história das origens comuns. Ora, as *Singularidades*, de 1557, ampliam essa empreitada ao adornar a lição dos *Mairs*.

POLIDORO VERGÍLIO E O PENSAMENTO SELVAGEM

Os tradutores de Thevet prestaram-lhe um bom serviço. Em dois casos, ao menos, penetraram as intenções mais enviesadas e discerniram as fontes menos aparentes. Assim, o alemão Gregor Horst tinha desvendado o parentesco, e até a dependência, existente entre certos capítulos da *Cosmografia do Levante* e as *Lições antigas*, de Coelius Rhodiginus.[40] Da mesma maneira, o inglês Thomas Hacket descobriu que o modo de investigação empregado por Thevet para tentar explicar as sociedades indígenas do Brasil e sua cultura primitiva estava próximo do raciocínio seguido por Polidoro Vergílio, o historiador da Inglaterra e cidadão de honra desse reino, em seu tratado *Dos inventores das coisas*.[41]

Na epístola dedicatória de *The new Found Worlde, or Antarctike*, dirigida em 1568 a Sir Henry Sidney, o tradutor desenvolve longamente a lista dos inventores das artes e das ciências sem as quais a humanidade seria nua, bárbara, brutal e até escrava. São passados em revista a instituição progressiva do calendário, desde os antigos egípcios até Júlio César, via Numa e Rômulo; a imposição das leis civis por Ísis; o ensino da agricultura por Ceres; o início da navegação sob a ação de Minos, de Netuno ou de seu pai Saturno, ou ainda do Rei Erichtlas, todos monarcas pagãos aos quais convém preferir Noé, o patriarca da Bíblia.[42]

Esse resumo de Polidoro Vergílio, cujo nome é de resto mencionado a propósito da invenção do calendário, e que recorre sistematicamente a um modo de explicação evemerista, chega a um elogio da navegação e ao convite expresso para implantar colônias além-mar. Ao deplorar as delícias de Cápua, onde se perdem seus contemporâneos, "praticamente abominando ouvir o nome de viagem ou pagão", Hacket exorta-os a seguir o exemplo de Alexandre, leitor ardoroso de Homero e das façanhas de Aquiles, se se crê em Plutarco. Ao dar ao público inglês o livro deste honrado viajante "Andrewe Thevit",[43] Hacket oferece-lhes no mesmo instante a ocasião de executar essa alta empreitada.

Em algumas páginas, o tradutor e editor circunscreveu o desígnio literário e político do modelo e soube adaptá-lo à realidade da Inglaterra de seu tempo. De fato, e a despeito da discrição sobre esse ponto, as *Singularidades* detêm-se na ação colonizadora de Villegagnon e constituem um tipo de prospecto particularmente atraente. O programa de conquista que se esboça em filigrana pela obra adapta-se doravante aos interesses ingleses sobre o Novo Mundo. Além disso, ao resumir Polidoro Vergílio às portas de uma descrição que procede da mesma filosofia das origens, Hacket claramente distinguiu a jogada ideológica das *Singularidades*. Assim como Gregor Horst, para falar francamente, ele não faz obra de filólogo ou de historiador da literatura. O que se percebe, de Polidoro Vergílio a Thevet, não é a filiação linear e unívoca, mas uma comunidade de preocupações, um raciocínio análogo que recorre à comparação das tradições culturais entre os diversos povos para tentar extrair um modelo geral e assentar sobre ele a superioridade da Europa cristã.

O comparativismo estabelecido pelas *Singularidades* é o fruto do trabalho obscuro de Mathurin Héret, bacharel em medicina e helenista conhecido por suas traduções de Alexandre de Afrodisias e de Dares da Frígia.[44] Na ocasião da publicação, em dezembro de 1557, Héret intentara um processo para reconhecimento da paternidade. Obteve que lhe fosse revertida a totalidade dos direitos, mas não a assinatura da obra, que permanecia com Thevet. Coube decerto a Héret a tarefa de adulterar a reportagem sobre o Brasil com referências aos autores gregos e latinos. Daí a construção em paralelo de muitos capítulos do livro: após uma exposição etnográfica precisa seguem-se os exemplos tirados da Antiguidade, pela interposição cômoda de Plínio, que é por vezes invocado, ou de Polidoro Vergílio, que é sempre silenciado. Trata-se de evocar a boa memória dos índios, que nunca esquecem o nome dos hóspedes franceses, uma vez que o tenham ouvido? Uma lista dos campeões de uma arte mnemotécnica — "Ciro Rei dos Persas, Cinéas legado do Rei Pirro, Mirtridates, César" — é logo produzida, selecionada do livro II do tratado *Dos inventores das coisas*,[45] para formar o fecho do capítulo. Outro exemplo: a tonsura quase monástica dos índios, a qual se justifica por uma preocupação de ordem militar (os cabelos ofereceriam ao adversário uma presa fácil quando do corpo a corpo), invoca, à guisa de explicação e de justificação, o precedente de Teseu, ao consagrar sua cabeleira aos deuses de Delfos, e aquele, mais adequado, de Alexandre, que ordenou aos soldados da falange macedônica que se raspassem, para que fosse impossível segurá-los assim.[46] A fonte, novamente, é o opúsculo de Polidoro Vergílio, que dispensou Thevet ou seu secretário de recorrer às *Vidas*, de Plutarco.[47]

Da mesma maneira, o capítulo consagrado aos "pajés e caraíbas", os curandeiros e os profetas dos tupinambás, conclui-se por uma investigação sobre a invenção da magia, que remete novamente o *corpus* brasileiro à temática recorrente das origens das artes e das ciências.[48] A observação vale ainda para as "visões, os sonhos e as ilusões" dos desafortunados "Américas", todos inteiramente entregues ao império de Satã: as perseguições noturnas que lhes inflige o "mau espírito" e os sonhos premonitórios que lhes sobrevêm na manhã do combate devem aproximar-se das "duas espécies de adivinhação" distinguidas por Polidoro Vergílio.[49] Sucessivamente, a guerra primitiva que opõe guerreiros nus e hercúleos armados de maças,[50] as leis do casamento,[51] o nascimento do comércio,[52] a invenção da serra,[53] as primeiras habitações e a origem da arquitetura,[54] o modo de subsistência da humanidade antiga[55] são ilustrados pelo exemplo dos brasileiros.

Onipresente na sequência brasileira, a referência a Polidoro Vergílio assegura a transição entre a bricolagem pós-humanista da *Cosmografia do Levante* e a novidade indizível e sem profundidade histórica da França Antártica. Obtém-se, portanto, em quase todos os capítulos que formam o cerne das *Singularidades*, uma sequência binária que associa a um motivo de ordem etnográfica uma "lição antiga". O movimento repete-se, operando incansavelmente a redução do desconhecido ao conhecido. Da estranheza primeira, vista e relatada, retorna-se à familiaridade de um texto lido e muitas vezes comentado. A conclusão substitui ao Brasil dos canibais a Troia homérica, a Cítia de Heródoto ou a Idade de Ouro de Ovídio e de Virgílio. A empreitada de Thevet-Héret faz com isso apenas sistematizar uma tendência visível desde os primeiros relatos concernentes ao Novo Mundo.

Desde as *Décadas*, de Pietro Martir di Anghiera, a descoberta das "Índias novas" completa o renascimento das letras ao abrir paradoxalmente no mesmo sentido. O longínquo no tempo e o longínquo no espaço definem um território comum em que a cultura clássica encontra-se em casa.

Ou, mais exatamente, o paralelo com os costumes da Antiguidade e suas tradições evemeristas confere à sociedade dos canibais a dignidade de um objeto de ciência. As referências eruditas, tomadas na maior parte de segunda mão, são destinadas sem dúvida a estabelecer um plano comum do homem da Europa com o americano nu e antropófago. Mas, sobretudo, autorizam esse último a penetrar no campo das "histórias". Por um duplo processo de heroicização e de moralização, serão vistos os "mais cruéis do universo" admitidos a rivalizar com os homens ilustres de Plutarco: Teseu, Licurgo, Solon, César.[56] Essa empreitada de integração das "glórias" americanas ao *corpus* tradicional dos grandes homens culminará nos *Verdadeiros retratos*: Cunhambebe, Parausti Saturiona, Paracussi, Rei da Prata e Nacol-Açu, principículos da América, recebem o mesmo formato das figuras de Alexandre, César ou Francisco I.[57]

O enxerto da Antiguidade no Novo Mundo, aos cuidados de Héret, engendra uma segunda relação em sentido inverso. Se a América é justificada pela referência aos antigos, o Brasil, em contrapartida, explica à Europa as próprias origens. É nisso que o tratado de etnografia americana aparece simultaneamente como um manual de arqueologia europeia. Nossos primeiros pais andavam nus, combatiam-se com unhadas e dentadas, chegando a devorar o adversário em caso de vitória, ignoravam a arte da forja e as regras do casamento. Suas casas eram de galhos trançados, a menos que preferissem o abrigo das cavernas. Todas essas proposições encontram-se em Polidoro Vergílio. Ao passar em revista os mitos civilizadores do Ocidente, o humanista de Urbino propõe para cada "invenção" (a linguagem, a religião, o calendário, a arte da guerra, a agricultura, a arquitetura, a navegação, o comércio, a "putaria" etc.) o nome de um ou de vários heróis, semideuses ou profetas. Ora, essa mitologia compósita vai ao encontro dos mitos fundadores da religião tupinambá relatados por Thevet. O parentesco é evidente: aqui e ali, a história da humanidade reduz-se à dos grandes iniciadores. Desde então, torna-se possível uma transferência de um continente a outro: Noé ou Dédalo tomam o lugar de Maire-Monan e Maire-Pochy, figuras usurpadoras e necessariamente fictícias.

Essa leitura brutalmente redutora prolonga de fato aquela inicialmente definida por Polidoro Vergílio, que denunciava as mentiras e as imposturas do paganismo antigo para exaltar, por contraponto, o privilégio solitário devido à revelação cristã. Para Plínio, por exemplo, o catálogo dos inventores, no livro VII da *História natural*, tinha por função proceder a uma distribuição geográfica dos méritos segundo os diferentes povos da bacia mediterrânea, que, por alguma razão, podiam honrar-se de ter contribuído para a felicidade comum. Aos fenícios recaía a honra da navegação segundo os astros, aos egípcios, a invenção do alfabeto e da tecelagem, aos frígios, a do carro de quatro rodas. O cretense Dédalo havia descoberto a arte da "carpintaria", o fenício Cadmo, a extração e a fundição do ouro, o tebano Tirésias, a adivinhação segundo o voo e o estrilo dos pássaros.[58]

Com Polidoro Vergílio, ao contrário, que nisso é tributário do *Contra Ápio*, de Flávio Josefo, uma das principais fontes de sua compilação,[59] a verdade última da Bíblia e do povo eleito remete ao nada da fábula as pretensões concorrentes das outras nações. Caim inventa a lavoura bem antes do nascimento de Ceres, deusa rebaixada ao nível de humilde mortal. Noé suplanta Baco e Moisés não espera Hércules para inovar na arte da guerra. A voz dos patriarcas e dos juízes abafa, desde então, o concerto harmonioso, em suma, das diferentes reivindicações nacionais. Longe de operar uma síntese entre cristianismo e paganismo, o tratado *Dos inventores* subordina a diversidade complementar das tradições pagãs à unidade de uma verdade totalitária. Polidoro Vergílio não reconhecia no cristianismo a mais bela das "invenções", cuja iniciativa, como de resto a da Criação, coube inteiramente a Deus?

Sabe-se que aos três primeiros livros, publicados desde 1499, Vergílio, 22 anos mais tarde, acrescenta cinco, consagrados totalmente às origens e às instituições da Igreja. Como observou Denys Hay,[60] não se tratava ali de modificar em sua essência o projeto inicial. Logo de início, o humanista de Urbino prosseguia, pela via aberta por Josefo em favor da cultura judaica e retomada, em benefício dessa vez do povo cristão, por Eusébio em sua *Preparação evangélica*, uma empreitada apologética fundada sobre a comparação mitográfica.

Em sua imitação, Thevet mostra-se fiel ao espírito do tratado *Dos inventores*. É-lhe necessário lembrar as idades da humanidade primitiva? Ele refuta em nome do *Gênese* a fábula dos poetas Virgílio, "em primeiro lugar de suas *Geórgicas*", e Ovídio, que supuseram que "os homens universalmente em toda a terra tinham vivido tal como os animais ferozes".[61] O Éden não é a Idade de Ouro, e o trabalho de um Adão jardineiro desde a origem afasta a humanidade da preguiça a que se abandona o animal.[62] Ao evocar em seguida a "lavoura de Abel", por confusão com seu irmão Caim, e com o objetivo, sem dúvida, de glorificar a nobre função de agricultura,[63] Thevet acaba por arruinar as ficções do paganismo em proveito do labor original: os selvagens do Brasil, que cultivam mandioca e milho, vinculam-se, a despeito de sua ignorância e rudeza, à humanidade trabalhadora e prometida à redenção. A lição de Polidoro Vergílio milita em favor do monogenismo, ao mesmo tempo que estabelece uma hierarquia dos saberes e das culturas.

A frente comum conjunturalmente formada entre as Sagradas Escrituras e a realidade índia rompe-se desde que se trate das crenças religiosas. O privilégio solitário detido pela tradição judaico-cristã perante a mitologia pagã encontra-se diante dos "relatos" dos ameríndios concernentes às suas origens. As *Singularidades* comprazem-se, então, em sublinhar o contraste: a "brutalidade cega" dos pobres "Américas" evidencia-se, por exemplo, no crédito que concedem a seus xamãs e suas vãs "feitiçarias".[64] Essa eloquente contraprova é proposta ao olhar do cristão para levá-lo a seguir o caminho espinhoso e rude da graça. Da mesma maneira, no capítulo das visões e perseguições do espírito maligno, o autor, na conclusão, convida o leitor a voltar-se para a Bíblia e confundir na mesma reprovação a idolatria dos "antigos gentios" e o respeito que os selvagens devotam aos seus "pajés ou caraíbas, o que equivale a dizer semideuses".[65]

Da mitologia americana das origens há pouco a reter, salvo que concorda com a Revelação, a saber, a crença num dilúvio universal de água e fogo, amplamente atestada em toda a área brasileira e amazônica.[66] Quanto aos mitos dos inventores, no máximo deixar-se-ão aos índios aqueles que trataram das produções exóticas. Para isso, remete-se antes à sua "traditiva" para dar conta da invenção da cultura da mandioca, pobre substituto do pão de que são desprovidos, e essa é a parte essencial que cabe a Maire-Monan, o herói civilizador dos tupis.[67] De resto, será preciso retornar ao ensinamento das Escrituras.

A arqueologia da Europa por intermédio da América é então menos destinada a relevar um progresso contínuo de uma a outra do que uma ruptura fundamental entre duas idades em tudo separadas: a anterior e a posterior à Revelação. Os tupis, até então, não haviam tido acesso à era da graça. A separação da verdade exprime-se de maneira muito concreta pelo desnudamento e pela barbárie manifestos. A nudez e o canibalismo são os sinais tangíveis, mas também o desconhecimento de técnicas elementares, tais como o uso do arado, a fundição do ferro e a forja dos metais, a arte equestre, as armas de fogo.

Decididamente, o selvagem servirá de contraponto ao cristão da Europa, rico por si mesmo, e, por menos que respeite os mandamentos, por sua eleição divina e pela certeza de uma redenção futura. Contraexemplo radical entregue à meditação do homem que vive segundo Deus, como desejará mais tarde Jean de Léry,[68] útil pelo próprio afastamento que representa, o índio, que aparecerá pouco a pouco como a figura condensada da criatura que vive segundo a carne, reveste-se, portanto, de um valor emblemático no seio do discurso moral e teológico que o envolve. Mas, contrariado pela visão heroica da história herdada de Plutarco e cedendo, por outro lado, à fascinação do esmigalhamento do diverso, esse discurso, em Thevet, não acede à coerência e permanece no estado de esboço plausível e não exclusivo.

A bricolagem efetuada por Héret permanece visível: transparece no esquematismo de duas estruturas sumariamente encaixadas e que correm paralelamente de capítulo em capítulo. Polidoro Vergílio, sem dúvida, tem a última palavra, sempre mobilizado no instante final, para fechar uma questão. Seu aparelho genealógico suplanta a tosca mitologia dos tupinambás, integrando-a apenas de modo incompleto. Cada vez menos controlados na medida em que a obra brasileira de Thevet amplia-se, passando pelas etapas ulteriores da *Cosmografia universal* e da *História de duas viagens*, os belos "relatos" dos tupinambás não tardam muito a fazer ruir a construção precária reunida pelo escriba de 1557. Desde 1575, com a sequência polifônica dos mitos que narram a criação do mundo, as metamorfoses e a morte de Maire-Monan, o herói cultural, o dilúvio universal e as diferentes idades da humanidade, Thevet compõe verdadeiras *Mitoló-*

gicas. Não contente, por exemplo, em relatar a narrativa do dilúvio e dos dois irmãos, justapõe duas variantes distintas.[69] Sem dúvida, é preciso ver aí a preocupação de fazer uso do mínimo, e nesse sentido o cosmógrafo mostra que assimilou o método da perfeita bricolagem, mas pode-se também descobrir nesse esquema reiterativo a obscura presciência do princípio de que um mito define-se pelo "conjunto de suas variantes".[70] O livro *Dos inventores* desfaz-se progressivamente diante das redundâncias orais de uma cosmogonia indígena na qual se insinua, de tempos em tempos, um esboço de comparação. As transformações de Maire-Monan lembram a Thevet os encantamentos de Circe,[71] e os herdeiros de Maire-Ata, que devem passar por uma série de provas para atestar a origem de seu sangue, são aproximados dos cavaleiros que "isso fizeram para a conquista do santo Graal na grande Bretanha".[72] Do quadro estruturante, a comparação retornou a um motivo ornamental, preenchendo o breve espaço de incisos que marcam muitas pausas subjetivas na longa litania dos avatares dos heróis civilizadores.

Pela precisão desordenada e fidelidade ao objeto, a obra brasileira de Thevet testemunha uma espantosa e paradoxal modernidade. Compreende-se, portanto, que a hierarquia muito rígida a que chegava o comparativismo unívoco de Polidoro Vergílio tinha sido inadequada a essa proliferação do material mítico. Recipiente impróprio, incapaz de regular a complexidade dos dados etnográficos, a mitografia vergiliana tornava-se inadmissível para um cosmógrafo voltado para si mesmo, uma vez consumado o divórcio com copistas paramentados de humanidades clássicas, os Mathurin Héret e os François de Belleforest.

Mas há mais: se se reportar uma última vez às *Singularidades*, obra de transição entre a compilação escolar da *Cosmografia do Levante* e as amplas mitológicas do livro XXI da *Cosmografia universal*, descobre-se que o tratado *Dos inventores* tem em Thevet um papel mais ambíguo do que se disse. Ocorre que, a meio caminho entre o recipiente e o conteúdo, Polidoro Vergílio mantém, com o "pensamento selvagem" dos tupinambás, uma relação de tipo rizomático, para retomar aqui a categoria proposta por Gilles Deleuze e Félix Guattari.[73] Com exceção dos capítulos sobre a religião, nos quais a relação hierárquica de inclusão ou de exclusão é claramente indicada, o privilégio devotado à cultura ocidental e cristã nem sempre aparece com a maior nitidez, tanto o atrativo pela novidade tem poder sobre o peregrinador dos dois mundos. Tece-se, então, uma ligação lateral, por imbricação recíproca, entre a tradição humanista e a "traditiva" indígena, transmitida oralmente.

Por meio de uma perversão que Héret decerto não tinha previsto ou medido, a mitologia índia contamina com seus efeitos o discurso do "singularizador". Viu-se anteriormente que, no capítulo consagrado à agricultura, a "lavoura de Abel", fruto de uma leitura distraída da Bíblia, vinha confirmada pela cultura da mandioca e das favas nos tupinambás, o mito de origem dos índios vindo confirmar a autoridade das Escrituras às expensas das ficções dos poetas gregos e latinos.[74] O mito da origem do fogo, que se vincula à "opinião dos selvagens tocante ao dilúvio",[75] acarreta no presente um outro tipo de confirmação. Diodoro, cuja opinião é transmitida a Thevet por Polidoro Vergílio, atribuía a Vulcano a invenção do fogo. Era afirmar que a humanidade nem sempre tinha sido detentora dessa preciosa ferramenta de cultura. Ora, os índios não pensam diferentemente,

> os quais, antes da invenção do fogo, comiam suas carnes secas na fumaça.[76]

A passagem valerá a Thevet as ferinas zombarias de Jean de Léry que invoca "essa máxima da física tornada provérbio", segundo a qual não há "fogo sem fumaça" ou, reciprocamente, fumaça sem fogo.[77] Mas o pensamento selvagem, ao que parece, tão familiar ao cosmógrafo quanto aos índios, opõe um desmentido flagrante ao motivo arrazoado por Léry e ao socorro que pretende conseguir dos provérbios comuns. Com efeito, a oposição do fogo e da fumaça é menos absurda do que pode parecer à primeira vista. A antropologia estrutural de Claude Lévi-Strauss habituou-nos a distinguir essas "categorias empíricas" do cru e do cozido, do defumado e do assado, que servem de ferramentas conceituais ao pensamento selvagem. Nesse sentido, a carne seca na fumaça — ou então ao sol, nas variações gê sobre a origem do fogo[78] — parece em uma relação de contradição com a carne cozida no fogo de lenha: está aí toda a distância que separa a natureza da cultura e que a intervenção do grande caraíba Maire-Monan permitiu vencer. A crer em Thevet, muito sensível às inflexões do pensamento tupi, esse conhecimento teria sido comunicado aos índios durante seu sono, "algum tempo após um dilúvio, o qual afirmavam ter ocorrido outrora".[79]

De um lado a outro dessa noite da revelação, duas etapas da história afastam-se definitivamente, assim como a humanidade apta à arte culinária volta as costas ao animal condenado a devorar crus os alimentos. A transformação do alimento pelo fogo afasta para sempre a nação índia das origens cegas. A simples fumaça, em compensação, não traçava em relação à animalidade senão uma fronteira indecisa e precária, que o controle do fogo de cozer restabeleceu em toda a sua nitidez. Situado além desse corte fundador, o canibalismo tupinambá, iluminado pela claridade das fogueiras, nunca parecerá tão escandaloso ao observador europeu quanto podia ser a

A OFICINA DO COSMÓGRAFO

homofagia dos míticos antropófagos da Antiguidade ou a dos não menos lendários "canibais" do nordeste brasileiro, nos quais Thevet não hesita em reconhecer "leões admiráveis".⁸⁰ A clivagem instaurada pelo mito é então reconduzida na descrição e a relativa indulgência de singularizador por banquetes sanguinários, espontaneamente interpretados como ritos de vingança, explica-se amplamente pela transferência da ferramenta mental dos índios ao universo de referência do europeu. É verdade que um afastamento diferencial menor do que o atual entre as duas culturas coexistentes facilitou a osmose ou a propagação subterrânea e rizomática.⁸¹

Decididamente, não se poderia dizer se Thevet, numa passagem como essa, adaptou a realidade índia a Polidoro Vergílio ou Polidoro Vergílio à imperiosa lógica mítica dos ameríndios. Quando, após as *Singularidades*, obra contemporânea da empreitada colonial e que deixava entrever perspectivas missionárias, o caráter didático, e até apologético, da relação thevetiana estiver atenuado, o pensamento selvagem dos tupinambás não surgirá mais refreado pelos fins de capítulo sentenciosos, que seguramente remetem a alteridade cultural à identidade universal da verdade cristã. Então, a bricolagem mítica dos brasileiros poderá unir-se à do cosmógrafo, ele também "colado nas imagens",⁸² e constituir, a partir destas unidades concretas que são as "singularidades", uma ciência a meio caminho entre o percepto e o conceito.

CAPÍTULO IV ## Mitológicas II: amazonas e monarcas

Encontram-se pelas histórias que existiram três tipos de amazonas, semelhantes, exceto pelos diferentes lugares e habitações. As mais antigas existiram na África, entre as quais estavam as górgonas, que tinham Medusa por Rainha. As outras amazonas existiram na Cítia próximo do rio Tanais: as quais depois reinaram em uma parte da Ásia, próximo do rio Termodonte. E o quarto tipo das amazonas são aquelas das quais falamos no presente.

André Thevet, *SFA*, 1557, cap. 63, f. 124 vº-125.

CONFUSÃO DE GUERREIROS NUS

Nas *Singularidades*, o recurso a Polidoro Vergílio permitia estabelecer o mesmo patamar de origens comuns entre o quadro dos costumes americanos e a realidade europeia. Em virtude de uma estratégia redutora, tratava-se de subordinar a alteridade índia a um esquema histórico que privilegia, por anterioridade e sobretudo autoridade, a tradição cristã. Essa empreitada consciente engendrava, é verdade, efeitos perversos: em lugar de integrar pura e simplesmente a cultura do outro, levava a uma espécie de hibridação.

A esse fenômeno ambíguo e incompleto de contaminação darei o nome de "pseudomorfose", do termo que Erwin Panofsky aplica a essas transformações subterrâneas que afetam os tipos iconográficos transmitidos pela Antiguidade ao Renascimento, para além do longo e fecundo sono da Idade Média.[1] Como ao sair de um sonho, o Amor cego descobre uma venda nos olhos; o Velho Tempo desperta armado de uma foice que lhe vem do imaginário apocalíptico. O Hércules americano, com a cabeça e o dorso cobertos por plumas, cuja clava se afina em remo e que brande como troféus uma cabeça e membros humanos recém-cortados, pertence à mesma categoria de imagens sub-reptícias e insidiosamente fantásticas.

Todavia há várias diferenças em relação à *pseudomorfosis* iconológica: a bricolagem, no caso que nos interessa, é instantânea. Além disso, procede de uma operação calculada, em que a parte de jogo, como se verá, é significativa. O lapso icônico, o *Witz* plástico não se deve aqui a uma confusão involuntária e coletiva, produzida por transmissões aleatórias ao longo dos séculos. Ele resulta, ao contrário, de uma bricolagem deliberada e de uma iniciativa pontual. Enfim, a imagem de síntese obtida ao termo de um processo miniaturizado não atinge o mesmo grau de universalidade que as figuras do Amor, da Morte e do Tempo estudadas por Panofsky. O Hércules brasileiro de Thevet, tal como é representado em 1584 nos *Retratos verdadeiros e vidas dos homens ilustres*,[2] e o gaulês em plumas, que o poeta Du Bartas introduz na *Second semaine*, banqueteando sob os freixos e esperando "a bolota cair dos carvalhos",[3] são criações particulares cuja sorte não ultrapassa muito a dos autores. Quando essas pseudomorfoses americanas atingem alguma perenidade, essa se deve à especialização de seu uso semântico. A Ártemis índia, montada num tatu e adornada com um diadema de plumas, poderia designar apenas a América nas coletâneas de emblemas do Renascimento e da Época Clássica.[4]

Admitidas essas reservas, resta estudar, por meio de algumas ilustrações precisas extraídas do *corpus* das grandes descobertas, a maneira pela qual se efetua a contaminação recíproca das mitologias de cada lado do Atlântico. O olhar do observador informa a realidade que ele descreve e na qual encontra, de um modo que não pode ser menos fortuito, a imagem ligeiramente transposta das próprias obsessões. Em contrapartida, os contos indígenas transcritos e inflexionados segundo seus critérios vão parasitar, com variantes inéditas, as representações do europeu, criando por enxertos e montagem novos objetos simbólicos: amazonas equatoriais, monarcas adamitas e canibais.

A partir desse fenômeno cruzado de contaminação será iniciada uma ilustração plástica. Nas *Singularidades*, e depois na *Cosmografia universal*, em que a gravura é refeita num formato maior,[5] Thevet apresenta a guerra selvagem. Atletas contorcidos atracam-se num corpo a corpo. Clavas de madeira e flechadas não bastam para exprimir a agressividade desses bárbaros animados pela vingança. Da mesma maneira os vemos morderem-se nas batatas da perna e nos braços. Um deles agarra o lábio furado do adversário a fim de arrastá-lo para perto e dessa forma golpeá-lo mais comodamente. A gravura, nessas duas versões, ilustra o combate dos margajás e dos tabajaras, tribos inimigas no seio da mesma etnia tupi do Brasil:

> Eles se agarram e mordem em todos os lugares que possam encontrar e pelos lábios que têm perfurados.[6]

O "horror, misturado a passatempo", que emana desse espetáculo feroz,[7] é traduzido em meio a linhas estiradas que ligam essa imagem de estilo maneirista à parte do *corpus* thevetiano em que a anatomia do índio se manifesta sob seu aspecto dionisíaco.[8]

A cena, em realidade, é inspirada primeiramente num modelo pré-construído, que é a inevitável coletânea *Dos inventores*, de Polidoro Vergílio. Com efeito, essa nos ensina que, antes do uso das armas, "os antigos usavam lutar com punhos e calcanhares e mordendo".[9] Ao associar a clava de Hércules, que representa um estágio mais avançado da arte da guerra, à luta primitiva em que o homem emprega as únicas armas naturais, a gravura de Thevet faz uma síntese em que a observação dos indígenas entra como parte mínima. É só por alguns detalhes reveladores, tais como a clava em forma de fuso achatado, a roda de plumas arvorada ao quadril ou o crescente peitoral, que o quadro deve se ligar à gesta guerreira dos tupinambás. Os corpos de músculos longilíneos, os escudos ovais, os arcos e as lanças conviriam tão bem ao capítulo X do segundo livro dos *Inventores,* relativo às origens da arte militar, quanto a esse manual de etnografia *avant la lettre* constituído pelas *Singularidades.*

Ora, é precisamente o caráter compósito da imagem que atrai a atenção dos contemporâneos, em primeiro lugar dos artistas que nela se inspiram. Imitada, ao que parece, da versão inicial de 1557, a "Confusão de guerreiros nus", que o gravador Étienne Delaune insere na série de 12 *Combats et triomphes,* tira partido do valor tópico da representação de partida.[10] Na madeira das *Singularidades* ele encontrou a forma de um friso ou de um baixo-relevo que expande, enriquecendo-a de figuras secundárias. Para acentuar o aspecto escultural dos corpos confrontados, substitui a paisagem do último plano pelo fundo negro comum a toda a sequência. Colocada após um triunfo de Baco e uma teriomaquia de unicórnio e grifo, elefante e dragão, lobo, ursos e leões, e precedendo o combate dos lápitas e dos centauros, a confusão dos guerreiros tupinambás integra-se sem atrito à sequência de fastos e violências da mitologia pagã.

O único disparate é introduzido pelos atributos que fazem reconhecer nesses guerreiros musculosos, semelhantes aos lápitas das núpcias de Hipodâmia, os autênticos tupinambás. De nariz arqueado, o ricto de uma boca deformada pelo uso do botoque oferecendo ao adversário uma presa ideal, tampouco o chefe hirsuto poderia distingui-los do cortejo dos combatentes de outras pranchas. Em compensação, suas armas, as clavas afiladas que Delaune pôde desenhar segundo os exemplares conservados nos gabinetes de curiosidades de Paris,[11] e seus adornos, diademas e suas rodas de plumas de avestruz,[12] constituem a prova irrefutável do pertencimento à área brasileira. De mais a mais, o artista lançou sobre os ombros de um guerreiro um manto de plumas muito semelhante àquele que se percebe em Thevet numa gravura que mostra os "banquetes e danças" funerárias dos índios.[13] O motivo do combatente caído ao chão que morde o adversário na batata da perna, na coxa ou no braço é três vezes repetido segundo Thevet, especialmente à direita da composição, onde o que jaz ao chão com face de urso reaparece de modo inverso. Esse detalhe, que lembra a tradição folclórica do "homem selvagem", despertando, veloso e hirsuto, ao fim do inverno,[14] assim como, em dois lugares da cena, a representação do "lábio inferior" furado e distendido pelo índex do vencedor, evoca não sem insistência esse estágio elementar da guerra antes da invenção das armas descrita por Polidoro Vergílio.[15]

Mais próximos desses combatentes reduzidos às suas únicas defesas naturais, unhas, dentes e calcanhares, do que os guerreiros tupinambás de Thevet, os selvagens de Étienne Delaune fazem ainda uso de pedras e árvores arrancadas. Representam, enquanto tais, a etapa mais tosca do desenvolvimento das artes da guerra. Comparáveis aos centauros bêbados da prancha seguinte, não sabem transformar os objetos brutos que a natureza lhes fornece em utensílios humanizados. Ou antes, usam seus artefatos rudimentares, arcos e clavas, e materiais não trabalhados, como seixos e troncos. Quando, as armas fora das mãos ao fim do duelo, não lhes resta mais do que a boca e as unhas para "se morderem e arranharem",[16] a distância que os separa da animalidade parece bem tênue.

Ora, pelo jogo da contaminação serial, Delaune divertiu-se em transpor nas gravuras vizinhas os elementos iconográficos emprestados da prancha brasileira. Viu-se a ligação simbólica que podia unir essa à teriomaquia, em que animais confrontados em função de sua antipatia mútua, tais como o leão e o grifo, o elefante e o dragão, o dromedário e o cavalo, figuravam nas prisões junto a caçadores armados de lanças e clavas. Mais adiante, o artista se deleita ao contrário em sublinhar a discordância existente entre essa maneira de combater e o refinamento de couraças e arreamentos à antiga. A décima gravura da sequência dos *Combats et triomphes*, que mostra uma confusão de cavaleiros e soldados de infantaria, combina, à cimitarra oriental, ao escudo redondo ornado com um sol nigelado, aos capacetes com penacho, aos corseletes e grevas, a árvore arrancada brandida como um aríete e as expressivas mordidas. Nessa composição fantasiosa, em que os gestos e as atitudes da guerra selvagem estão intencionalmente misturados ao armamento de romanos e otomanos, as remanências do embate bárbaro produzem um efeito intencionado de disparidade.

Pela recorrência de uma violência quase animal numa imagem em que se vê a panóplia do perfeito legionário de Roma reunida à do janízaro, a sequência inteira adquire um tipo de coerência por fusão: as etapas do progresso da arte militar são confundidas, os códigos de representação e as referências embaralhadas ao bel-prazer. O registro mitológico, com o triunfo de Baco, o combate dos lápitas e dos

centauros, degrada-se em carnavalesco, nessa prancha em que
homens, mulheres e crianças, cavalgando asnos, batem-se
armados de conchas, espetos, foices e manguais.[17]
Do heroísmo cavalheiresco à parodia de terreiro, e da guerra humana à ferocidade animal sob avatares monstruosos —
grifos, dragões e unicórnios — ou ironicamente familiares —
briga de galos, cães e canários entre a disputa camponesa já
evocada —, a série polemológica declina as variantes de um
tema, mas sem distinguir entre os planos sucessivos de uma
sequência. Nessa bela desordem, unificada por um grafismo,
são abolidas as fronteiras entre o animal e o homem, entre a
natureza bruta de estranhas produções e os refinamentos da
guerra civilizada, entre a violência primitiva de um mundo em
sua origem e os modernos furores ritualizados. A abundância
de criaturas híbridas, lendárias ou mitológicas, dos grifos aos
centauros, trai essa indistinção funcional, exprimindo em um
tumulto de corpos e formas o excesso dionisíaco da atividade
guerreira. Situada sob a tripla invocação de Belona (prancha
1), da Vitória (3) e de Baco (5), cujos triunfos à antiga abrem
o cortejo das batalhas, a sequência maneirista absorve, como
um de seus componentes, o canibal hercúleo e emplumado,
assim "mitologizado" e desde então admitido para figurar num
imaginário de síntese, em que a referência à Antiguidade é
predominante, mas não exclusiva.

Delaune realizaria pela imagem o que Thevet havia tentado obter pelo recurso à mitografia dos inventores: uma
aliança compósita em que o novo se reveste de uma dignidade igual à do velho, pela integração num quadro formal
tradicional. Mas a diferença aqui não se faz menos sensível.
No ponto em que Thevet se esforçava em organizar e classificar apoiando-se nas distinções de Polidoro Vergílio, Delaune

mistura e confunde para produzir uma fascinante ambiguidade. As *Singularidades* situavam a barbárie americana em uma dupla escala, cronológica e hierárquica, de maneira a medir toda a distância que separa o cristão da Europa do selvagem do Brasil, destituído de todo conhecimento prático e espiritual. A criação gráfica de Delaune, ao contrário, leva a uma osmose, sublinhada pela constância de um estilo e pela repetição, de uma prancha a outra, de uma composição em ramagens e arabescos moventes.

A gravura de Thevet fixava, por meio do duelo entre margajás e tabajaras, um momento da história humana — ilustração condensada sem dúvida, mas coerente, desse primitivismo inventado com um século de antecedência por Piero di Cosimo em dois ciclos de quadros consagrados respectivamente a Vulcano e a Baco.[18] Ao colocar esse fundo iconográfico das origens humanas, Delaune não está em busca de uma progressão dramática nem de uma razão histórica. Certamente, não ignora as correspondências que existem, por exemplo, entre o mito dos centauros e a brutalidade dos primeiros tempos, e sabe, no devido momento, prolongá-los justapondo ao embate dos canibais a disputa pelas núpcias com Hipodâmia. Mas esses não são mais do que elementos de um jogo erudito, em que o espectador é convidado a desfazer a mistura, dentro da agradável variedade que lhe é oferecida, das etapas confundidas de um processo e das alusões culturais difusas. O todo se resolve pelo prazer dos olhos em um friso regularmente ritmado e alternadamente inquietante ou alegre. O ganho no plano estético se traduz em uma perda de sentido.

A pseudomorfose atinge um grau mais alto de sistematização em *Les divers pourtraicts et figures faictes sus les meurs des habitans du Nouveau Monde*, do gravador Antoine Jacquard de Poitiers.[19] Indubitavelmente posterior à expedição de Razilly ao Maranhão em 1614, essa série, que compreende um frontispício e 12 pranchas alongadas encerrando cada uma quatro assuntos nas arcadas, assemelha-se, pelo estilo maneirista pronunciado, aos *Triomphes* de Delaune. De talhe mais reduzido, 50 figuras de canibais emplumados, crianças semelhantes a bonecas, mulheres avantajadas, homens musculosos e longilíneos, evoca antes a arte do ourives do que a do escultor.

Tendo tido acesso ao gabinete de curiosidades de Paul Contant, "boticário de Poitiers", ele próprio amigo do burguês Jean Le Roy, a quem foram dedicados os *Divers pourtraicts*,[20] Jacquard extraiu dali os atributos exóticos que compõem sua galeria de figurinos: frutos tais como o ananás (2,2; 4,4; 5,2), o milho e a cabaça (5,3); fauna ao limiar do teratológico como o tucano (13,4), a serpente de língua em forma de forquilha (13,3) ou os peixes voadores (2,1) com o bico afilado de pássaro (13,2). Rodas, diademas e coroas de plumas, atributos religiosos e guerreiros, cujos maracás, arcos e clavas, escudos em couro de tapir (9,1; 11,3 e 4), sem esquecer a presença pacífica de uma rede (8,3), permitem identificar os "habitantes do Novo Mundo". A esses detalhes reveladores juntam-se pedaços de carne humana que, distribuídos nas pranchas 6, 9, 11 e 12, designam os canibais do Brasil ou das Antilhas.

Depois de Thevet ou Delaune, dos quais Jacquard se serviu entre outras fontes documentárias, as coletâneas iconográficas da amplitude da coleção das *Grands voyages*, de Théodore de Bry,[21] e sobretudo a voga dos gabinetes de curiosidades, em que singularidades naturais e artefatos indígenas eram expostos aleatoriamente, tinham multiplicado e diversificado os modelos de representação exótica. Jacquard é então capaz de mostrar uma variedade de objetos desconhecidos dos predecessores. Para reter aqui apenas o exemplo das clavas, percebe-se que, ao lado do modelo hercúleo, simples tora de árvore ligeiramente talhada e cujas nodosidades são aparentes (6,3), três tipos distintos coexistem na sequência americana. O *iwera pemme*, a espada-clava tupinambá, que Delaune deve a Thevet e que prolifera, segundo Staden e Léry, na *Troisième partie de l'Amérique*, de Théodore de Bry,[22] domina ainda amplamente. Mas encontra-se igualmente em Jacquard um machado gê em forma de âncora (6,2)[23] e o grande *butu* da Guyana de extremidade chata alargada como uma espátula (9,2). Essa mesma "espada" guianesa encontra-se em uma aquarela da anônima *Histoire naturelle des Indes*, que data do início de 1590, hoje na Morgan Library. Tendo por título *Hindes de Ihona* (segundo o espanhol "Guyana"), representa um índio que espanca outro até a morte, esmagando-o com o pé enquanto da cabeça pisada goteja sangue.[24]

O mais interessante é a maneira pela qual Jacquard agenciou, associando-os a uma simbologia tradicional, os fragmentos de uma etnografia discrepante, cujos objetos são previamente levantados em toda a área ameríndia: o coque de uma criança que brande um peixe voador (2,1) não lembra a cabeleira "à huroniano" dos canadenses? As criancinhas do frontispício em amores exóticos, as selvagens como carregadoras de oferendas pertencem ao mesmo registro plástico dos guerreiros nus que executam, o escudo e a clava às mãos, uma espécie de pírrica (8 e 10). A demonstração de diversos golpes e esquivas, em um catálogo de posturas belicosas (10 e 11), pertence ainda a uma tópica gestual herdada da Antiguidade. O friso descontínuo de Jacquard, com suas figuras isoladas nos intervalos de um pórtico, obedece a uma disposição tão "clássica" quanto a série de baixos-relevos de Delaune.

Jacquard, além disso, aplicou-se em alongar o corpo nu e afetado do americano em duas direções: de um lado, numa alusão deliberada à *Fabrica*, de Vésale, para o livro de anatomia, cujos esfolados e esqueletos estão dispostos em alternância nos dois frisos (6 e 7), ornados com rodas de plumas a tiracolo, arco e maracá à mão; de outro lado, para a alegoria, com o esqueleto que emboca uma trompa com uma cabeça de Górgona no pavilhão e troca a clava indígena, que jaz ao solo, pela foice, transformando, assim, a "anatomia" do brasileiro em um emblema do Tempo ou da Morte (7,1).

Sucessivamente, o gravador veste o canibal de atributos exóticos e o despoja até o esqueleto: uma das figuras, um esfolado, carrega a pele a tiracolo, mas o vizinho, na mesma atitude de marcha, tem apenas um penacho de plumas sobre os ossos (6,3 e 4). Ao jogar com o corpo do índio, cuja nudez confina à ossatura, Jacquard faz disso o suporte de sentidos múltiplos e contraditórios. Essa figura até então estranha à emblemática recebe conteúdos tão diversos como a morte e a barbárie dionisíaca.

Não há acaso quando a sequência gravada de Jacquard reúne em alguns trechos o dispositivo das coletâneas anatômicas do tempo. Como nota André Chastel, em Vésale e seus herdeiros o discurso moral sobre a fragilidade humana e a fatalidade da morte enquadra o discurso médico, que é lido espontaneamente, "como um gigantesco *memento mo-*

ri".²⁵ Os "habitantes do Novo Mundo" suscitam um maravilhamento e um pavor semelhantes no espectador: meditação ao mesmo tempo alegre e macabra como essa galeria de selvagens, que se abre e se fecha pelo gesto de oferenda dos carregadores de frutas e carne, e que desenrola à passagem os rutilantes horrores de uma carnificina antropofágica acompanhada de danças e pulos grotescos.

A redução do selvagem a um modelo conhecido e sua integração a um friso à antiga não excluem a fascinação exercida por uma excentricidade em que o horrível se mistura ao estranho, o admirável ao repugnante. Os *Combats et triomphes* de Delaune e, mais ainda, talvez, os *Divers pourtraicts* de Jacquard carregam o traço de um esforço e de uma obsessão. Esforço para compreender e restringir essa alteridade, perigosa e cômoda ao mesmo tempo, na qual se projeta impunemente o sonho inconfesso do observador e do artista; obsessão de um desejo que é reproduzido no espetáculo das origens humanas, estendido no corpo exótico do bárbaro e que a imagem reenvia sub-repticiamente para o espectador.

Integradas nas categorias do saber antigo e pertencendo, como tais, a uma ciência imemorial, as amazonas do Brasil reproduzirão esse movimento contraditório de distinção e identificação, de exílio terrífico e vizinhança inquietante. É por uma nova pseudomorfose, desenvolvida simultaneamente nos planos da estética, da ética e da epistemologia, que o mito das mulheres arqueiras encarnar-se-á duradouramente nas índias da floresta equatorial.

AS QUATRO ESPÉCIES DE AMAZONAS

Nas *Singularidades*, Thevet, de volta do Brasil, proclama orgulhosamente que às três espécies de amazonas descritas pelos antigos juntava-se uma quarta. Conheciam-se desde os tempos mais remotos as amazonas da África, entre elas é preciso contar as górgonas, as amazonas da Cítia, sobre as quais Heródoto fala no livro de Melpomenê (IV, 110-117), e as da Ásia, que vivem às margens do Termodonte. Nesse momento, as "amazonas da América", "quarta espécie de amazonas",[26] completam a descrição lacunar da Antiguidade. A grade está desde então preenchida: cada continente, em torno da Europa cristã e à exceção, evidentemente, dessa, terá suas amazonas. Sobre esse ponto, como sobre outros, o saber tradicional encontrou a perfeição na descoberta de um mundo que não havia pressentido.

A conformidade das novas amazonas com as antigas é fácil de demonstrar, nem que fosse apenas pela exata tautologia em que o raciocínio se encerra. De fato, é por meio de um esquema descritivo convencional que essas mulheres, tão bravias quanto "maravilhosas", são representadas, e não é surpreendente, desde então, ver uma tal construção imaginária corresponder ponto por ponto às premissas da descrição. Thevet, de resto, sem o saber, revela esse movimento circular que preside à instauração do mito em um inábil preâmbulo:

> Alguns poderiam dizer que essas não são amazonas, mas quanto a mim eu as julgo assim, já que vivem assim como achamos terem vivido as amazonas da Ásia.[27]

O comportamento das amazonas é fundado, como se sabe, num esquema de inversão. Elas se entregam a todas as atividades comumente reservadas aos homens, a começar pela caça e pela guerra, desprezando, ao contrário, as que geralmente convêm às pessoas de seu sexo, como os afazeres domésticos e o cultivo. Só lhes permanece a educação das crianças, das meninas, entretanto, pois os machos estão fadados à morte desde o nascimento. A divisão sexual das tarefas é, portanto, preservada, mas efetua-se uma inversão sistemática dos polos masculino e feminino. Essa inversão é associada à percepção de uma violência levada ao paroxismo e que se traduz pela castração ou o homicídio das crianças do sexo masculino, como se o avesso da sociedade real só pudesse engendrar uma barbárie sem nome. Tal é o *topos* do mundo invertido, tão frequentemente ilustrado no século XVI, e cujo "complexo" das amazonas seria uma das variantes particulares; ele estigmatiza a desordem presente pela imagem de uma viravolta hiperbólica e pede — por esse recurso à figura escandalosa da inversão — o retorno à ordem tradicional das coisas.

Desse ponto de vista, o mito das amazonas não escapa à regra: a conquista das Américas terá por consequência fazê-las desaparecer como uma monstruosa e fantástica anomalia e esse pensamento está implícito na maior parte das narrativas sobre o assunto. Assim Thevet lamenta o destino dos "coitados" que caem nas mãos delas e "não encontram grande consolação entre essas mulheres tão rudes e selvagens".[28] O feroz suplício cujo costume ele lhes atribui em seguida, ilustrando com uma gravura muito eloquente, consiste em pendurar pelos pés as vítimas — evidentemente masculinas — e crivar seus corpos nus com "dez mil flechadas", enquanto um fogo é aceso sob a cabeça dos desafortunados.[29]

Sabe-se de qual ubiquidade as bravias congêneres de Pentesileia são dotadas no tempo das grandes descobertas.

Fundamentando-se no exame de dezenas de relatos de viagens do Renascimento, Georg Friederici notava-lhes o vestígio em pelo menos oito áreas distintas do Novo Mundo: inicialmente no Brasil, onde sua lembrança lendária inscreveu-se duradouramente na coronomia para designar a maior bacia fluvial conhecida; nos planaltos do Chaco e ao sudoeste do Brasil atual; na Guiana; nas Antilhas, onde Cristóvão Colombo registra o rumor desde a viagem inaugural de 1492; na Colômbia, onde Fernan Pérez de Quesada descreve o estado ginocrata da *caciqueza* Jarativa; na Nova Granada; na Nicarágua e, enfim, no México, na ilha das Mulheres situada ao largo de Yucatán, descoberto por Pedro de Grijalva, predecessor imediato de Hernán Cortés.[30]

É dessa conformidade demasiado perfeita com o mito antigo que nascerão as suspeitas do compilador Pietro Martire Di Anghiera. Ao evocar na quarta década do *De Orbe Novo* o reconhecimento de Grijalva ao longo das costas de Yucatán, testemunha alguma incredulidade em relação à narrativa — que entretanto copia — sobre essas mulheres "de maus costumes" que, desde a mais tenra idade, cortam a mama, "a fim de poder estender o arco com mais agilidade".[31] "Penso que é uma fábula", conclui à maneira de uma denegação, mas anteriormente mencionou os furtivos amores dessas guerreiras com os homens que passam por essas ilhas, apenas o tempo de se unirem a elas.

A explicação, todavia, parece demasiadamente simples, recaindo unicamente sobre fantasmas do europeu a causa dessa fábula universal. De fato, parece certo que o mito ocidental das amazonas reencontrou, sobre as terras virgens da América, um mito indígena muito próximo e que a lenda importada pelos conquistadores encontrou-se de algum modo confirmada pelas crenças autóctones. Realmente, se se olha mais de perto, percebe-se que a lenda das amazonas é sempre atribuída a uma origem indígena. É sobre o relato dos arawaks das Antilhas que, a exemplo dos canibais,[32] as amazonas começam a existir na literatura moderna de viagem, e isso desde o primeiro relato de Cristóvão Colombo em 1492.

As recentes *Mitológicas*, de Claude Lévi-Strauss, atestam em vários pontos a presença de um semelhante mito por meio de várias versões apinayé, caribe e warrau que o ligam contraditoriamente à sedução pelo mel e à origem do tabaco.[33] O isolamento em uma ilha das "loucas do tabaco" que se excluem da sociedade dos homens, desde então incapazes de se elevar pelo fumo em direção aos seres sobrenaturais, aparece inverso e complementar da culpável glutonaria da "jovem louca do mel", que cede de modo demasiadamente evidente ao poder sedutor da natureza e é imediatamente punida por isso.

O mito amazônico — que se articula aqui ao risco de regressão da cultura em direção à natureza, risco mortal expressado nos termos antitéticos de uma penúria de tabaco e de um excesso de mel — já era percebido dessa maneira por certos viajantes do Renascimento. Basta, por exemplo, ler com atenção os dois capítulos que Thevet consagra às amazonas nas *Singularidades*, de 1557. Ao lado do repertório tradicional de tratados emprestados da Antiguidade pela via das *Lições antigas*, de Coelius Rhodiginus, das *Cornucopiae*, de Nicolló Perotti, ou ainda de algum dos *Dicionários* latinos, de Calepino e de Estienne,[34] nota-se um conjunto coerente de caracteres que em comum têm de definir um estágio regressivo da humanidade. A brutalidade das arqueiras nuas e castradoras se traduz não só pelo suplício bárbaro que descrevemos anteriormente, mas no próprio modo de vida: a pesca, a caça e a colheita de "alguns bons frutos fornecidos por este torrão"[35] constituem seus únicos recursos — à exceção, parece, da horticultura e da agricultura —, se é que as "raízes" de que se trata no trecho são consumidas em estado selvagem, diferentemente da mandioca. Sua habitação é também totalmente tosca: as "pequenas cabanas e cavernas contra os rochedos" evocam uma arquitetura muito mais rudimentar do que a das malocas ou "casas compridas" que abrigam até a uma centena de indivíduos nas tribos tupi-guarani descritas em várias passagens por Thevet.

É verdade que a combustão integral das vítimas pelas fêmeas androcidas aparentemente contradiria uma tal localização das amazonas junto à natureza inculta. Mas o excesso de cozimento repõe paradoxalmente a insuficiência tecnológica que acabamos de ressaltar. As amazonas são tão incapazes de viver em sociedade com os representantes do sexo oposto, salvo para comunicarem-se por abraços furtivos, "no segredo da noite ou a alguma outra hora determinada",[36] quanto o são para cozinhar. Daí a falta que se liga fundamentalmente à ausência mesmo daquilo que por todos os lugares representa o traço mais "vituperável" dos costumes ameríndios, a saber, a prática do canibalismo. A incapacidade de amar, de servir e de comer os parceiros masculinos ilustra de modo particularmente flagrante o retrato das amazonas aquém de toda cultura.

O simbolismo do mito exprime-se igualmente nos termos da topografia: a cidade das mulheres aparece mais frequentemente associada ao panorama insular. Quer se trate do mito warrau concernente à origem do tabaco[37] ou da descrição das aldeias amazônicas por Thevet,[38] a ilha dita a reclusão e a separação dos sexos. Só de vez em quando, por exemplo, no momento do acasalamento anual, a ilha feminina se abre aos assaltantes masculinos. É dessa maneira, porém, que as amazonas se perpetuam, apesar do ódio visceral pelo sexo oposto. Uma xilogravura das *Singularidades* mostra um episódio menos idílico desse corpo a corpo intermitente entre os dois sexos. Assediadas em sua ilha pelas canoas dos homens que procuram desembarcar, estirando o arco e brandindo as clavas, as guerreiras nuas, vociferantes e com os cabelos esvoaçantes, rechaçam firmemente os agressores. As carapaças de tartarugas aquáticas com as quais fazem ao mesmo tempo fortificações e escudos repetem, por assim dizer *en abyme*, a figura insular que é como que o emblema dessas mulheres sem homens.

"A mulher é uma ilha": a associação, tão expressiva hoje quanto no Renascimento — e recentemente retomada numa publicidade para um perfume —, é tanto mais pertinente por sublinhar o irredutível isolamento do outro sexo. Situadas nos quentes mares onde o próprio vento é fecundo, no dizer do velho piloto Pigafetta, ou colocadas diante de Francisco Orellana e dos conquistadores vindos dos Andes pelos imensos braços do rio epônimo, as ilhas das amazonas têm por vocação ser inabordáveis. O único "encontro" que poderia resultar da escaramuça entre espanhóis e amazonas, tal como o conta Thevet de modo heroico-cômico,[39] seria uma troca pungente de flechadas e tiros de canhão. "Ilhas encantadas", "ilhas afortunadas", outros tantos objetos fantasmáticos que se furtam ao navegador quando de suas errâncias prolongadas por vários anos. É na busca dessas inatingíveis ilhas à deriva que se efetua a feminização do arquipélago.

Neste ponto de nossa análise, não se sabe mais muito bem o que convém relacionar, na matéria mítica, ao indígena e ao observador europeu. Como os da Fonte da Juventude, do Eldorado ou da Terra sem Mal, o caso das amazonas da América parece exemplar dessas "contaminações imaginárias e míticas" das quais François Delpech propunha fazer a história e que de modo algum se reduzem a um jogo de empréstimos e influências.[40]

As amazonas encontradas por Orellana em 1540-1541, ao descer o rio, posteriormente nos Andes, representam bastante bem a antítese dessas índias do litoral atlântico precisamente descritas pelos franceses nas décadas seguintes. Thevet percebeu essa relação quando declarou sobre as práticas guerreiras dos tupiniquins da região do Rio de Janeiro:

> As mulheres seguem os maridos na guerra, não para combater, como as amazonas, mas para lhes carregar e administrar víveres, além da munição requisitada por tal guerra.[41]

Dito de outro modo, na realidade, aquelas que poderiam a rigor ter o papel das amazonas da lenda, longe de fazer a guerra, dedicam-se às tarefas materiais mais humildes e duras. A repartição desigual das cargas entre os dois sexos, quando de longas expedições militares, às vezes de seis meses ou mais, só faz prolongar a divisão do trabalho observada entre os próprios povos: "Sem comparação, as mulheres trabalham mais", Thevet nota em vários trechos, a saber, "a colher raízes, preparar farinha, bebidas, colher frutos, cultivar o campo e outras coisas que pertencem aos afazeres domésticos."[42] Os homens, entretanto, com toda calma, entregam-se aos prazeres da caça e da pesca ou fazem flechas e arcos que serão suas únicas bagagens ao longo das transumâncias periódicas. Uma gravura das *Singularidades*, que associa em um mesmo quadro três cenas distintas, a marcha da tribo, o uso do charuto de petum e a confecção do fogo por fricção, demonstra o contraste reinante entre as mulheres, curvando-se sob pesados sacos de carga e flanqueadas por crianças, e o homem, só, deambulando à frente do grupo, charuto aceso à boca, faca a tiracolo e arco à mão.[43]

Quatro séculos mais tarde, Claude Lévi-Strauss formulará observações semelhantes a propósito dos nambikwara do interior do Brasil, entre os quais, entretanto, são os homens que se ocupam do cultivo e, inversamente, existe uma classe de mulheres ociosas e guerreiras que vivem na intimidade do chefe. Em todo caso, durante os sete meses do ano em que a mandioca é rara, a subsistência dos nambikwara repousa quase que inteiramente sobre as mulheres: a coleta feminina de frutos e raízes tem aqui efetivamente uma relação mais constante do que a caça masculina.[44]

Na *Cosmografia universal*, Thevet expressará brutalmente uma tal dominação de um sexo sobre outro:

> Seus cavalos, mulos e suas carroças de carga são as mulheres que têm o encargo da munição e a carregam nos ombros, da mesma forma que os homens, sem que se respeite nada que seja além da enfermidade desse sexo.[45]

Sem dúvida, a hipótese que vê nas amazonas da América índias às avessas, duplos, no caso, do negativo convergente das cristãs daqui, não constitui um modelo mais generalizável do que a hipótese que reduz o mito à má interpretação de uma realidade longínqua. Mas ela apresenta ao menos a vantagem de incluí-lo de uma certa maneira, pois o discurso sobre as amazonas, que emana do indígena ou do europeu, exprime sempre o sentimento de uma fascinante e escandalosa diferença. Se se fala tanto das amazonas aqui e acolá, é que, por meio do maravilhamento misturado ao horror que exercem simultaneamente sobre o narrador e seu público, advinha-se uma obsessão que toca os próprios fundamentos da sociedade à qual se pertence. O que aconteceria um dia se as mulheres se separassem da sociedade dos homens ou então os exterminassem? Como em Heródoto — em que os citas, que comumente encarnam a barbárie, terminam, contudo, por se confundir com os gregos e representam exatamente seu papel face à alteridade absoluta representada pelas amazonas[46] —, o olhar de Thevet junta tupinambás e cristãos da França em sua oposição comum às caçadoras insulares do grande rio.

Por outro lado, convém notar que a relação da "Amazônia" com as sociedades existentes e etnograficamente constatadas não é regida por uma inversão mecânica. Existem desde então, nessas sociedades de dominação masculina, índices inquietantes que as expõem a uma inversão dos polos sexuais e até a secessão de um em relação ao outro. A indignação que Thevet testemunhava com respeito à divisão do trabalho entre os tupinambás deve ser compreendida neste sentido: o rude tratamento ao qual as mulheres indígenas estão submetidas, de plena vontade, todavia, só lhe parece tão revoltante na medida em que ridiculariza a diferença dos sexos. Ao confiar às fracas criaturas as árduas tarefas que convêm prioritariamente ao sexo forte, como o queria uma lei natural facilmente confundida com a ordem divina, os índios autorizam a flutuação dos limites e a imprecisão de distinções que vão ocasionar por contragolpe a subversão amazônica.

As amazonas independentes e bravias certamente contradizem a atitude das índias submissas e pacíficas, muito semelhantes nisso às bestas de carga das quais Thevet fala complacentemente. Mas não é menos evidente que elas a prolonguem e a acusem, pois que já as mulheres tupinambás ultrapassam no modo de vida os limites naturais do sexo. Definitivamente, e se forem interpretados corretamente os *a priori* da visão thevetiana do outro, a alteridade revoltante das "rudes e selvagens" amazonas está presente em estado latente na etnia tupinambá, que nisso oferecia à primeira vista a demasiadamente perfeita negação. Entre uma sociedade em que as mulheres se dedicam, sem consideração com a pretensa "enfermidade" do sexo, às ocupações mais derreadoras, e uma outra em que dominam e substituem em tudo, ou quase, os homens, não há ruptura, mas uma surda continuidade.

Uma passagem da *Cosmografia universal*, que trata de *Imaugle* ou *Imangla*, aliás, a ilha das Mulheres, situada no oceano Índico, próximo ao Ceilão,[47] deixa perceber uma tal ameaça. A alusão aqui é insinuada, no viés de uma refutação do mito das amazonas, "àquele que fez o livrete intitulado *Les tresmerveilleuses victoires des femmes du [nouveau] monde*". Ora, Guillaume Postel, o autor desse opúsculo, publicado em Paris por Jean Ruelle em 1553, e por outro lado, como se sabe, amigo do cosmógrafo, não só expunha as "admiráveis excelências e feitos do sexo feminino", mas pretendia, além disso, demonstrar "como convém que ele domine todo o mundo".[48] Esse triunfo apocalíptico das mulheres deve efetuar-se por intermédio da "mui santa Madre Joana", companhia recente de Postel em Veneza, onde cuidava, no hospital de San Giovanni e Paolo, de indigentes e doentes, e que se revelou ser a nova Eva, mãe do mundo e mulher de Cristo. Anunciadora, pelos célebres milagres feitos durante a vida, do reino do Espírito, onde todas as coisas serão restituídas ao estado original anterior à Queda, leva ao fim o vasto movimento cíclico da Redenção iniciado 15 séculos antes pela encarnação e morte do Crucificado. Testemunha privilegiada dessa revelação, que se poderia dizer a mais capital para o futuro da humanidade, Postel observa a perfeita concomitância entre o advento da Madre Joana e as grandes descobertas, que permitiram que a Palavra fosse anunciada a todo o universo. É o "Hemisfério inferior" em particular que se beneficiou desse desvelamento tardio, isto é, não tanto o Hemisfério austral quanto a metade do mundo contido a oeste, além das regiões oceânicas em que o sol se põe.[49]

Compreende-se em um tal contexto o papel das amazonas, cuja súbita ubiquidade, ao século das grandes descobertas, tem essencialmente por palco a "parte temporal, feminina, ocidental, descendente, infernal, mutável" de um mundo enfim dado inteiramente ao conhecimento do homem.[50] A descoberta de "mui-grandes" reinos, "na África Austral e na América próximo ao Peru", que estão hoje entre as mãos das mulheres,[51] tem o valor eminente de signo e não deixa dúvida quanto à missão soberana reservada ao sexo feminino no plano divino da Restituição. As amazonas passadas e presentes tinham muito naturalmente seu lugar dentro do livrete das *Tres-merveilleuses victoires*, e é essa menção preliminar que Thevet, na *Cosmografia*, julgou tão inoportuna quanto deslocada.

Com Postel, a questão das amazonas torna-se metafísica, e Thevet bem percebeu o perigo de uma tal idealização. Deixa-se o domínio da heresia científica para o da heresia em si. Daí o vigor com que o cosmógrafo responde a essas perigosas feministas, como risco de renegar sem prévio aviso suas asserções anteriores.

Mas não é tão fácil se desembaraçar da metade do mundo, mesmo que inferior e inconstante, para retomar aqui a terminologia de Postel. Thevet experimenta isso a contragosto e os três capítulos da *Cosmografia universal* que gostariam de terminar com a tenaz ubiquidade das amazonas, e que se repartem entre a Ásia Menor,[52] o oceano Índico e o Brasil, demonstram ao contrário a perenidade do mito. A ilha das Mulheres situada nas cercanias do Ceilão, a fabulosa *Imaugle*, nada tem a ver com uma ilha de amazonas, começa por advertir Thevet. E entretanto, por graus insensíveis, a exposição encontra os lugares da tópica amazônica. São a princípio, na margem costeada pelos navegadores solitários, esses "bandos amontoados de mulheres" que se assemelham a ponto de enganar os guerreiros da lenda.[53] É em seguida a destreza dessas mulheres ao "manejar o arco e atirar certeiramente com ele".[54] É verdade que as insulares têm maridos e crianças, mas os maridos vivem à parte em outra ilha e só mantêm relações episódicas com as companheiras legítimas. O arquipélago binário de *Imaugle* e *Inébile* parece ter por função de origem repartir geograficamente as tarefas reservadas a ambos os sexos. As mulheres encarregam-se do cultivo e da construção de cabanas, feitas de um entrelaçamento de folhas de palmeira e de ramos aplainados. Os homens, que vivem comumente da pesca, dedicam-se, além disso, à guerra e, "vendo-se sem o encargo de mulheres ou crianças, fazem belas façanhas". Mas rapidamente essa dicotomia simbólica é desarranjada e as mulheres de *Imaugle*, assaltadas na ilha após a derrota e o massacre dos maridos, devem se comportar como autênticas amazonas e fazer a guerra. As duas ilhas correspondem, em seu face a face pacífico, a dois tipos de economia de um antagonismo por demais evidente para poderem subsistir num equilíbrio durável. Enquanto que a ilha dos Homens se consome em guerras contínuas, a ilha das Mulheres, muito tempo poupada, é regida por leis de conservação e de estrita reprodução das forças. Após a fecundação em *Inébile*, a despenseira exposta a todas as pilhagens exteriores, os nove meses de gestação cumprem-se em meio às plantações de *Imaugle*. O distanciamento energético cresce sem cessar entre os dois polos sexuados do arquipélago, apesar da transferência regular, ao cabo de 7 a 8 anos de idade, das crianças do sexo masculino para a ilha dos Homens. Para que o equilíbrio demográfico das duas ilhas complementares seja restabelecido, é preciso então que certas moças e mulheres, "as mais fortes que puderem escolher", transformem-se em homens, representando o papel dos machos belicosos e vingativos, e ataquem para acabar com o inimigo ao modo das "novas amazonas". A sociedade outrora fechada das mulheres de *Imaugle* abre-se então a intercâmbios longínquos, em expedições marítimas sangrentas das quais são vítimas os "pobres habitantes da ilha de Bazacate", que elas, em represália, fazem com que morram "cruel e pobremente".[55]

Vê-se que, a despeito de todas as denegações iniciais, Thevet reencontrou em seu duplo paradigma insular de *Imaugle* e *Inébile* o esquema típico da Amazônia — na mutilação da mama, que havia todavia reprovado de início nas *Singularidades*. O mito de origem árabe, do qual se manifestou tributário nesse capítulo da *Cosmografia*, acabou por sobrepujar uma tentativa de racionalização superficial. Para ser mais preciso, a estrutura insular venceu a imagem tranquilizadora que o cosmógrafo queria dar dessas "mulheres domésticas e afáveis", retornando para sua ilha uma vez prenhes e guardando fielmente o lar na ausência do genitor ocupado em batalhar.[56] Ao conservar a ilha, que aqui é mais do que um simples suporte topográfico, mas a forma estruturante do mito, Thevet não pôde se impedir de evocar a insolúvel questão da divisão dos sexos e aquela que lhe está intimamente ligada, dos fundamentos da sociedade. A obsessão amazônica, retomada ao fim do conto pelo propósito do autor, ressurge no término do percurso para impor contra tudo e contra todos a verdade, não de uma história, mas de uma fábula simbólica.

O último exemplo emprestado da *Cosmografia universal* coloca novamente em cena essa "quarta espécie de amazonas" de que Thevet falava nas *Singularidades*. De maneira excepcional, ele não responsabiliza pela mistificação amazônica os cosmógrafos anteriores ou concorrentes, mas lança valentemente o erro sobre si mesmo:

> e estou bem pesaroso por ter caído no erro de ter acreditado.[57]

É verdade que uma tal confissão é imediatamente temperada pela corresponsabilidade que é atribuída aos selvagens, os quais "se fazem acreditar por belos devaneios" e os transmitem aos viajantes demasiadamente crédulos. Mas Thevet, a despeito do furor de demonstrar quem o anima, fosse isso contra si mesmo, não deixa de desculpar a beleza, a estranheza também, do mito a que se dedica desde então a despedaçar e para o qual, por sua vez, tão eloquentemente contribuiu. Daí essas duas páginas cheias em formato in-fólio consagradas a um povo que não existe!

Esse novo capítulo sobre as amazonas brasileiras responde também a um outro tipo de necessidade: à data de 1575, Thevet dispõe ainda das xilogravuras que tinham ilustrado as *Singularidades*, e especialmente duas pranchas que representavam — com que traço! — a valentia e a crueldade das mulheres insulares. Num interesse por economia que já tinha manifestado antes, quando, na *Cosmografia do Levante*, o autor dizia não ter desejado "perder a lida" das moedas reproduzidas para uma hipotética coleção de medalhas,[58] reemprega no presente, de modo semelhante, as duas gravuras que haviam se tornado inadequadas ao seu propósito. No momento em que, ao contrário, tendiam a provar, pela virtude ativa da imagem, a existência das guerreiras fictícias, ei-las doravante coexistindo na mesma página com um longo texto de desmentido. Para salvar as pranchas, que continua paradoxalmente a considerar documentos, Thevet é então levado a usar subterfúgios. Em primeiro lugar, as gravuras são acompanhadas de discretas "notações", que lhes restringem o alcance: "As mulheres defendendo-se de seus inimigos"; "Crueldade dessas mulheres guerreiras". Ele não menciona nominalmente as amazonas. A imagem não fica, assim, em contradição absoluta com o comentário, que sugere, sem propriamente falar das amazonas, que as mulheres dos margajás, povo bravio e cruel,

batalham tão bem quanto os homens quando é preciso.[59]

A esquiva de Thevet tornar-se-á uma das explicações favoritas da história das descobertas para compreender a extensão do mito amazônico na América do Sul.[60]

Resta justificar a separação dos sexos de que testemunham demasiado explicitamente as xilogravuras, alinhando homens e mulheres em dois campos de confronto. Uma engenhosa ficção, que se enlaça curiosamente ao destino de *Imaugle*, será encarregada de mostrar que essa guerra dos sexos é apenas aparente. Se as índias, habitualmente laboriosas e submissas aos maridos, transformam-se em temíveis arqueiras, é em consequência de um concurso de circunstâncias puramente fortuito. Enquanto seus maridos combatem em uma outra frente e as creem em segurança numa ilhota situada na retaguarda, um estratagema do inimigo as surpreende e as obriga a se defenderem. As armas que têm à mão para se opor são especificamente femininas:

> ameaças, urros, firmeza e caretas as mais feias e hediondas que se poderia dizer.[61]

A ausência dos maridos aumenta-lhes o encarniçamento na luta e explica também, segundo Thevet, o uso das carapaças de tartarugas com as quais se protegem, na falta do amparo natural constituído pelo chefe de família. Como na lenda de *Imaugle* e *Inébile*, é, portanto, pela falta de homens, e não pela própria vontade, que as mulheres se transformam temporariamente em amazonas.[62]

Uma leitura tão constantemente redutora, que restabelece passo a passo o dogma da superioridade do sexo masculino, conservando do mito os detalhes sensacionais destinados a sustentar o interesse do leitor, é mais flagrante ainda no comentário da segunda gravura. Até aqui as índias nuas e armadas eram descritas como "pobres mulheres", que "na ausência dos maridos tratavam de conservar seu bem, vida e crianças". Nesse momento são depreciadas ao nível de uma matilha uivante e sanguinária, a que os homens, seus maridos ou antes seus chefes de matilha, "dão como caça" os prisioneiros no retorno de uma expedição vitoriosa,

> assim como fazem os monteiros, que querem acostumar um cão a sentir e cheirar a veação.[63]

A nota reveste-se ainda de maior relevo ao concluir todo o episódio das amazonas de antigamente. Mas, apesar do caráter abrupto dessa queda sem apelo, é certo que a ambiguidade permanece. Exatamente antes da frase conclusiva, una nota incidente trai o forte retorno do mito. Por um momento Thevet se deixa recapturar pelo sonho heroico e brutal das guerreiras insulares:

> E vos posso assegurar que não há nação, de um polo a outro, que seja mais bravia do que essa seita feminina.[64]

"Nação" e "seita" só podem ser entendidas em boa lógica em relação às amazonas, cuja existência Thevet acaba precisamente de contestar. Ele corrige então, pela última frase, que nega bruscamente a autonomia da seita feminina em questão, e por aí também, o caráter extraordinário das cruéis arqueiras. Como boas mulheres, obedecem aos maridos até nas torturas refinadas que infligem aos cativos. Pois é justamente "para o contentamento dos maridos" que se lançam à caça e desvelam tesouros de invenções para matar em fogo brando os inimigos das famílias. Tudo entra então na normalidade. O reino dos homens não é ameaçado, e entretanto um sonho teve lugar, tão insistente que precisou das acrobacias de um comentário para cercá-lo e reduzi-lo. Ao termo permanecem duas imagens fascinantes e, para dizer francamente, incompreensíveis de violência.

O caso de Thevet parece sintomático da perenidade que é por assim dizer consubstancial às amazonas. A singularidade é mantida por preterição, em virtude de um mecanismo retórico bem conhecido.[65] A aparente denegação recobre, de fato, o trânsito contínuo de uma informação tão fabulosa quanto "admirável". Jean de Léry não se enganará nisso, divertindo-se ainda em 1585, na terceira edição de sua *História de uma viagem feita à Terra do Brasil,* com as amazonas thevetianas protegidas atrás das vastas carapaças de tartaruga, e das quais tampouco há "novas naquelas regiões quanto houve outrora".[66] A réplica poderia parecer de má-fé, se não ratificasse o princípio da autoridade negativa, amplo na obra do próprio Thevet e que Léry reconduz quase sem o conhecimento dele. Em virtude de um tal princípio, o autor que o refuta — *Thevetus refutatus,* dirá o repertório dos autores da edição latina da *História,* em 1586[67] — autoriza digressões totalmente imaginárias. Assim como Thevet na *Cosmografia,* Léry na sua *História* não retoma por sua conta as fábulas das amazonas da "região de *Lanternois*".[68] Mas pode evocar com fortes detalhes essa lenda em seu livro, desde o momento em que a tolice pretendida do predecessor lhe dá nisso o direito científico e o cômodo pretexto.[69]

O MITO DA MONARQUIA ÍNDIA

O tipo de hibridação efetuado pelo mito das amazonas brasileiras encontra-se no caso do rei nu e antropófago, mas em um grau menor. Convergência entre uma realidade etnográfica mal compreendida — o papel episódico do chefe de guerra nas tribos tupinambás — e a transferência de uma instituição familiar dos colonos europeus — o reino de um monarca de prerrogativas incontestadas —, esse mito não apresenta, contudo, a mesma pureza que o precedente. Enquanto a lenda das ferozes arqueiras escapava em uma larga medida à racionalidade historiográfica, tem-se uma parte não negligenciável de cálculo na construção da monarquia índia, tal como a elabora o século XVI europeu.

Ao exprimir uma interrogação angustiada sobre os fundamentos da sociedade, o espectro recalcitrante das mulheres sem homens jamais terminou de descrever contraditoriamente as obsessões que tramam a relação entre os sexos. Mesmo que na origem esteja fundado sobre a ambivalência comparável de uma figura ao mesmo tempo repulsiva e fascinante, o mito do rei canibal não tarda a transformar-se em um modelo prático: de sua adoção, especialmente por Thevet, ou de sua recusa, por Léry, depende efetivamente a viabilidade da empreitada colonial. Para o descobridor ou para o conquistador, trata-se antes de tudo de encontrar com quem falar. Ora, indivíduos isolados, encontrados ao acaso de uma cabotagem em litorais desconhecidos, não apresentam qualquer espécie de garantia se não se exprimem em nome de uma autoridade — em outros termos, se não receberam delegação de um chefe ou de um rei. E, a mais longo prazo, a penhora sobre outrem só é possível à condição de que ele pertença a um conjunto socialmente estruturado.

Em contrapartida, esse mito político perde todo valor de uso para um simples observador dos costumes indígenas, um etnógrafo *avant la lettre*, tão desinteressado quanto possa ser um ocidental do Renascimento em face da imagem intacta das próprias origens. O modelo do monarca nu cai então na gratuidade, privado dessa imperiosa e fatal necessidade que valorizava o fantasma amazônico. Nele o pensamento selvagem acomoda-se de imediato à fria razão calculista do militar e do negociante.

Situado a meio caminho entre origens obscuras e uma empobrecedora elucidação, alienado por fins estranhos à sua economia interna, o mito da monarquia índia constitui aqui mais um caso esclarecedor de contaminação imaginária entre culturas. O que se perde em pureza formal ganha-se em eficácia ideológica. Nesse último exemplo, as mitologias articulam-se sobre um projeto político. A ficção transporta-se então do domínio poético e religioso para o dos fins práticos. Ela antecipa uma situação real, e é a recusa dessa história futura — a história de uma aculturação e de uma decadência — que motivará em Léry e seus leitores a destruição do mito.

Há uma figura que, ao longo das versões sucessivas que Thevet dá de seu relato brasileiro, das *Singularidades* à *História de duas viagens*, não cessa de se revestir de uma amplitude crescente: é a do "meio-gigante" Cunhambebe, chefe tamoio dos arredores do Rio, cuja estatura imponente apenas teria correspondência com a extensão dos territórios submetidos à sua jurisdição.

A existência histórica do personagem parece bem atestada — e sem dúvida convém identificá-la com o Konyan Bebe, do qual foi prisioneiro uma dezena de meses o arcabuzeiro e mercenário de Hesse, Hans Staden.[70] Segundo os testemunhos respectivos do alemão e do francês, Cunhambebe teria, além de um apetite devorador — não proclamava ter comido cinco portugueses? —, uma presunção um tanto exibicionista. Na *Wahrhaftige Historia* e na *Cosmografia universal*,[71] é representado com a mesma atitude: passeando com altivez diante da plateia de súditos temerosos reunidos no espaço de uma maloca e declamando longamente a gesta de suas proezas guerreiras. A "arenga deambulante" do chefe tamoio apresenta entretanto, aqui e ali, significações opostas. Para o prisioneiro Hans Staden, destinado a servir de forragem aos índios, Konyan Bebe é esse intratável carrasco que o abandona aos jogos sádicos de seus homens, diante dos quais ele deve saltar, os pés atados, sob pancadas violentas e risadas.

Em Thevet, que conta ao lado dos aliados franceses do valente "rei", ao contrário, o retrato, mesmo quando muito assustador, é destinado a suscitar a simpatia. E isso por dois meios aparentemente contraditórios: o cômico de situação e o engrandecimento épico. Figura de cores fortes, o Cunhambebe de Thevet tem maneiras indiscutivelmente rabelaisianas: após ter bebido vinagre com água, a única bebida alcoolizada de que ainda dispõem os colonos de Villegagnon, arrota barulhentamente e rebenta a rir de suas manifestações digestivas, tão eloquentes quanto inesperadas. Após o que, bate no peito, "ombros e costas",[72] participando ao público seus desejos de ogro que reduziriam logo a "guisado" o mais forte e hábil de seus inimigos "margajás", se o tivesse sob as mãos. Adornado apenas com as plumas de seu diadema e com fileiras de "contas" de seu colar, o rei está "totalmente nu", mas isso não o impede de narrar com fortes gestos a litania de suas proezas, e com uma voz tão assustadora, assegura Thevet, "que vós não teríeis quase ouvido trovejar"[73] A "audiência" concedida pelo capitão francês ao mais "venerável" de seus parceiros indígenas está então próxima de resvalar para a franca comédia. Todavia, as regras elementares da diplomacia proíbem que dele se zombe face a face, visto que a cólera dos selvagens poderia ser mortal, e em todo caso desastrosa, para o punhado de colonos cuja sobrevivência depende do aprovisionamento indígena.

Essa oscilação, que faz da cena evocada por Thevet um modelo de ambiguidade diplomática, traduz com uma singular acuidade o intercâmbio entre o europeu e o índio. O outro, que ignora os costumes estabelecidos — como o de vestir-se —, é o objeto de um desprezo implícito. De onde essa derrisão que se liga à nudez gesticulante e agradavelmente demonstrativa de Cunhambebe. Mas, paralelamente, a relação com o outro aparecendo como uma necessidade de ordem estratégica, o perigo é que o interlocutor tome consciência desse desdém em que é mantido e recuse o intercâmbio pacífico. Daí essa espécie de compensação simbólica pela qual Thevet erige Cunhambebe ao nível de um monarca de qualidades eminentes. Qualidades físicas antes de tudo: "Grande e membrudo, tendo uns oito pés [2,40m] de altura", o chefe tamoio possuiria uma força tal que "teria carregado uma pipa de vinho nos braços".[74] Sublinhando a hipérbole, Thevet não hesita possuiria representá-lo um pouco mais adiante, carregando nos ombros duas colubrinas com as quais atira ao mesmo tempo nos inimigos. Ao inventar esta proeza hercúlea para a glória do chefe tamoio,[75] o cosmógrafo comporta-se como um perfeito cortesão do improvável monarca que sua pena acaba de engendrar. E de fato, pela virtude de um estilo propenso às vezes ao discurso encomiástico, transforma pouco a pouco o Brasil dos canibais em uma outra Europa. A choupana — ou maloca — festoada externamente com as cabeças dos inimigos capturados na guerra e ritualmente devorados se honra do título de "palácio" a partir do momento em que o "rei" ali mora.⁷⁶ Para um tal soberano bruscamente arrancado do convívio dos súditos por uma epidemia, é pronunciado o elogio fúnebre reservado aos bravos: "Se tivesse vivido, teria feito grandes coisas, estando os nossos seguros."⁷⁷ As vantagens físicas do herói têm seu corolário numa elevação moral em que o apetite de vingança se afasta diante de um soberano desprezo pela morte e em que a presunção se transmuda em amor desinteressado à glória. Para rematar a ficção, Thevet imputa a esse rude guerreiro, contra toda verossimilhança, uma devoção digna da Reforma tridentina:

Tinha tão grande prazer em nos observar, enquanto fazíamos nossas preces, que se prostrava com os dois joelhos e elevava as mãos ao céu, da mesma forma que nos via fazer.⁷⁸

Evidentemente, essa série de lugares-comuns que definem o perfeito fidalgo e mostram em Cunhambebe um príncipe completo reveste-se de uma função protocolar. Cunhambebe é o modelo do bom selvagem, suscetível de ser convertido à fé cristã e de tonar-se em seguida uma engrenagem segura na empreitada de colonização que se instala então sob os auspícios do Almirante Coligny. O encarecimento do elogio concentrado na figura do chefe permite vê-lo ao mesmo tempo como um modelo e um elo de troca. Modelo de um parceiro cujas virtudes conformam-se ao ideal cavalheiresco e feudal dos capitães de cá. Elo entre o mundo civilizado e o mundo selvagem encarnado perfeitamente por esse anel híbrido em que a nudez ruidosa e risível alia-se à majestade de um corpo poderoso e de uma alma nobre.

Ora, esse retrato surpreendente e complexo, do qual tentamos resgatar as implicações ideológicas e políticas, será tomado pelos adversários de Thevet como um exemplo particularmente expressivo da presunção e da tolice desse. Jean de Léry, na *História de uma viagem*, toma por alvo favorito, numa polêmica dirigida principalmente contra o cosmógrafo do rei, o "feroz" Cunhambebe.[79] Ao insistir, por exemplo, na clara inverossimilhança que existe em colocar sobre os ombros de um homem nu duas peças de artilharia descarregadas simultaneamente sem que o suporte vivo experimente o menor arranhão, Léry zombava sem muito custo das "imposturas" e "contos da cegonha" saídos da pena prolixa do "cosmógrafo de títulos reais".[80]

Esse violento ataque terá por réplica um capítulo dos *Retratos verdadeiros* dedicado à memória do valoroso chefe tamoio. Acuado pela acusação de seu adversário de exagerar nas declarações precedentes, Thevet acentua o caráter hiperbólico daquilo que constitui desde então um elogio em boa e devida forma. Incluído na sua galeria de homens ilustres da mesma maneira que os césares e os tamerlões,[81] Cunhambebe aparece como o protótipo dessa nova humanidade descoberta além dos oceanos e que "em várias coisas" ultrapassa a do Velho Mundo.[82] A barbárie outrora manifesta do rei canibal é todavia abrandada, uma vez que em todo o capítulo não se menciona nem a antropofagia do personagem nem sua vestimenta elementar.

A idealização toma emprestada a intermediação do estilo periódico e de uma floração de metáforas imprevistas. O "assustador" Cunhambebe, "floreado de raridades muito distintas, pertencentes tanto ao corpo quanto ao espírito", aparece, além disso, "irradiado de várias virtudes", que o inclinam, por exemplo, às coisas da religião. Os latinismos de um léxico cunhado com algum pedantismo fazem da "proceridade gigantina" do interessado a encarnação tangível da "eminência do nível" em que ele está colocado. Nisso, Thevet alia-se a um modelo de pensamento tradicional que percebe no físico o reflexo do moral. Um rei digno desse nome não poderia ser de estatura comum ou débil. Montaigne não tomava uma direção de raciocínio diferente do capitão canibal encontrado em Ruão. Esse último espantava-se de que o rei-criança Carlos IX reinasse, a despeito de sua compleição frágil, sobre uma tropa de sólidos guardas suíços.[83] Além disso, parece que Thevet reúne aqui uma velha hipótese concernente à origem da monarquia e da qual o clérigo Jean de Meung, no *Roman de la rose,* se havia feito outrora o intérprete. No contexto análogo de uma descrição etnográfica comparada dos povos da América, o advogado Marc Lescarbot citará ainda estes versos ao início do século XVII:

> Um grande vilão entre eles elegeram
> O mais encorpado de quantos houveram
> O mais ossudo e grunhidor,
> E o fizeram Príncipe e Senhor.[84]

À origem da sociedade feudal e do princípio monárquico que a coroa, a necessidade de uma proteção comum ocasionou a eleição do mais forte, logo ajudado na tarefa defensiva por uma escolha de meirinhos. Efetivamente, Cunhambebe é, segundo Thevet, o mais "encorpado" dos tamoios, aquele cujos "oito pés" de altura asseguram uma incontestável superioridade sobre os membros do grupo. O gigantismo aparece nesse sentido como o signo da dignidade suprema, ao mesmo tempo que é o atributo indispensável do monarca nu. Na falta dessa "proceridade gigantina", como seria possível distingui-lo dos milhares de súditos igualmente nus e válidos?

É verdade que Thevet investe de uma significação real o menor dos raros ornamentos que aparecem sobre a anatomia poderosa do chefe — e isso é particularmente sensível na iconografia. Assim é que o diadema de plumas é interpretado como uma coroa nos dois retratos gravados do rei brasileiro — a xilografia da *Cosmografia universal*, o talho-doce dos *Homens ilustres*.[85] Da mesma maneira, a roda de plumas arvorada nas ancas, os colares de rosários, o crescente peitoral de ossos e os pingentes das orelhas — que poderíamos nos divertir comparando-os com aqueles que exibe Henrique III nos limiares da prosopografia — entram em composição para definir a pompa e a magnificência de um "traje" verdadeiramente real.

Ora, sabe-se pelo testemunho dos etnólogos que tais atributos não constituíam privilégio exclusivo dos chefes, mas eram partilhados pelo conjunto dos guerreiros. O único objeto que talvez tivesse preenchido a função de uma insígnia própria à dignidade principal seria o bastão ornado numa ponta por um buquê de plumas. Esse era ainda menos uma marca de autoridade do que um acessório de dança indispensável à celebração de certas festas, como o notou Alfred Métraux.[86] A menos que não se tratasse simplesmente nos dois casos da famosa clava, esquematizada aqui ao extremo e ornada com uma pequena gola de fina penugem, a qual era usada no combate e sobretudo quando do sacrifício ritual do prisioneiro. Quaisquer que fossem sua forma e sua definição exatas, é evidente que aos olhos de Thevet e de seu ilustrador esse instrumento preenche o ofício de um cetro, e por isso é colocado na mão direita do "meio-gigante". A simples proximidade, na galeria dos *Homens ilustres*, dessa figura exótica com o *imperator* César (Júlio César, primeiro imperador, VIII, 135), Suleimam, o Magnífico (VIII, 146) ou Carlos Magno (IV, 3) testemunha uma adaptação inteiramente notável da "panóplia etnográfica" do Brasil ao estatuto universal e atemporal de representação do Príncipe. Por ressemantização de enfeites, de resto bastante fielmente reproduzidos, o rei Cunhambebe atinge, assim, uma espécie de eternidade monárquica.

Marc Lescarbot, recorrendo a Jean de Meung, observava algumas distinções segundo regiões e épocas e fixava limites estreitos e exatos às prerrogativas do rei americano, que só o é, ele observava, ao tempo de uma guerra ou de uma expedição. Além disso, a exemplo dos antigos reis da Germânia evocados por Tácito, governa "antes pelo exemplo do que pelo comando".[87] Longe de guardar uma prudência de historiador e escrúpulos de comparatista, Thevet tende a perenizar o estatuto da monarquia indígena. Daí essas "conferências" ao fim das quais Cunhambebe é periodicamente convidado por Villegagnon e em que os dois soberanos — o vice-rei da França Antártica e o rei tamoio — debatem, na presença dos conselheiros, os ambiciosos planos de conquista:

> de vez em quando ele era chamado por nosso Chefe, para, conferenciando com ele, descobrir o que havia para capturar e procurar.[88]

É significativo ver o mito de Cunhambebe ganhar progressivamente em precisão ao longo dos anos. À época dos

Retratos verdadeiros, nada mais há de risível nele: merece figurar com plenos direitos na fileira dos *próceres*. De mais a mais, enquanto que não há em Thevet, à diferença do que se passa em Léry ou Théodore de Bry, uma visão única, homogênea e transparente do selvagem americano, separado, ao contrário, entre o insulto — preguiça, asneira, furtos incessantes — e o ditirambo — bravura e hospitalidade —, a imagem do chefe está lá para suprir essa falta patente de coesão simbólica. Na obra abundante do cosmógrafo, Cunhambebe aparece como um dos raros exemplares pelos quais a América adquire uma verdadeira individualidade e escapa dessa feita à ladainha heteróclita de qualificativos discordantes. Dito de outro modo, a relação com o outro é colocada por Thevet apenas no plano político do comando. O "rei" do Brasil — e não o índio de base, poder-se-ia dizer — é considerado por ele o único interlocutor válido, e isso ao preço da pequena "ficção" representada pela monarquia americana. Assim, portanto, se não há no "cosmógrafo dos quatro reis" um tipo geral de bom selvagem, análogo àquele cujo esboço se encontra na *História*, de Léry, ou nos *Ensaios*, de Montaigne, existe em compensação em sua obra um paradigma político que tem por nome Cunhambebe.

Concebem-se os mal-entendidos aos quais o turiferário de um chefe qualquer da confederação tamoia podia se expor. Léry replicará, a partir do ano que segue à publicação dos *Homens ilustres*, na terceira edição de sua *História* brasileira (1585), ridicularizando o "científico Cunhambebe",[89] esmaltado como um canteiro de flores de raras e improváveis virtudes. Seu "palácio" reduzir-se-ia de fato a uma "pocilga" e o vasto "território à sua obediência" em algumas braças de matos e florestas.[90] Do estrito ponto de vista etnográfico, não se duvida de que Léry tenha razão. Sabe-se hoje que a autoridade do chefe tupinambá não tinha a extensão presumida indevidamente por Thevet. Chefe de guerra antes de tudo, seguindo a interpretação já correta de Marc Lescarbot,[91] tinha sido escolhido em consideração à valentia e ao número de prisioneiros por ele capturados e imolados no banquete comunitário. Esse poder era, portanto, raramente hereditário. Fora das investidas guerreiras em que sua autoridade parece ter sido efetiva, o poderio do "rei" desaparecia em tempos de paz em meio a uma organização social das mais frouxas: o combatente retornava à maloca e à grande família colocada sob a autoridade de um venerável ancião.

Seria mesmo fácil de opor a Thevet suas afirmações encontradas em várias passagens, na *História de duas viagens*, por exemplo, em que os direitos do chefe limitam-se, de resto temporariamente, ao tanto de deveres. De acordo com um esquema que o etnólogo Pierre Clastres, a partir do caso vizinho dos guayaki do Paraguai, recentemente teorizou no modelo — algo idealizado — da *Sociedade contra o Estado*,[92] o chefe se define por sua atitude e por "fazer grandes provisões de víveres" para prover as necessidades do grupo. Aparece, então, tributário do conjunto da comunidade. A troca ocorre em detrimento dele: se comanda durante os breves períodos da guerra sazonal, isto é, em agosto, no momento da pesca de um certo peixe, e em novembro, à época em que o milho está maduro para a confecção do cauim, deve assegurar em contrapartida o aprovisionamento de seus homens e sacrificar suas reservas para eles:

> O resto desses coitados vão às suas aldeias para serem alimentados durante algum tempo às expensas dos senhores empreendedores.[93]

A chefia — e é o caso em particular entre os tupinambás — aparece então como um fenômeno intermitente, que se traduz, além disso, pelas obrigações de ordem econômica e militar — arengar e nutrir o grupo, estar à frente no combate — bem mais do que por reais e duráveis prerrogativas.[94] Em relação a isso, Pierre Clastres mostrou que o triplo privilégio do chefe, igualmente reconhecido por Staden, Thevet e Léry — a palavra oratória, a riqueza em víveres e a poligamia —, obrigava-o praticamente a uma contínua despesa discursiva, econômica e sexual, visando a provar a cada momento, por esse constante desperdício de forças, a "inocência" de seu poder.[95]

Léry nesse ponto era melhor etnólogo do que o cosmógrafo do rei de França. E, entretanto, talvez não tenha visto o essencial no propósito de seu adversário. Valorizar, no desprezo de toda verossimilhança, a pessoa e a função do rei da América equivale a considerar possível um projeto colonial de vasta envergadura. A homologia das estruturas sociais de ambas as partes e as concepções vizinhas da dignidade senhorial e da "eminência" reconhecida no "principal" dos selvagens são feitas justamente para facilitar uma tomada de posse pacífica. A monarquia índia representa o mito indispensável ao estabelecimento de relações de aliança com os novos povos e, em seguida, à instauração de uma jurisdição sobre seu território.

Parece, contudo, que o mito da monarquia índia excede, por suas implicações simbólicas, ao estrito utilitarismo de finalidade colonialista. Em Thevet, o uso político da ficção de modo algum exclui ressonâncias mais vastas, que fazem concorrer essa a uma visão global e periódica da história dos povos. Lembremo-nos de que o capítulo dos *Homens ilus-*

tres consagrado a Cunhambebe começa com um paralelo entre o Velho Mundo e o Novo, que tende à vantagem do segundo. Se a América, por certos aspectos, pode parecer menos policiada do que suas irmãs, a Europa e a Ásia, em contrapartida as supera tanto pela "amenidade e fecundidade da região" quanto pelas "graças" com as quais os habitantes estão ornados. Em outros termos, como o dirá mais tarde Montaigne, só falta a esse mundo criança um bom pedagogo, para que se efetuem as qualidades até então virtuais e que farão do educando o rival do mestre.

Thevet, cujo otimismo expansionista concorda bastante com a visão dos conquistadores, aprovaria seu contraditor Montaigne, quando esse profetiza:

> Esse outro mundo só entrará na luz quando o nosso sair. O universo cairá em paralisia; um membro estará impotente, o outro vigoroso.[96]

A "estupefação sem igual"[97] que toma o cosmógrafo ao espetáculo dos novos horizontes é inseparável da perspectiva de uma crise e de uma regeneração do mundo. Em virtude da tese da *translatio imperii*, cujo movimento efetua-se de leste a oeste, segundo o curso diurno do sol, a América representa o futuro da cristandade dilacerada e moribunda da Europa. Num tal contexto, o gigantismo atesta a juventude quase intacta do continente cujo processo de depauperamento está apenas iniciado. Enquanto que os gigantes do Velho Mundo remontam à época antediluviana e apenas subsistem — testemunha o corpo exumado em Saint-Germain-des-Près — no estado de ossadas esparsas,[98] os do Novo Mundo estão ainda bastante vivos.

Concebe-se, desde então, que uma figura como a de Cunhambebe seja encarregada de assegurar a manutenção da história. E o contraste é tanto mais surpreendente, na entrevista em Ruão representada por Montaigne a propósito dos *Canibais*, entre o vigoroso comandante brasileiro e a frágil criança coroada que reina sobre a França. Parece irreversível o movimento que vê a transferência do império — poderio político e vitalidade natural — de uma margem à outra do oceano.

Entretanto, convém nuançar um pouco essa perspectiva: o gigantismo americano é manchado de uma fundamental ambiguidade. Se efetivamente aparece na época presente como a remanência de um estágio anterior da humanidade, essa sobrevivência pode ser interpretada em dois sentidos absolutamente antitéticos. Ou se insistirá — e é o caso de Montaigne — nas possibilidades futuras de que esse mundo criança está cheio; ou se voltará a atenção para o caráter arcaico — e como tal monstruoso — desses povos que escaparam até então à evolução comum e cujo talhe desmesurado contradiz evidentemente esse "envelhecimento" universal a que se reduz o sentido da história. Em uma visão teocêntrica do mundo, esses gigantes representam de fato uma diabólica anomalia. E, de Pigafetta a Thevet, como explicar de outra forma, senão por uma manifesta exceção ao Dilúvio, a sobrevivência dessas criaturas titânicas que são os patagões?[99]

Pouco se duvida, com efeito, que os atletas encontrados por Magalhães nos limites austrais não sejam pais da geração criminosa que precedeu e causou por seus excessos a "inundação universal". O gigantismo torna-se nesse momento o sinal negativo pelo qual a superabundância do pecado e um orgulho blasfematório adquirem uma dimensão muito concreta. Ou, para seguir o raciocínio de Thevet, é devido à prova de uma confiança exagerada em sua força física e na matéria da qual transbordam que esses gigantes dos antípodas "são contemptores dos espíritos celestes, comendo e devorando os homens, em suma, entregando-se a todas as impiedades, nas quais se abandonaram os que tinham sobrevivido ao dilúvio".[100]

De que maneira conciliar esses dois mitos contraditórios, que coexistem, por exemplo, na obra do cosmógrafo, em que se encontram quase lado a lado o retrato elogioso do "grande rei" Cunhambebe e a pintura francamente pejorativa da "gigantaria" patagã?[101] De fato, a diferença do tratamento reservado aqui e ali às figuras igualmente imaginárias dos gigantes do Brasil e da Patagônia depende em grande parte da relação de comunicação em que elas estão situadas. O gigantesco patagão subsiste como tal ao não entretecer relações com o outro — nesse caso particular o conquistador vindo da Europa. Gigantismo negativo, pois nascido do exílio e mantido por uma separação secular. O "meio-gigante" Cunhambebe, ao contrário, resulta de uma contaminação da realidade etnográfica do Brasil pelos valores do Príncipe feudal diretamente importados do Velho Mundo. Ali onde o patagão é o fruto hipertrofiado de um entrincheiramento, o brasileiro aparece como o resultado de uma conjunção. Seu menor grau de "proceridade" — é no máximo um "meiopatagão" — indica bem o caráter híbrido dessa composição mítica. Intermediário entre os titãs demoníacos que sobreviveram ao Dilúvio e a humanidade debilitada do mundo em seu declínio, Cunhambebe é o meio-termo ideal para religar as duas metades do universo e restabelecer entre o futuro do homem e seu passado a unidade e a continuidade necessárias.

A OFICINA DO COSMÓGRAFO

A oposição entre o anarquista patagão e o monarca brasileiro se explica, portanto, em termos de relações de espaços. O recuo desses monstros de iniquidade aos confins extremos do mundo habitado compreenderia por si só a sobrevivência dos patagões no seio da idade moderna. Ou, se mantida a hipótese imanentista formulada por Girolamo Cardano em seu tratado *De Rerum Varietate* de 1557, o gigantismo desses povos longínquos seria o resultado da autoctonia e da autarcia:

> Vivia-se em uma mesma região, com os mesmos costumes, sem viajar nem acolher viajantes, de sorte que todas as qualidades, boas ou más, desenvolveram-se ao extremo.[102]

O clima frio da Patagônia favorecia a propensão dos habitantes a crescer; a ausência de abertura para o resto do mundo agravou essa disposição natural. Em compensação, as grandes descobertas, que induzem novos circuitos de trocas e desenclavinham, numa bela manhã de inverno de 1520, os planaltos da Patagônia, deveriam ter como consequência uma progressiva absorção das disparidades nascidas da autarcia. A viagem marítima compromete de todas as maneiras possíveis o gigantismo dos americanos: ele é ameaçado, do ponto de vista genético, pelo intercâmbio sexual, alimentar e microbiano. E, sobre o plano linguístico, está arruinado enquanto lenda suscitada pela distância e diferença das linguagens, desde o momento em que se instaura uma relação de comunicação.

De modo significativo, as diferentes versões da "invenção" por Magalhães dos patagões ressaltam a impossibilidade ou o fracasso do intercâmbio tentado pelos navegadores.

Ao fim de um breve embate, entremeado de parte a parte por flechadas e tiros de canhão, o gigantismo do bárbaro é preservado em seu isolamento. Os espanhóis reembarcam e se afastam dessas costas inospitaleiras onde se eleva, apenas avistado nas névoas do sonho, a silhueta do assustador patagão.[103] Com uma singular presciência, Girolamo Cardano descobriu, no intercâmbio generalizado em toda a superfície do globo, o princípio de uma *entropia* triunfante — a mesma da qual Claude Lévi-Strauss, quatro séculos mais tarde, deplorará os efeitos deletérios e uniformizantes.[104] Mas enquanto o autor de *Tristes trópicos* ali revela um empobrecimento inelutável do campo de pesquisa prometido ao antropólogo, desde então reduzido ao papel pouco desejável de *entropólogo*, os homens do Renascimento, como Cardano, só podiam regozijar-se dessa redução das distâncias e da simplificação correlativa do mundo. Ao esperar que se efetuasse esse lento trabalho de erosão dos extremos — e serão precisos 300 anos para que desapareça a "proceridade" fabulosa do patagão —, a geração do médico de Bolonha era capaz de contemplar, na sua profusa diversidade, a ordem inteira da humanidade enfim perceptível.

Isso se dá de modo totalmente diverso do mito do meio-gigante Cunhambebe, filho, e não vítima, da entropia crescente. Emblema e produto de um encontro, serve de colaborador — no sentido econômico e político do termo —, uma vez que não hesita em entregar aos conquistadores as chaves estratégicas de seu vasto reino. Declara Thevet:

> Era ele que nos aconselhava a tomar os rios, e ilhas que nos avizinhavam, e lá construir fortes para nossa defesa.[105]

Não é preciso mais demonstrar o papel ativo que ele tem na reunião das duas metades do mundo e seu alto talhe aumenta pelo prestígio que lhe confere o diálogo com o ocidental.

Compreende-se que o príncipe monárquico tenha sido para o cosmógrafo titular uma referência constante. Tendo por objeto a descrição universal do mundo e situado como tal na atitude de cortesão que faz ao rei a oblação das riquezas inumeráveis da Criação, Thevet pensa as relações entre nações sobre o modelo de intercâmbios individuais entre monarcas. Daí a "invenção" de Cunhambebe, que remete ao Príncipe da Europa, em uma anamorfose plausível, sua imagem travestida em Hércules ameríndio. No intervalo dessas figuras gêmeas, a lógica do favor e do contrafator poderá jogar plenamente, no sentido de uma expansão do poderio do monarca francês, destinado a englobar a um termo mais ou menos longo seu reflexo de além-oceano.

Ora, esse mito triunfante será rapidamente arruinado pela polêmica acesa novamente por Léry contra o cosmógrafo de quatro reis, logo recolocada pelas penas diligentes de historiadores como Urbain Chauveton ou Lancelot Voisin de La Popelinière. Não se duvida de que Léry e seus correligionários tenham nutrido algum ressentimento durável contra a emanação, qualquer que fosse, de um poder autoritário e coercitivo encarnado num só. Isso estaria testemunhado nos longos debates relatados no capítulo VI da *História de uma viagem*, cuja cartada parecia ter sido tanto política quanto teológica. Ao "tirano" Villegagnon, católico bastante tímido, mas cioso de ser o único senhor a bordo, e que terminará por precipitar três dos huguenotes recalcitrantes ao fundo da baía de Guanabara, opõem-se os 14 "genoveses", parceiros de uma direção colegiada da colônia do Refúgio. Em face de uma monarquia decretada ilegítima, a partir do momento em que rompeu com o Evangelho, desenha-se a fórmula de um consistório.[106] A querela toma rapidamente um viés mortal: recusando serem "súditos" do rei da França Antártica,[107] Jean de Léry e seus companheiros passam à rebelião aberta, regozijando-se de verem logo a carne e os "largos ombros" do cavaleiro de Malta "servirem de alimento aos peixes".[108]

Esse ódio da monarquia tirânica é encontrado na caricatura no mínimo insistente do Cunhambebe de Thevet. Evidentemente, não é por capricho que Léry tomou por cabeça de turco favorita o "meio-gigante" de Ubatuba, digna contrapartida do atlético Villegagnon à estatura de ciclope. Cunhambebe encarnava aos olhos de Léry uma concepção inaceitável dessa sociedade indígena da qual o pastor alimentou longamente a nostalgia e que representava para ele, a despeito dos sortilégios de Satã dispersos por toda parte, uma última parcela do Éden. Na utopia brasileira da *História*, não há lugar para o monarca índio.

Léry várias vezes acentua o papel dos antigos, que exortam os seus à vingança em intermináveis arengas[109] e conduzem a tribo quando de suas migrações em direção a uma outra área de cultura ou ao território dos inimigos.[110] Fazendo isso, confunde deliberadamente duas instâncias que Thevet tinha tomado o cuidado de distinguir: o chefe militar, que é, segundo o cosmógrafo, um homem em pleno vigor da idade, e o "velho", que representa um pouco o papel do sábio e de quem a grande família reunida na maloca escuta os discursos belicosos.

Essa confusão permite a Léry rejeitar não só a pessoa por demais embaraçosa de Cunhambebe, mas ainda a função específica que esse ocupava no microcosmo tamoio tal como

Thevet o havia representado. Léry não perde uma ocasião de lembrar a inexistência funcional da instância dirigente. Nenhum "marechal de campo", nem "outro que de modo geral comande os acampamentos",[111] note-se a propósito da longa marcha que, "sem ordem, e entretanto sem confusão", conduz o conjunto do grupo, homens armados do arco e da clava, mulheres acabrunhadas sob o peso dos sacos de carga e das crianças, em direção ao lugar de combate. De modo que se constrói uma utopia social e militar em que a comunidade, ainda que privada de ordens e de chefe, apresenta uma admirável coesão e executa a manobra com um perfeito conjunto. Só o oxímoro seria capaz de traduzir esse estado miraculoso de "anarquia não anárquica".

A sociedade dos *Toüoupinambaoults*, se se crer em Léry, repousa sobre um princípio igualitário, se bem que não exista "entre eles nem reis nem príncipes" e que todos os guerreiros são "tanto uns quanto outros quase também grandes senhores".[112] Não se saberia opor um desmentido mais flagrante à ficção thevetiana do "grande rei" Cunhambebe.

Na hipótese de Léry, o mito da monarquia índia seria proveniente de um mal-entendido. É um simples erro de tradução que, a princípio, teria suscitado a fantástica opinião do monarca índio. Um intercâmbio dialogado do *Colóquio de entrada ou chegada à terra do Brasil [...] na linguagem selvagem e francês*[113] propõe substituir o termo "frustratório" de "reis" pelo de "pais de família". Essa mesma expressão é encontrada em Léry nos contextos de acolhida e hospitalidade em que o "velho" abre ao estranho a sua casa, oferece-lhe bebida e alimento e por vezes mesmo sua filha.[114] O *mussacá*, nas funções de anfitrião generoso e atencioso — e vê-se que essa figura terá uma longa posteridade, ao menos até o

Thaitien de Diderot —, recolocou o assustador *morubixaba* caro a Thevet, cuja autoridade trovejante — uma espécie de Júpiter canibal —, longe de se restringir à sua pequena família, estender-se-ia-se a todo um povo. Se o "pai de família" finalmente suplantou o chefe, é que, de Thevet a Léry, a célula familiar eclipsou o Estado. Ao sistema monárquico, encarnado e magnificado na pessoa do gigantesco rei Cunhambebe, substituiu o círculo íntimo e doméstico que reagrupa em torno do pai a mãe e seu filho. A eloquente imagem dessa restrição espacial e sociológica é oferecida pela primeira gravura encontrada ao se folhear a *História de uma viagem* e cujo título poderia ser: "Família brasileira a la ananás".[115] Enlaçando ternamente o guerreiro nu armado de arco e flechas, a mulher tupinambá, situada em ligeiro recuo, arvora na tradicional cinta de carga uma criança gorda e bochechuda. O ananás em primeiro plano e as frutas da árvore "anona" numa copela, a rede ao fundo da composição conferem a essa idílica cena de gênero o toque de exotismo indispensável.

Imagem edênica e também totalmente fictícia no que concerne à *terribilitá* do rei canibal, essa xilogravura testemunha uma visão seguramente mais moderna do americano cujas sequelas não terminaram de encantar o espaço de sonho arranjado pela antropologia contemporânea, na margem de seu campo de investigação. Prova disso seria a consideração gozada, hoje mais do que nunca, pela *História*, de Léry. Não se pode ver um prolongamento direto da iconografia leryana nesse extraordinário clichê fotográfico que o autor de *Tristes trópicos* intitulou precisamente "Intimidade" e que nos mostra, reagrupada numa cumplicidade feliz e sorridente, a família nambikwara?[116]

Léry eclipsou Thevet, assim como a família brasileira solapou o prestígio que o cosmógrafo teria querido conferir ao improvável "meio-gigante". Entretanto, na ocultação correlativa do político, já sensível em Léry e depois reconduzida pelos etnólogos modernos,[117] conviria perceber os estigmas de uma consciência infeliz face a um mundo que, desde os anos de 1555-1565, após os fracassos repetidos da França na América e por um tempo ao menos, não se estava mais a conquistar, mas a sonhar no modo inefável da nostalgia.

CAPÍTULO V Cartográficas: uma experiência com o mundo

> Escrever não tem nada a ver com significar, mas com medir terrenos, cartografar, mesmo regiões futuras.
>
> Gilles Deleuze e Félix Guattari,
> *Rhizome (introduction)*, Paris,
> Minuit, 1976, p. 12.

A UNIDADE DA COSMOGRAFIA: A LIÇÃO DE GUILLAUME LE TESTU

Por volta da metade do século XVI, a palavra "cosmografia" encontra uma voga indiscutível: é encontrada tanto entre os técnicos da ciência náutica, desprovidos de "letras" e expressando-se num francês aproximativo, como o português João Afonso, chamado "Saintonge",[1] quanto entre os doutos renovadores da ciência geográfica antiga, tais como Waldseemüller, Peter Apian ou Sebastian Münster.[2] O descrédito que mais tarde atingirá esse conceito deve-se, talvez, por não ser socialmente discriminatório: reúne aleatoriamente, colocando-os em pé de igualdade, pilotos e "marinheiros" incultos, que sabem pilotar por estimativas, traçar portulanos e às vezes até elaborar mapas-múndi, e os autênticos eruditos de gabinete, que trabalham com documentos, contrapõem os novos relatos aos tesouros de suas bibliotecas e se esforçam em atualizar as antigas compilações.

Há a esse respeito um reemprego característico: na epístola dedicatória de sua *Cosmografia universal*, atlas ornado de iluminuras sobre velino acabado "no quinto dia de abril de 1555 antes da Páscoa",[3] o piloto do Havre, Guillaume Le Testu, retoma, para se dirigir ao Almirante Gaspar de Coligny, uma grande parte da dedicatória da *Cosmografia do Levante* a François III de La Rochefoucauld. A passagem é introduzida pela questão retórica:

> Quem é o novo cosmógrafo que, após vários autores de grande renome, tanto antigos quanto modernos, quis empreender e inventar coisas novas.[4]

Em relação ao seu predecessor, Le Testu limitou-se a suprimir a referência pedante ao lendário Anacársis, cujas longas viagens tornaram-no mais sábio do que os maiores filósofos gregos.[5] Mas já se percebe que nessa retomada sem restrição a palavra "cosmógrafo" mudou de sentido. Uma vez que é comum a duas ocupações distintas, a do franciscano girovago e a do capitão experiente na arte náutica, passa sem dificuldades de um personagem ao outro.

A resposta, de caráter tópico, é também emprestada palavra por palavra de Thevet, que evocava com otimismo a imensa natureza, recriada de tempos em tempos por uma Providência generosa, cuja ação suplanta sem cessar os tímidos esforços do conhecimento humano. O elogio da cosmografia transforma-se num hino à *Natura naturans* e à expansão do saber sobre o mundo:

> Mas lhes responderei que a natureza não é tão restrita ou sujeita aos escritos dos antigos que tenha perdido o poder e a virtude de produzir coisas novas e estranhas, outras coisas além das que escreveram.[6]

Mesmo se a pequena estocada endereçada aos antigos pouco diligentes e tristemente incuriosos lembre o *Angoumoisin*, é inegável que o *topos* pareça mais bem situado à entrada do atlas oceânico de Le Testu do que no começo da compilação levantina do franciscano.

Antes da divisão do trabalho que será habitual a partir de Ortelius e da escola de Antuérpia, precisamente no momento em que o conceito se torna desusado, a cosmografia supõe ao mesmo tempo um esquema matemático e uma instrumentalidade técnica. Do mesmo modo que a palavra portulano recobre dois objetos distintos e complementares: a carta-portulano e o roteiro-portulano (o *portolano* propriamente dito), poder-se-ia dizer que a cosmografia se desdobra em uma cartografia — o mapa-múndi ou atlas, que corta o mapa-múndi em fatias — e um livro, que é uma compilação das histórias no quadro tetrádico dos quatro continentes. Nesse sentido, como bem o percebeu Michel Mollat,[7] a dupla mapa-múndi-cosmografia é a herdeira da dupla homóloga e anterior constituída pela carta-portulano e pelo roteiro-portulano. Essa nova díade é envolvida globalmente sob o título de cosmografia.

Desse mesmo modo Thevet, assim como antes dele Münster ou Postel, se quis tanto cartógrafo quanto geógrafo. E os mapas — especificamente o da França, hoje perdido — são a parte de sua obra por mais tempo citada e considerada. Seu valor de uso, parece, enfraqueceu apenas lentamente, enquanto que o lado "literário" da cosmografia cessou de ser lido muito cedo. Se Thevet ainda é lembrado à época clássica, isso ocorre em grande parte graças aos mapas e planos que levaram seu nome. O ilustríssimo cardeal Francesco Barberini e, mais tarde ainda, o bibliotecário do rei Jean-Baptiste Bourguignon d'Anville não desconsiderarão pesquisar, e mesmo copiar, as pranchas dispersas do *Grande insular* inédito.[8]

Sabe-se, sobretudo, que a empreitada de Thevet leva inteiramente — ou não — a um atlas: precisamente o *Insular*, inacabado e logo desmembrado, que é sem dúvida alguma a mais original de suas produções livrescas. Começado uma quinzena de anos antes de sua morte, é anunciado em vários capítulos dos *Homens ilustres*, de 1584.[9] Tributário dos *isolarii* venezianos de Benedetto Bordone e de Thomaso Porcacchi da Castiglione, prolonga o princípio de uma enciclopédia em forma de arquipélago até os limites do possível. Cerca de 200 ou 350 mapas de ilhas, "tanto habitadas quanto desabitadas", que o preenchem, e dos quais um bom terço foi conservado, são repartidos mais ou menos igualmente entre o oceano (t. I) e o Mediterrâneo (t. II). Ou, se conservarmos a imagem do mundo cara a Thevet, esse conjunto se distribui entre o Mediterrâneo oceânico, recentemente aberto e reconhecido pelos navegadores modernos,[10] e o antigo mar interior, ao qual aproximadamente se limitavam as audácias náuticas de gregos e latinos.

Ora, o *Grande insular* é também um roteiro. Thevet, que ali se alimentou da matéria de itinerários marítimos emprestados tanto de Alexander Lindsay, *via* Nicolas de Nicolay, quanto de Pigafetta e de João Afonso de Saintonge,[11] intitulou seu último trabalho *O grande insular e pilotagem*. Por isso mesmo, a *cosmografia bifronte* reencontra, ao termo de sua evolução em Thevet, seu duo ancestral: a dupla *portolano-compasso*. Isso, que aparece como um retorno às origens da evolução cartográfica do Renascimento, deve antes ser considerado a realização de um ciclo. Com efeito, o *isolario*, ou atlas exclusivamente composto de ilhas, resolve à sua maneira, por mais elementar que seja, uma das maiores dificuldades colocadas pela construção cartográfica do globo. Pelo

> D'André Thevet fut telle l'apparence
> Qui le premier cheminant l'vniuers
> Courut Europe, Afrique, Asie immense
> Premieres pars de ce Monde diuers
> Et vid encor l'autre terre quembrasse
> Le Ciel vouté sous l'Antarctique Gond
> Et, le feist voir ainsi qu'il se compasse
> Descrit et peint dedans son Globe rond

Retrato de André Thevet como "insulista" por Thomas de Leu, Anvers, *circa* 1586. Esse retrato, destinado, ao que tudo indica, aos limiares do *Grand insulaire et pilotage*, pode ser datado do mesmo ano que os mapas gravados em talho-doce para essa obra. Nota-se aí, tal como no frontispício descoberto por Marcel Destombes, o Mediterrâneo atlântico fechado por uma ampla "Terra austral". Biblioteca Nacional, Gabinete das Estampas, Res. 7661 (Robert-Dumesnil 495.2).
Clichê da Biblioteca Nacional.

DE LA COSMOG. Fo. IIII.

La Geographie.   **La Similitude dicelle.**

La Chorographie de la particuliere description dung lieu.

Horographie (comme dict Vernere) laquelle aussi est appellee Topographie, consydere ou regarde seulement aulcuns lieux ou places particuliers en soymesmes, sans auoir entre eulx quelque comparaison, ou samblance auecq lenuironnement de la terre. Car elle demonstre toutes les choses & a peu pres les moindres en iceulx lieux contenues, comme sont villes, portz de mer, peuples, pays, cours des riuieres, & plusieurs aultres choses samblables, comme edifices, maisons, tours, & aultres choses samblables, Et la fin dicelle sera acomplie en faisant la similitude daulcuns lieux particuliers, comme si vng painctre vouldroict contrefaire vng seul oyel, ou vne oreille.

La Chorographie.   **La Similitude dicelle.**

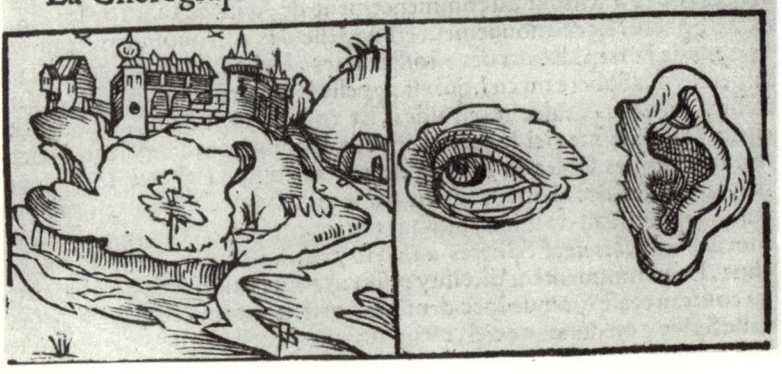

Pedro Apiano, *La Cosmographie*, Anvers, Gregoire Bonte, 1544, parte I, capítulo I: "Geografia, corografia e a similitude delas". *Clichê da Biblioteca Nacional.*

"Na cadeira de um navio, sob a lição dos ventos": o triunfo de Magalhães. Gravura de Hans Galle de acordo com desenho de Hans Stradan, inserido na obra *Americae pars quarta*, de Théodore de Bry, Frankfurt, 1594, pr. XV.
Clichê da Biblioteca Nacional.

Etienne Delaune, *Mêlée de guerriers nus*, gravura 7 da sequência *Combats et triomphes*, anterior a 1576. Frisa com fundo negro: 66 x 220 mm. BN, Estampas (Robert-Dumesnil, IX, 287; André Linzeler, 281). Essa gravura, na qual se reconhecem, por sua roda de plumas e sua maça características, os índios do Brasil, é inspirada em Thevet, *SFA*, f. 71v°, ou *CU*, II, f. 942 v°.
Clichê da Biblioteca Nacional.

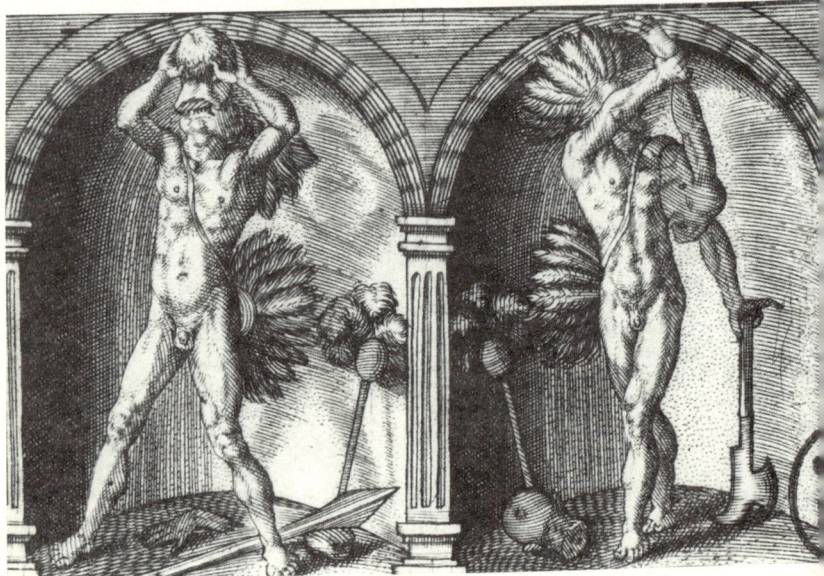

Antoine Jacquard, *Les divers pourtraicts et figures faictes sus les meurs des habitans du Nouveau Monde*, Poitiers (?), circa 1620, pr. 6: o canibal, do nu até o esqueleto, passando pela esfoladura. Maracás, maças e machado indígena de diversas origens. *Clichê da Biblioteca Nacional.*

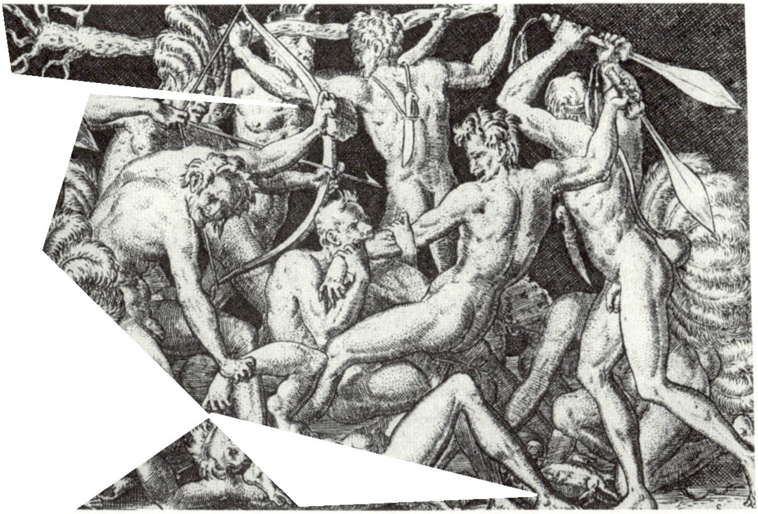
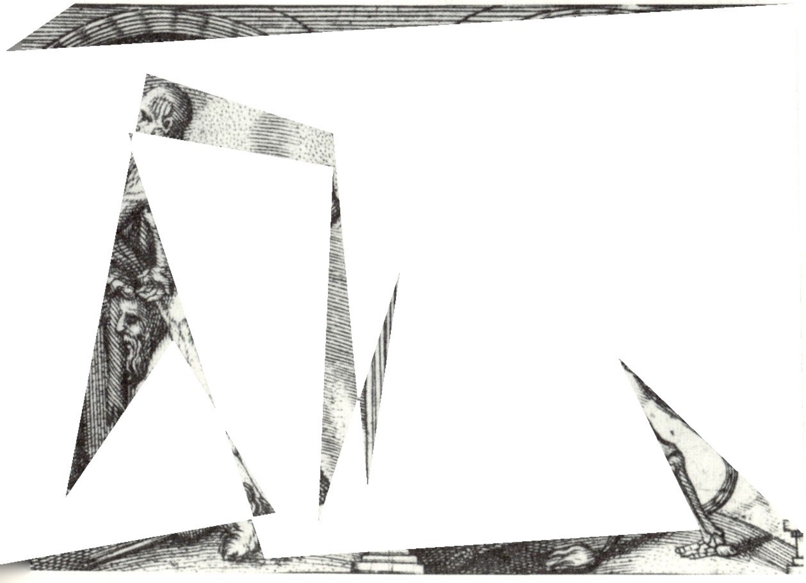

"Combates dos selvagens" ("Margajás e Tabajaras"), de acordo com André Thevet, *La Cosmographie universelle*, Paris, 1575, III, f. 942 v°. *Clichê da Biblioteca Nacional.*

"Como as amazonas tratam aqueles que elas capturam na guerra", de acordo com A. Thevet, *Les Singularitez*, 1557, f. 126 v°. Gravura retomada em *La Cosmographie universelle*, Paris, 1575, f. 960 v°, sob o título "Crueldade dessas mulheres guerreiras". *Clichê da Biblioteca Nacional.*

"Ardil de Quoniambec", de acordo com A. Thevet, *La Cosmographie universelle*, Paris 1575, II, f. 952 v°. Xilogravura: 140 x 162 mm.
Clichê da Biblioteca Nacional.

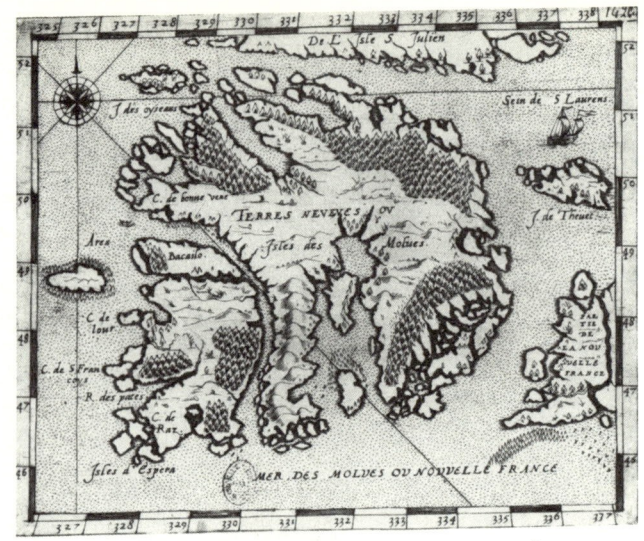

"Terras Novas ou Ilhas das Molues" (= morues).
Talho-doce (14,8 x 18,1 cm) proveniente do *Grand insulaire* de André
Thevet (BN, Ms fr.15452, f. 142 bis). *Clichê da Biblioteca Nacional.*

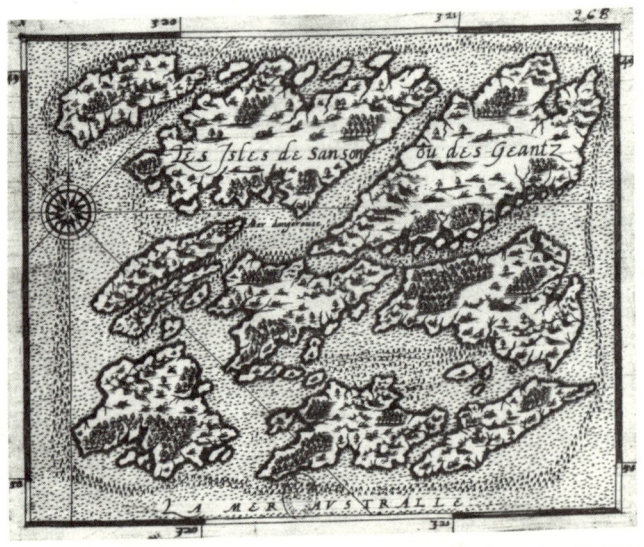

"As Ilhas de Sansão ou dos Gigantes", correspondendo certamente ao
arquipélago das Malvinas (atravessadas de fato pelo quinquagésimo
segundo paralelo). Mapa em talho-doce (14,9 x 18,1 cm), de acordo
com o *Grand insulaire* de André Thevet (BN, Ms fr.15452, f. 268 rº).
Clichê da Biblioteca Nacional.

esmigalhamento e parcelamento que autoriza, permite ultrapassar o hiato existente entre um sistema de projeção matemática e o revestimento aproximativo sobre esse esquema de anotação fragmentário e empírico. A montagem seria deixada de certa forma ao discernimento do usuário e do leitor.

Apenas esquiva-se de uma dificuldade para recair noutra. Sem um mapa de conjunto e sem um quadro de reunião das partes — e não podem substituí-las aqui as duas "meias-partes" setentrional e austral do mundo, situadas no início do manuscrito e muito esquemáticas — não se vê bem como o prático poderia fazer uso de um atlas assim recortado, em pedaços indefinidamente divisíveis e disjuntos.

Da mesma forma, ao espalhar em capítulos dispersos as sequências itinerárias completas, seguimentos de cabos, marcos, posições e profundidades, que extraiu de Lindsay, Pedro Garcia, Michel Coignet ou João Afonso, Thevet rompe a continuidade prática da navegação por isolar os vestígios esparsos numa mesma proporção de receptáculos insulares fechados sobre si mesmos. Distanciados e despedaçados, a Escócia, a península bretã e os grandes arquipélagos do Atlântico misturam seus fragmentos à deriva na brassagem universal de uma enciclopédia marítima em desordem.

Esse trabalho de insularização do itinerário náutico é constatado pelas passagens, por meio de dezenas de anotações à margem com as quais Thevet equipou os manuais de pilotagem em sua posse. No *Le grant routtier* de Pedro Garcia, por exemplo, o esquema que mostra a elevação das costas da "Lisle Dieux" (a ilha de Yeu, na Bretanha) é acompanhado de uma "Nota", enquanto a rubrica consagrada a "Groye" (Groix) é flanqueada pela menção manuscrita de *"isle"* [ilha].[12] A "Belle isle" da Bretanha (f. 55 v°) e a "isle d'Oleron"

(f. 64 v°) são igualmente objeto de "notações" à margem, marcas ou indicações dispostas de lugar em lugar para a comodidade do copista, por meio das quais Thevet, sem dúvida, se norteou ao preparar o trabalho. Da mesma forma, o exemplar das *Voyages avantureux*, de João Afonso, conservado na Reserva da Biblioteca Nacional, repete a inscrição de "ilha(s)" em face da ilha de Ferro ou Hierro, no arquipélago das Canárias, da *"Terre-Neufve"* [Terra Nova], Trinidad, ilhas Hyères, São Lourenço ou Madagascar e Ceilão.[13]

Fato notável: Thevet possuiu um segundo exemplar dessa obra, que rabiscou de maneira ainda mais prolixa, passando do deslumbramento à franca ironia e mesmo ao desprezo mais ferino. Essas *marginalia* desenrolam aos nossos olhos um diário de seus humores: "coisa muito falsa, diz Thevet" (f. 28 v°), "de modo algum" (44 v°), "Thevet diz que é falso" (46 v°), "Aleluia, tudo é falso" (62 r°), "não dizes bem bom homem" (63 v°). Essas apóstrofes pouco delicadas alternam-se com a palavra "ilha(s)" repetida página a página, rubrica que tira do texto o elemento essencial.[14] O manual do Capitão Coignet, de publicação e, portanto, de aquisição mais tardias, em que as intervenções do cosmógrafo se fazem mais raras, comporta todavia a dupla menção de "ilhas dos Açores" e de "ilhas Canárias".[15]

No pequeno Pigafetta da Biblioteca *Méjanes*, narrativa de viagem que é também um guia de navegação, a profusão insular é sobremodo significativa. Nesse opúsculo, impresso em Paris, por volta de 1526, por Simon de Colines, o cosmógrafo balizou sua leitura com a menção lapidar de "ilhas", repetida em mais de 20 retomadas nas margens.[16] As apreciações vexatórias, tais como "loucura", *"falsum est"* ou *"nichil est"*,[17] e que são como que a marca distintiva do cosmógrafo que envelhece,[18] coexistem nessa leitura em modo de arquipélago com o conjunto de ocorrências insulares. Minando a autoridade constituída com seus ataques pontuais, Thevet separa as ilhotas descritivas que julga úteis ao próprio trabalho de reunião. Usando uma imagem bastante exata, poder-se-ia dizer que da trama linear da viagem de Magalhães reteve apenas a pontuação. Ora, como se verá, é jogando, no interior do discurso geográfico, com essas articulações naturais que são as ilhas que, bem antes de Thevet, o piloto Guillaume Le Testu constrói a ficção cosmográfica de um mundo sem lacuna e perfeitamente cognoscível.

A IMAGINAÇÃO A SERVIÇO DO MAPA

São conhecidas as lendas maledicentes que circulam acerca de Thevet: Jacques-Auguste de Thou denunciava-o pelo uso indigno dos "guias de caminhos" e outros livros "que estão nas mãos do povo".[19] Peiresc ironizava suas "figuras de ilhas" feitas "ao prazer" e traçadas segundo o capricho de visitantes inoportunos e zombeteiros.[20] De fato, parece que a prática de Thevet em matéria de cartografia se situa, em uma certa medida, na norma admitida por volta do meio do século XVI. A arte do cosmógrafo recorre por necessidade a materiais díspares, muito frequentemente de humilde extração, e deixa o campo livre à astúcia inventiva do manipulador.

A primeira necessidade de montagem, como se viu, é o enxerto do empírico no teórico. Para manter seu atlas em dia, o cosmógrafo é levado a integrar fragmentos de desenhos sem escala, balizados por linhas de rumo únicas, ao esquema da esfera armilar ou à grade de projeção geométrica da esfera no plano. A segunda necessidade é a articulação das partes, de proveniência heterogênea, com o todo pré-construído do mapa-múndi.

O primeiro incômodo pode ser resolvido por um artifício bastante sumário: a simples sucessão de folhas ao longo do atlas. É assim que Guillaume Le Testu justapõe a uma série de projeções, no início de sua *Cosmografia universal* (figuras I a VI), os planos portulanos sem gradações de longitude. Os diversos esquemas de construção do globo — segundo um triângulo esférico, em projeção polar boreal, seguindo um esquema longitudinal simétrico, sob a forma de um "frasco de vidro bem redondo", ou em projeção estrelada, quatro fusos iguais que divergem a partir do círculo ártico — precedem 50 mapas planos orientados com a rosa dos ventos, nos quais é impossível definir os limites, uma vez que apenas comportam uma escala de latitudes e uma escala de lugares para a medida das distâncias.[21] Cabia ao usuário juntar os pedaços do quebra-cabeça e relacionar à sua escolha a um ou a outro os modelos geométricos propostos na introdução!

A disposição oferecida pelo *Isolario*, de Thomaso Porcacchi da Castiglione, um dos modelos seguidos por Thevet em seu *Grande insular*,[22] é bastante semelhante. Os mapas insulares, desprovidos de escala e esquemas de projeção, estão orientados apenas sumariamente por uma rosa dos ventos ornamental situada num dos cantos do plano. Em alguns deles, Taprobana e Molucas,[23] a linha "equinocial" é figurada atravessando a composição, ou ainda, como no mapa de Cuba, é o trópico de Câncer que margeia a costa norte da ilha.[24] Pela reunião do arquipélago universal, o leitor tem à disposição apenas duas tábuas muito esquemáticas ao fim do volume. A primeira, intitulada "mappamondo", representa o esquema da esfera em projeção longitudinal simétrica. É sobre esse único documento que figura um entrelaçamento completo de paralelos e meridianos.[25] O último mapa da coletânea, uma "*Carta da navigare*", percorrida por linhas de rumo e graduada em latitude, pretende destinar-se sobretudo ao uso prático do navegador. Um manual ensina, aos cuidados do bom piloto, como traçar a rota e manter a direção. Mas é pouco provável que esse planisfério de formato reduzido, com correntes de vento encavaladas, tenha sido de alguma utilidade ao homem do mar. Parece bem mais que esse último mapa universal serve a Porcacchi de álibi técnico. Ao mostrar ao profano deslumbrado a eficácia do documento cartográfico, entrega *in extremis* a justificação da coletânea. O apelo ao "peota buono" estende-se ao verdadeiro destinatário do atlas, conferindo-lhe em tudo a autoridade mais eminente.[26] Thevet não agirá de outro modo quando multiplicar os apartes sibilinos aos cuidados do "marinheiro" experiente, ao longo de uma exposição heteróclita, cujo beneficiário pode ser globalmente apenas o leitor profano e benévolo, apreciador de coisas raras e singulares.[27]

Já Cristoforo Buondelmonti, o fundador do gênero fecundo do *isolario*, logo ao início do século XV, pouco se inquietava com a exatidão e em fornecer ao homem do ramo uma informação segura. O *Liber insularum* era dirigido antes de tudo a uma clientela de sedentários, aos quais era oferecida essa viagem por procuração por meio das ilhas do arquipélago — do mar Egeu —, pretexto para redesenhar, de maneira esporádica e variada, as lendas da mitologia clássica e os fastos abolidos de uma história duplamente milenar.[28]

No *Grande insular e pilotagem,* Thevet adota uma disposição sob vários aspectos semelhante à dos predecessores longínquos ou imediatos. Os cerca de 300 mapas de ilhas são precedidos — ou deveriam ser precedidos, se a obra tivesse sido impressa — de dois mapas dos hemisférios boreal e austral em projeção polar. Cada uma dessas "meias-partes" do mundo compreende uma escala aos "graus de latitude" e uma outra, que se expande como um leque a partir de uma linha mediana, aos "graus dos paralelos e longitudes".[29] O Zodíaco foi repartido em dois contornos semicirculares, do Carneiro à Virgem pelo hemisfério boreal, "das" Balanças aos Peixes pela "meia-parte austral". Oito ventos semelhantes a bonecos rechonchudos completam a orientação desses semimapas-múndis e bandeirolas de nuvens preenchem os ângulos mortos da folha. Esses dois mapas manuscritos, situados no início do primeiro tomo, não contêm, longe disso, a totalidade das centenas de ilhas descritas a seguir, mas permitem ao menos situar com uma certa precisão os principais arquipélagos do oceano, tais como as "ilhas Espanholas" ou Grandes Antilhas, as Canárias, as "ilhas Molucas", divididas pelo círculo equatorial, ou as "Terras Novas", acervo pulverizado que obstrui o estuário do São Lourenço. Se a "Terra Austral", de proveniência portuguesa e que se estende aqui do estreito de Magalhães ao "mar das Molucas", projeta uma língua de terra até quase tocar a "Grande Java", essa aparece também sob sua forma insular, separada por um braço de mar da "Taprobana", ou Sumatra. Estão figuradas ainda as ilhas de São Lourenço ou Madagascar, da "Nova Guiné", no contorno inacabado em direção ao sul, e de "Borne", ou Bornéu.

Esse enquadramento cartográfico em díptico é completado por duas representações em escala muito pequena. Trata-se em primeiro lugar de um mapa do Atlântico com a orientação do norte à esquerda e inscrito, no alto do frontispício, numa moldura oval sustentada por duas figuras alegóricas, Hércules — reconhecível pela clava e pela pele de leão que o recobre — e Atlas, que mantém a esfera celeste à esquerda. Esses personagens estão instalados na proa e na popa de uma galera carregada de instrumentos náuticos.[30]

Destinado igualmente a figurar no *Grande insular*, o retrato de Thevet, feito por Thomas de Leu, como "insulista" de barba bifurcada inclui também um elemento de cartografia geral. A mão esquerda, que segura o compasso, repousa sobre o globo terrestre.[31] Cercados pela Europa, África e América, todos os três continentes montanhosos e cobertos de florestas, o Mediterrâneo atlântico e seu prolongamento pacífico, de águas cuidadosamente divididas, aparecem fechados ao sul por uma vasta "Terra Austral". Essa configuração, já perceptível no mapa hidrográfico do frontispício, harmoniza-se com as concepções de Thevet, esse amigo da Espanha hostil ao "mar aberto" dos ingleses Frobisher e Hakluyt.[32]

Essa tetralogia cartográfica situada no início da obra — oceano oval incluso no frontispício, globo que acompanha o busto do cosmógrafo e mapas gêmeos dos dois hemisférios — não constitui, isso é evidente, um equipamento suficiente para assegurar a coesão e a eficácia prática do atlas insular. O quadro de reunião é incompleto e, atrás do aspecto monumental e metódico da fachada cosmográfica que acabamos de descrever, o transbordamento do arquipélago universal arruina toda tentativa de ordenamento ou mesmo de simples medição.

Entretanto, em cada um dos mapas, Thevet se esforçou por conjurar esse risco de distanciamento e deriva inerentes ao projeto do *isolario*. Cartografia matemática e cartografia prática não estão só justapostas no grosso do atlas, religam-se a cada momento do percurso.

Centrados em geral numa ilha, e mais raramente num arquipélago, os mapas do *Insular* têm formato reduzido (15 x 18 centímetros) e reproduzem as migalhas do universo em grande ou média escala. Estão construídos, a exemplo dos portulanos, numa rede de rumos irradiados de uma rosa dos ventos: seu uso, como o repete incansavelmente Thevet, se quer prático. Longe da geografia de gabinete, eles são destinados ao bom piloto que já interessava a Thomaso Porcacchi. Em consequência, as linhas de direção norte-sul não são meridianos geográficos, mas magnéticos. Esses mapas, desenhados e gravados por volta de 1586, representariam nesse sentido um estágio arcaico, claramente aquém da inovação decisiva introduzida em 1569 por Mercator no célebre planisfério em projeção cilíndrica isogônica, em que as curvas loxodrômicas estão integradas ao sistema do "mapa plano".

Porém, logo torna-se claro que os mapas do *Grande insular* combinam dois modos de construção heterogêneos. Por colagem, o cosmógrafo justapõe o espaço do portulano com seu esquema, que define as áreas de vento, e, nas bordas do mapa, sem ligação aparente com o *marteloire* ou pano de fundo marinho, uma dupla escala graduada de latitude e longitude que pertence, propriamente falando, a um sistema de projeção geográfica. No caso dos dois mapas da Terra Nova, por exemplo, percebe-se distintamente a espécie de ruptura que reina entre o esquema inicial de linhas encurvadas em direção à esquerda ou à direita — indícios, parece, de um modo de projeção polar cônico — e o próprio fundo do mapa, varridos por linhas de rumo sem continuidade nem ligação com o esquema graduado.[33] De mais a mais, as retas irradiadas a partir da rosa dos ventos manifestam-se em contradição com a clara curvatura dos meridianos e dos paralelos, nos quais duas breves secções são delineadas ao alto e embaixo, à esquerda e à direita, no contorno do documento.

Ao efetuar tal bricolagem, o cosmógrafo faz conjugar uma cartografia prática, extraída da ciência dos navegadores, e uma cartografia mais teórica, que subordina os dados da experiência a um método rigoroso de construção geométrica. Ao realizar assim, por aproximação grosseira, a unidade ainda problemática do saber sobre a Terra, Thevet pretende se ver reconhecer uma igual competência nos domínios até então disjuntos da cosmografia teórica e da arte de navegar. Como bem indicava o duplo título de seu atlas de ilhas, essas duas ambições são inseparáveis nele: de um lado, fazer uma obra de erudito e tornar-se o igual de um Mercator ou de um Ortelius, aos quais se sabe que solicitou aprovação,[34] e além disso, dialogar em pé de igualdade com os capitães mais famosos da época, Jacques Cartier ou João Afonso de Saintonge, zombando com a mesma naturalidade que eles das dificuldades da ciência náutica e pretendendo falar no mesmo jargão.

A bricolagem cartográfica que acaba de ser descrita não é só o resultado de uma síntese prematura e desajeitada entre teoria e prática; é também o efeito de uma determinação geral que pesa sobre a geografia da aurora dos tempos modernos — a saber, que um dado mapa jamais é estabelecido sobre novidades, mas que herda sempre de mapas anteriores uma parte não negligenciável, e até preponderante, de sua informação. No melhor dos casos, integra os novos dados a uma forma ou a um contorno recebido. A questão da montagem encontra-se, portanto, neste estágio: os riscos de arbitrariedade são grandes, quando se trata de enxertar o traçado costeiro de uma terra recentemente descoberta num conjunto já constituído e que, além do mais, já está "preenchido". Daí os deslocamentos, a transferência necessária de partes cartograficamente existentes e de inevitáveis trâmites. Esse problema junta-se ao precedente: é preciso ainda, e sempre, assegurar uma ligação arbitrária entre um todo geometricamente construído, ao qual se postula que a forma é primeira, e as partes que vêm em seguida, no ritmo variável do progresso das navegações e de sua divulgação, integrar-se ali.

Definitivamente não será surpresa ver triunfar, nesse avatar tardio e bastardo da cosmografia que é o insular universal, a arte da bricolagem em todos os estados.[35] A espacialidade vaga terá por corolário os anacronismos cartográficos. Marco Polo coexiste frequentemente com Magalhães e Jacques Cartier. O mapa não possibilita ver um estado do mundo num momento preciso, mas um mosaico de traçados cuja cronologia pode se estender por vários séculos, tudo reunido num espaço flutuante. Essas derivas ao mesmo tempo espaciais e temporais conferem ao mapa dinamismo e valor prospectivo. Pintam-se não só as terras efetivamente reconhecidas, mas também as que restam a descobrir. Esse princípio é geralmente aplicado pela escola de cartografia de Dieppe, digna herdeira da tradição portuguesa: a cosmografia tem horror ao vazio.

Um mapa, nessa época, não pode comportar buracos (é verdade que tem bordas), salvo para mascará-lo com uma moldura ou pela imagem de criaturas fabulosas. O mapa-portulano de crescimento indefinido e o mapa-múndi global unem-se nessa plenitude gráfica. A cosmografia não antecipa só a própria teoria, "montando" arbitrariamente os traçados de marcos e cabos numa estrutura vazia; fabrica todas as peças dos territórios para cobrir as lacunas da esfera. É assim que, após muitos outros, o Capitão Guillaume Le Testu, cuja imaginação se alimentou talvez da *Chronique de Nuremberg* (ou *Schedelsche Weltchronik*), povoa de blêmios, ciópodos e arimaspos as profundezas míticas da Ásia e da África. Sem dúvida essas *mirabilia*, que permeiam a *Cosmografia universal*, de 1556, provêm em linha direta dos mapas-múndi medievais. No início do século XII, o cônego Lambert de Saint-Omer, no mapa-múndi que ilustra o *Liber floridus*, preenche a Ásia, a tradicional "terra das maravilhas", com um bestiário fabuloso emprestado tanto do *Physiologus* quanto de Isidoro de Sevilha, e que vai do elefante ao leão, passando pela fênix, figura do Cristo ressuscitado. As mais repulsivas dessas criaturas lendárias são lançadas aos confins do mundo habitado, como as ferozes amazonas que povoam as extremidades setentrionais da Cítia ou as serpentes, os dragões e "crocodilos" que infestam os ermos tórridos da África, esse continente fértil em monstros e do qual se sabe que produz sempre alguma coisa de novo.[36]

Ainda para Le Testu, que alega de resto a autoridade de Marco Polo Veneziano e aquela, mais recente, de "Américo de Vespúcio Florentino",[37] a África abriga cobras de 700 pés [200m] de comprimento, capazes de engolir cabras e bois, basiliscos que matam o homem com seu olhar único, sátiros, blêmios ou "homens sem cabeça", cinocéfalos e "colópodos".[38] O combate entre pigmeus e grous está reproduzido na "*India extra Gangem*", enquanto ciópodos e cinocéfalos saltam ao lado do Himalaia.[39]

Porém, nessa moderna *Cosmografia* náutica, essas maravilhas não representam inteiramente o papel que lhes cabia na cartografia teológica e moral da Idade Média. O mundo de Le Testu perdeu coerência simbólica e acabamento geográfico. As criaturas fabulosas do atlas universal ganham desde então em pitoresco aquilo que perdem de sentido alegórico. Para além da evidente qualidade ornamental, prestam tributo ao sacrossanto princípio da *varietas*. Entretanto, ainda designam os espaços a conquistar, numa Nova França povoada de homens com cabeça de cachorro ou javali, ou nas "ilhas dos Grifos", na proximidade da mítica "Terra Austral".[40]

Isso vale sobretudo para a área oceânica, aquela que interessa essencialmente ao navegador. Juncado de "baleias" que sopram colunas de água, percorrido por navios que arvoram o pavilhão com flores de lis ou armas do Almirante Coligny e ladeado por terras imaginárias, o oceano, além disso, acolhe em seu seio um improvável continente austral, povoado de selvagens ferozmente confrontados e visitado pelo unicórnio. Le Testu, que nisso se inspira, como também seus predecessores de Dieppe, em uma tradição cartográfica portuguesa,[41] de forma alguma busca camuflar a ficção que governa por grandes intervalos sua representação do mundo. "Todavia, isso que aqui marquei e desenhei existe apenas por imaginação, declare-se a propósito desta região austral, pois não houve ainda homem que disso tivesse feito descoberta segura."[42] Esse termo-chave, "imaginação", que se torna como que um *leitmotiv* nos comentários de Le Testu, anuncia essa "força da imaginação" descrita mais tarde por Montaigne[43] e cujo poderio aqui é tal que cria *ex nihilo* ilhas e impérios.

Na dúzia de mapas — de 57 compreendidos pelo atlas — em que se aplica em descrever a extensão dessa geografia fictícia, Le Testu de uma certa maneira toma a dianteira sobre os progressos futuros da ciência náutica. É "ao esperar que o conhecimento seja aqui mais certo" que marca e denomina cabos que não são talvez de forma alguma as premissas de vastos e profundos territórios, mas afloramentos esporádicos de escolhos vulcânicos ou atóis de corais.[44] Dessa maneira, os exploradores futuros poderão "se proteger quando tiverem a ideia de se aproximarem da dita terra".[45] A ficção é prospectiva, mas responde também a um uso prático imediato: poupará ao navegador o risco do naufrágio avançando prudentemente nas regiões do mar que escondem a sempre possível surpresa de uma costa abrupta e contínua.

Esse papel heurístico reservado à imaginação cartográfica não constitui sem dúvida uma novidade absoluta. Já Ptolomeu situava pela imaginação a ilha lendária de Thulé a 63 graus de latitude setentrional, a meio-caminho entre o paralelo de Rodes e o polo norte. A "invenção", balanço de hipóteses anteriores contraditórias, era destinada a deixar o caminho aberto a toda busca futura, ao mesmo tempo que respondia a uma "necessidade de simetria e simplificação".[46] Ilha-limite fechando o ecúmeno no setentrião, Thulé tinha, sobretudo, o mérito de se situar a igual distância, em longitude, do meridiano-origem das ilhas Afortunadas e do meridiano de Rodes e de Alexandria, que cortavam o mundo habitado em duas metades iguais.

Essa dupla função heurística e taxonômica é reencontrada em Le Testu, indiferente, talvez, ao espírito de geometria que anima o cosmógrafo de Alexandria, mas preocupado como ele em chegar a uma imagem completa, se não exata, do globo terrestre. A cartografia imaginária, que recomenda à atenção dos contemporâneos, permite, em última análise, como o diz e repete no patoá normando, "direcionar as peças" do atlas universal.[47] Preenchendo as lacunas do mapamúndi, as ficções insulares ou continentais — essa grande Java estendida até o polo sul e ligando-se à Terra do Fogo — suprimem toda a solução de continuidade entre os fragmentos heteróclitos de um atlas ainda em folhas soltas. O "encaixe" das peças relacionadas é facilitado nesse caso pelo caráter claramente flutuante dos espaços imaginários que se pode fazer derivar à vontade, a fim de que encontrem a posição ideal, na junção de dois mapas cujas escalas não corresponderiam exatamente ou cuja orientação deixasse a desejar. Em uma das 12 tábuas do atlas consagradas à "Terra Austral", Le Testu menciona o enigmático "cabo More" no oriente, especificando que "está assinalado apenas para direcionar as folhas deste livro".[48] Vê-se então como a ficção cosmográfica faz o papel de dobradiça no interior da cartografia "real", tanto quanto é possível distinguir claramente entre uma e outra. Isso não é só uma maneira de tapar buracos, mas uma verdadeira estrutura que articula as telas sucessivas da descrição do mundo.

Nessa etapa, a diferença entre Ptolomeu e esses longínquos receptores de herança que são Le Testu e Thevet é surpreendente. O remendo de Le Testu não visa só a criar a "boa forma" do mundo, esse *eusunopton* caro aos cartógrafos da Antiguidade.[49] A noção de harmonia universal, no Renascimento, certamente não abandonou a linguagem dos geógrafos.[50] Mas, mais do que a perfeição geométrica do corpo universal, o que importa para um prático como Le Testu são as fendas que estalam por todas as partes da antiga representação do cosmos. Ora, a cosmografia adquire dinamismo e mobilidade desses limites instáveis que se esgarçam em encaixes incertos e que variam de acordo com o grau da imaginação do elaborador de mapas e do progresso de suas viagens de longo curso. Desse jogo das partes do mundo entre elas nasce um espaço móvel em que o imaginário cartográfico e a eficácia conquistadora unem-se intimamente na invenção dos novos territórios.

FICÇÕES DAS TERRAS NOVAS

Construtiva e projetiva, a cartografia do Renascimento é assim política: especular a respeito dos contornos de uma terra desconhecida é incitar os governantes a possuírem-na. Vimos que a hipótese do continente austral, que reuniria Java "a Grande", e a Terra do Fogo à Antártica, é de origem portuguesa. Acontece que essa extrapolação cartográfica particularmente audaciosa vem preencher, como por acaso, o vazio de uma posse teórica: a "Grande Java" está situada na metade do mundo que se torna dos portugueses, em virtude dos acordos de Tordesilhas, renegociados em Saragoça em abril de 1529.[51] Ao anexar em proveito próprio essa invenção territorial, na sequência de seus colegas de Dieppe, Le Testu homenageia a França e seu Almirante, Gaspard de Coligny, a quem é dedicada a *Cosmografia universal*. Os ornamentos dos mapas, com numerosas batalhas navais em que os franceses aparecem sempre como vencedores, indicam sem equívoco o sentido político que reveste aqui a ficção cartográfica.

Pareceria mesmo que a vantagem estratégica hipotecada serve de pedra de toque às ficções do cartógrafo. No seu *Mappemonde*, de 1556, que é sua última obra conhecida,[52] Guillaume Le Testu recorre ainda uma vez à imaginação criadora, mas com mais reserva, ao que parece, do que dez anos antes. Distingue a partir de então entre a ficção mentirosa, "a mentira", que proscreve com horror do "mapa verdadeiro", e o que se poderia chamar a "ficção por provisão", pedra de espera improvável que reserva o futuro. Em face de uma terra desconhecida, o cosmógrafo pode escolher entre duas atitudes: a invenção ou a pura e simples abstenção. É assim que, para além da Baixa Califórnia, corretamente representada, o traçado se esfumaça em direção ao noroeste e a costa, não tendo sido "devidamente" descoberta, permanece "imperfeita".[53] A mesma dissipação do traçado ocorre acima do Labrador. Na espera de mais ampla informação — e trata-se, nesse caso em particular, de duas questões que agitarão os círculos geográficos durante várias décadas — Le Testu não se pronuncia nem sobre a insularidade da Califórnia nem sobre a eventualidade da passagem Noroeste.

Ao se abster nesses dois casos de traçar o delineamento hipotético, por medo — especifica — de "ajuntar a este mapa verdadeiro alguma mentira", testemunha uma menor prudência no que concerne ao famoso continente austral. Mais circunspecto do que em 1556, indica suas fontes e deixa entender a paternidade dos portugueses sobre essa atravancada ficção.[54] Ao negar totalmente que essa terra tenha sido descoberta e declarar que não quer "dar fé" disso, ele a "anota", entretanto, e estende a evidência fabulosa sobre toda a parte inferior de seu planisfério. De outro lado ainda, na proximidade do estreito de Magalhães, ao qual chega esse mesmo continente, onde avançam em fila um crocodilo, um dromedário, um dragão e uma pantera, Le Testu inscreve este novo comentário à guisa de escusa:

> Magalhães certamente ultrapassou e nomeou o estreito com seu nome, navegando ao longo da costa do Peru, mas não além dele se encontra alguém que tenha tido conhecimento dessa costa. Contudo, tenho aqui grosseiramente desenhado segundo o que lá foi visto por alguns cosmógrafos, sem querer com isso afirmar coisa alguma.[55]

CARTOGRÁFICAS: UMA EXPERIÊNCIA COM O MUNDO

Notar-se-á na passagem que para Le Testu o desenho do mapa não constitui uma "afirmação" quanto ao real e que nada prejulga do espaço referido. A cartografia é nesse sentido uma experimentação, que organiza totalmente o futuro ao orientar o presente. Poder-se-ia então defini-la como uma "experiência com o mundo", na medida em que a bricolagem, segundo a fórmula de Claude Lévi-Strauss, é uma "experiência com o objeto".[56]

Uma tal ficção tem, por isso mesmo, vocação de ser plural. Ao construir o futuro, ela deve oferecer possibilidades alternativas. Assim, pode-se compreender, na *Cosmografia*, de 1556, a justaposição de dois mapas da ilha de Terra Nova de perfis contraditórios: de um lado, um promontório ligado ao continente norte-americano, cujo traçado é herdado de um modelo lusitano;[57] de outro, um arquipélago da tradição de Dieppe, que registra sob a forma de uma fragmentação a descoberta e a travessia do estreito de Belle-Isle por Jacques Cartier em 1534.[58] Um e outro modelo apresentam vantagens complementares do ponto de vista da extrapolação tática: o continente oferece ao descobridor e conquistador uma resistência, que por sua parte o arquipélago ignora em razão de sua fragmentação; mas ele é menos "enganoso" de que esse último, que obriga o navegador a passar além.[59]

Definitivamente, poder-se-ia dizer do mundo segundo Le Testu que é como o rondó ao estilo de Marot: uma estrutura ao mesmo tempo aberta e fechada;[60] fechada, pois a articulação é mantida ao preço das ficções mais visionárias; aberta, pois essas ficções são anunciadas como tais, cobrindo as fendas do espaço, em que resta alguma coisa a inventar: mar livre ou continente opaco. Os cabos imaginários ou os arquipélagos flutuantes — cabo de More, ilha da Joncade, "ilha dos

Homens Grandes"⁶¹ — que balizam as folhas sucessivas do atlas representariam o equivalente cartográfico do "estribilho" no rondó. Seu retorno de mapa em mapa dissimula uma variação de sentidos e de traçado. Cabe ao usuário, leitor do poema ou navegador, cobrir a falha ligeiramente perceptível, restituindo o intervalo ou o tropo implícitos.

Para terminar o exame do paradigma constituído pela obra de Le Testu, é permitido ver no *Mapa-múndi*, de 1566, um marco capital ao seio de uma evolução em curso. No espaço de uma dezena de anos, passou-se da *Cosmografia universal*, cujas peças "encaixadas" desenham a ficção de um acabamento, a esse mundo inacabado e aberto, em que o cartógrafo, interrompendo seus contornos, renuncia a mostrar mais do sabe. Essa evolução se efetua, adivinha-se, apenas a contragosto. Donde esse objeto híbrido que é o planisfério de 1566, aberto pelo setentrião e fechado pelo sul; lançando a inverossímil conjectura nas regiões longínquas do hemisfério austral e escondendo, no próximo espaço boreal, os avanços por demais temerários da força imaginativa.

Essa discriminação responde sem dúvida alguma também às prioridades de ordem estratégica. Após o fracasso das tentativas repetidas de Cartier e Roberval, que partiram em busca da quimérica Saguenay, caminho hipotético em direção ao mar ocidental através da Terra Nova e do Canadá, os confins setentrionais do Novo Mundo são deixados por um tempo às ambições inglesas, que Thevet tentará desacreditar, nisso um digno herdeiro da escola de Dieppe. Inversamente, o mito da Terra Austral ia alimentar na própria França, durante mais de uma geração ainda, os sonhos de império e de compensação. Prova, o tratado *Des trois mondes*, de La Popelinière, que aparece em 1582, no tempo da guerra de sucessão de Portugal.⁶²

Comparado a Le Testu, Thevet, no caso, ficaria no primeiro estágio, o da *Cosmografia universal*, de 1556. O anacronismo, nele, não é o que se diz algumas vezes. Não se trata de uma questão de séculos, mas de uma ou duas gerações no máximo. A obra cartográfica que culmina com o *Grande insular* não é a de um erudito da Idade Média perdido em pleno Renascimento; é uma cosmografia dos anos de 1550 alterada próximo ao declínio do século. Acabada sob o reinado de Henrique II, essa obra não teria parecido anacrônica nem pelo método nem pelos meios. Mas, 40 anos mais tarde, a revolução epistemológica perpetrada no intervalo por Mercator, Ortelius e consortes a reenviava a uma época anterior. Permanecendo fiel na velhice ao sistema de representação dos portulanos de Dieppe, Thevet ignora de resto as inovações da escola flamenga. Só lhe importa o conteúdo documentário — detalhes de ilhas e cidades, que plagia sem pudor.[63] O desenho de conjunto definitivamente lhe escapa.

A ficção náutica de Guillaume Le Testu preenchia as condições de uma instrumentalidade técnica, ao mesmo tempo que dava ao monarca da França e ao seu ministro, o Almirante Coligny, a imagem hiperbólica e antecipada de um império marítimo que tardava a se realizar. Com os mapas do *Grande insular*, a função política prevalece sobre o uso prático e se revela numa certa medida incompatível com esse. Na representação da ilha das "Terras Novas ou das Molucas", por exemplo, descobrem-se anamorfoses que desafiam toda orientação e toda referência. A mais manifesta alteração reside na inversão lateral entre o este e o oeste, de sorte que a "Parte da Nova França", que não é outra senão a ilha do Cabo-Bretão, separada da Nova Escócia por um estreito canal, apareça à direita do documento, e não à esquerda. Parece que essa inversão desastrada não resulta de uma intenção deliberada: traído pela técnica da gravura em talho-doce, que exige que se inverta a incisão da placa de cobre em relação à impressão que se quer obter, o gráfico empregado por Thevet tinha produzido, sem o saber, um monstro geográfico.[64] Isso não o impediu em seguida de graduar corretamente a escala das longitudes, da esquerda para a direita, e do 325° ao 338° grau (situa-se de fato a oeste do meridiano de referência que passa pela ilha de Ferro). A escala, por consequência, contradiz o traçado.

Em contrapartida, a coronímia está no lugar, desde que se olhe o mapa num espelho. À esquerda, na costa oriental da ilha (que deveria, então, se encontrar à direita), é encontrada uma nomenclatura herdada de Jacques Cartier ou mesmo anterior à sua primeira viagem, de 1534. O cabo de Raz (ou de Raze) termina normalmente a sudoeste da península de Avalon — aqui representada sob a forma de uma ilha destacada da massa principal das "Terras Novas". O "cabo de Boa Vista" é hoje chamado cabo de Bonavista, em conformidade com o primeiro batismo, por Giovanni Caboto. A "ilha dos Pássaros" é Funk Island; Bacailo, Baccalieu Island. O "cabo do Urso" é um dos cabos orientais da ilha onde Cartier, em 1534, percebeu um urso "grande como uma vaca, tão branco como um cisne".[65]

Uma segunda anomalia, no mesmo mapa, resulta, no caso, de uma intervenção deliberada do cosmógrafo. É a presença à direita, portanto a oeste, perpendicular à ilha do Cabo-Bretão, de uma insólita "ilha de Thevet". Poder-se-ia tratar, na realidade, da ilha de Anticosti, na foz do São Lourenço, e aqui claramente aproximada da Terra Nova, ou de uma das ilhas da Madalena, bastante ampliada. O fato significativo é que à data tardia de 1586 acredita-se autorizado a rebatizar com o próprio nome uma terra descoberta há mais de meio século. Em consequência de uma megalomania da qual deu outras provas, Thevet declara ter sido o primeiro a ter posto os pés lá. É asseverado, ao contrário, que jamais acompanhou nem Cartier nem Roberval ao Canadá e que nem mesmo vislumbrou as costas da grande ilha boreal desde a nau que o reconduzia do Brasil no inverno de 1556.[66]

A função de um tal retoque é clara: ela tem o valor de assinatura. Ao confiscar em seu proveito um lugar bem conhecido de pilotos e geógrafos, Thevet reivindicava uma espécie de paternidade cartográfica: de todo modo, havia se tornado, naqueles últimos anos do século XVI e bem depois do desaparecimento dos inventores da Nova França laurenciana, um dos melhores conhecedores dessas paragens.

Irmã gêmea da precedente, uma outra "ilha de Thevet", no Atlântico Sul, é representada no mesmo atlas à altura das possessões já perdidas pela monarquia dos Valois no Brasil meridional. A efêmera "França Antártica" do Rio de Janeiro, assim como a Nova França do estuário do São Lourenço, é marcada com o selo do cosmógrafo do rei.[67] Por intermédio de ilhas-monogramas que derivam ao gosto do signatário, a cartografia fantástica de Thevet manifesta uma empreitada simbólica e totalmente teórica sobre territórios que escapam de fato ao controle do rei, assim como ao de seu geógrafo.

Semelhante uso tornou-se por volta de 1590 um tanto heterodoxo e não se veem com bons olhos eruditos da reputação de um Ortelius colocarem seus nomes em seus planisférios e atlas no interior dessas molduras naturais formadas por ilhas e ilhotas. Entretanto, uma tal marca pessoal atesta, até em seu caráter excepcional, a confusão sempre conservada por Thevet entre a função do navegador, da qual se sabe que a aprendizagem está "na cadeira de um navio, sob a lição dos ventos",[68] e o trabalho do erudito de gabinete. Novamente, a trucagem tem por função unificar tarefas complementares e distintas sob a responsabilidade solitária e soberana do cosmógrafo do rei.

A intenção política, em que entra uma parte não negligenciável de cálculos pessoais, exprime-se de maneira mais clara ainda nos outros mapas relativos à França Antártica, dos anos 1555-1560. O "Sorvedouro [*Gouffre*] (ou golfo) [*golfe*] do rio Guanabara ou de Janeiro", igualmente destinado a figurar no *Grande insular*, mostra um litoral redesenhado em função da posição estratégica detida durante alguns anos pelos franceses.[69] Na realidade – mas é também a imagem cartográfica contemporânea que se encontra em Le Testu ou em Jacques de Vaudeclaye, de Dieppe[70] — a baía de Guanabara não apresenta essa forma quase circular que permite inscrevê-la exatamente no retângulo do mapa. De mais a mais, a invenção de uma fictícia "Ville Henry", a oeste do canal de entrada e do lugar aproximativo em que seria erguida a cidade portuguesa de São Sebastião do Rio de Janeiro, responde, parece, à vontade cortesã de oferecer ao Príncipe uma imagem de glória imperial que se irradia até os antípodas.

As redundâncias da polêmica engendrada por essa invenção aparecida no reinado de Henrique II, mas regularmente reconduzida por Thevet até a apoteose gráfica do *Insular* inacabado, testemunham, de Pierre Richer e Nostradamus a Jean de Léry, Génébrard e Marc Lescarbot,[71] uma incompreensão quase geral quanto aos procedimentos da escrita geográfica no Renascimento. Ao criar todas as peças, e de maneira sem dúvida inoportuna, como o futuro próximo ia lhe mostrar, uma capital austral, Thevet só fazia aplicar a lição recebida de Guillaume Le Testu. O próprio conceito de "França Antártica", que em Thevet engloba toda a área brasileira, representa precocemente, desde a publicação das *Singularidades*, em 1557, uma audaciosa ficção prospectiva.

UM COSMOS EM MIGALHAS

Ao lado dessas criações, que se pode qualificar de originais e que mostram em Thevet um "futurólogo em estado rústico",[72] duplo de uma testemunha atenta às questões geopolíticas de seu tempo, é na sua produção de outros mapas que indiscutivelmente se reúne uma herança lendária há muito tempo codificada. Assim segue da metade do *Insular* consagrado às ilhas do Mediterrâneo e cuja essência tem por objeto o arquipélago Egeu, detalhado até o menor escolho. Na linhagem dos Buondelmonti, Benedetto Bordone e Thomaso Porcacchi da Castiglione, Thevet destaca a ilhota de Strongile, "cercada de grossos rochedos elevados ao ar" e abrigando um templo de Baco meio arruinado, do qual pastores e tropas se retiram durante o calor do dia;[73] a ilha côncava de Curco, ao largo da Cilícia, cujas grotas profundas transbordam de águas vivas;[74] e, sobretudo, os escolhos de Caloyer, escarpados e inabordáveis, que guardam austeros cenobitas basilianos da agressão dos bárbaros sanguinários.[75]

Em outras frentes, e em áreas geográficas mais extensas, Thevet amplifica os dados da tradição, chegando até a propor três versões da setentrional "ilha dos Demônios", na proximidade do Labrador, para onde a desafortunada

Marguerite de Roberval teria sido relegada por seus amores adúlteros.[76] A ir além do fraco pretexto de uma "história trágica", que Margarida de Navarra e em seguida François de Belleforest destinavam à edificação do leitor cristão, o cosmógrafo verte, nesse quadro insular expandido em tríptico, a matéria de uma exposição de demonologia e a refutação inesperada das "vozes gélidas" forjadas por "*Panurgiques grabeleurs*", em que é fácil reconhecer o então falecido Rabelais.[77]

Ocorre efetivamente que Thevet censura o imaginário cosmográfico do qual se mostra geralmente tributário. O arquipélago dual de Imaugle e Inébile, longamente descrito na *Cosmografia*, de 1575, não tem mais a felicidade de agradar ao "insulista" de 1586. Daí a ausência desse arquipélago, que estrutura a diferença dos sexos e que opõe à ilhota fértil das amazonas a esterilidade e as pilhagens da ilha dos homens.[78] As "ilhas de Sansão ou dos Gigantes", no Atlântico Sul, poderiam ser apenas a emergência longínqua e fabulosa de um folclore contaminado pela lembrança da Bíblia. De fato, esse arquipélago, listrado obliquamente por um estreito marítimo e estendendo-se pelos 50 graus de latitude austral, reproduz bastante fielmente a configuração das ilhas Malvinas, ou Falkland, divisadas em duas massas desiguais pela diagonal nordeste sudeste de Falkland Sound.[79] A designação dessas terras bem reais pela lendária menção dos gigantes se explica então pela proximidade da Patagônia, costeada em 1519-1520 pela frota de Magalhães, e em cujo litoral se apresentaram, indistintos e ameaçadores, os índios de alta estatura envolvidos em peles de animais.[80] Além disso, essas "ilhas de Sansão" incorporam todo um conjunto insular constituído das "ilhas Menues",[81] da "ilha de Calis, no mar do Sul",[82] do "pequeno arquipélago",[83] e das "ilhas do Cabo do Chile",[84] que, do arquipélago da Rainha Adelaide à Terra do Fogo, descrevem passo a passo os contornos do hipotético continente austral. Essa cartografia fragmentária e conjectural faz eco à viagem inaugural de Magalhães, assim como às navegações portuguesas nessas paragens, sobre as quais Thevet, sem dúvida por intermédio de João Afonso, parece ter sido bem informado.[85]

Vê-se por esse exemplo como a aparência de lenda pode recobrir, na cartografia thevetiana, uma informação muito real. Haveria assim, guardadas todas as proporções, essa ilha dos Demônios mencionada acima. Representando no caso os arautos da Contrarreforma, Thevet multiplica com prazer os demônios do Canadá, para melhor fazê-los desaparecer em seguida sob os golpes da colonização francesa. Essa "limpeza" espiritual vai de par com o desmatamento das florestas. Uma vez que não haveria muito a fazer, como o assegura Thevet, para desmatar estas províncias e colocar abaixo essas "muralhas de densas florestas" que impedem provisoriamente o acesso,[86] a conversão dos indígenas ao cristianismo não colocará maiores dificuldades. Além disso, preparar o solo é já atingir o reino da "selvageria" sobre essas terras incultas ou nessas águas invioladas. Os animais selvagens fogem da clareira onde o colono e o padre instalam suas cabanas; o diabo recua com as florestas. A ilha dos Demônios, cuja fábula entra a serviço do desígnio colonial, reveste-se desde então de um valor instrumental: trata-se de um obstáculo incitativo, contraprova indispensável ao programa de pulverização de Anticosti e das principais ilhas do estuário do São Lourenço.[87]

As ficções políticas de Thevet encontram definitivamente um duplo limite, sancionado por seu fracasso precoce. Esse limite deve-se de um lado à sua fragmentação, de outro à sua especialização. Literatura de especialistas em que se tornam a *História de duas viagens* ou o *Grande insular*, e que distancia muito frequentemente, pelos intermináveis apartes, o leitor profano ou mediocremente instruído das coisas do mar. A lógica insular, por toda a obra nesses dois últimos textos, desestabiliza a narração, despedaça a descrição e solapa a consistência diegética de um herói narrador impotente em forçar a convicção. Assim, a seção da *História* consagrada ao Canadá se justapõe em três capítulos, três listas de natureza e função diversas: uma lista "fatual" ou "recapitulativa",[88] com o alinhamento dos rumos seguidos pelo navio; uma lista programática, que é o catálogo das hipotéticas riquezas da colônia; uma lista lexical, enfim, constituída pelo "pequeno dicionário da língua dos canadenses".[89] Esse modelo de escrita paratática e injuntiva, que exclui toda leitura seguida, mas requer ao contrário que a ação entrecorte a lição e que um vaivém contínuo se produza entre a página do livro e o espaço marítimo real, lembra os manuais de pilotagem e os guias náuticos que Thevet, durante sua vida, colecionou e anotou de próprio punho. Ao plagiar João Afonso, glosando e "insularizando" Pigafetta, Pedro Garcia ou Michel Coignet, pilhar Nicolay para as Hébridas e Órcades, Thevet esforçou-se para manter a unidade prático-teórica da cosmografia em seu declínio.

Essa atenção constantemente levada a uma prática que simula, pela falta de ser o piloto experiente com que sonha, é exercida em detrimento do universal, que Thevet tem, entretanto, inscrito no frontispício de sua obra. A miopia do homem de terra que só conhece do mundo ladainhas de cabos ou séries de rumos reflete-se, como foi visto, nas ficções cartográficas de Thevet. A "Grande Java" desmorona-se definitivamente, e o continente austral, ao qual Le Testu mostrava ainda solidariedade, das Molucas à Patagônia, situa essa "frota de ilhas Menuës", assim nomeadas não devido à pequenez, "mas porque delas há [lá] tão grande multidão que estão quase encravadas umas nas outras".[90] A ficção thevetiana atomiza-se no *Insular* contrariamente à solda continental, mesmo precária e aproximativa, que presidia ainda à *Cosmografia universal*, de 1556.

A consequência dessa pulverização do cosmos, que coexiste, não sem contradição, com a hipótese de um oceano fechado,[91] é que, a despeito de sua ambição cosmográfica, Thevet limita com mais frequência suas manipulações ao horizonte estreito da topografia ou da corografia. Sua ficção mais célebre e mais controvertida não é a "Henryville" do Brasil, cujos bastiões guarnecidos de ameias invadem ligeiramente as profundezas da floresta tropical? No melhor dos casos, redesenha os contornos de uma baía, rebatiza com seu nome uma montanha isolada ou duas ilhas de estuário, mas jamais expande sua remodelagem às dimensões de um país ou de um continente.

Há ao menos duas razões para isso. A primeira é o atraso dos meios técnicos sobre uma ambição. Mantendo-se preso à forma insular tradicional e passavelmente obsoleta, o cosmógrafo não pode pretender renovar a face do mundo. Na sua vontade de afirmar com toda força a unidade do saber prático e de uma ciência global, ele retém do cosmos apenas uma matéria móvel e indefinidamente fragmentada, cuja poeira das "ilhas Menuës", recolhida às margens extremas do ecúmeno, constitui o exato emblema.

A segunda explicação desse fracasso vem do fato de que à data tardia em que Thevet decide oferecer ao público um "corpo cosmográfico completo de todas as suas partes"[92] a manipulação em uma escala muito pequena não é mais possível, dado os progressos do conhecimento geográfico e aqueles também de monopolização do mundo pelos imperialismos europeus. O rosto da terra é fixado em suas grandes linhas e o equilíbrio político que joga provisoriamente em favor de uma Espanha hegemônica impede ao cosmógrafo católico e da Liga a menor iniciativa nesse domínio. Caberá ao protestante La Popelinière, em dado momento, reconstituir, para ali projetar um império, esse vasto "terceiro mundo" austral, exumado dos portulanos lusitanos e de Dieppe.[93] Resta ao cosmógrafo destronado o detalhe da grande escala, em que sua "imaginação" pode ter livre curso, sem atingir o domínio reservado das estratégias e dos diplomatas.

Ao fazer isso, retoma, praticamente sem o saber, as origens de sua obra. O mundo em arquipélago do *Grande insular* reencontra, pelas vias da cartografia, a mágica disparidade da *Cosmografia do Levante* ou das *Singularidades da França Antártica*. O reino da profusa variedade do cosmos é retomado ao fim de percurso, nos contornos encavalados do inesgotável mosaico em que se dispersa o atlas universal.

Epílogo

O fim da cosmografia

É na década de 1550, no momento em que o gênero cosmográfico atinge o apogeu, que Thevet descobre seu caminho e faz a acumulação primitiva de seu capital técnico e documental. Constitui desde então sua biblioteca de bordo, se acreditarmos nos *ex-libris* sempre duvidosos, pois frequentemente antedatados, que apõe a João Afonso, Pedro Garcia, Olivier Bisselin, Sebastian Münster e Manuel Álvares. É igualmente por volta dessa época que reúne, sempre segundo os *ex-libris*, documentos peregrinos, como o *Codex Mendoza*, manuscrito asteca dos primeiros tempos da Conquista, e começa, ao retornar do Levante e depois do Brasil, sua coleção de singularidades: moedas gregas e latinas, plumagens do México ou do Rio de Janeiro, casacos, tigelas e flechas que atestam a realidade pouco crível dos patagões,[1] peles de hipopótamo, bicos de tucano, papagaios e caimãos empalhados. O *corpus* de memórias relativas ao Novo Mundo aumentará sequencialmente, em especial no que concerne à Flórida, mas parece que em relação ao Canadá e ao Brasil, suas regiões de predileção, o essencial tinha sido reunido desde 1560.

Todavia, a despeito dessas pedras angulares precoce, o projeto cosmográfico de Thevet só é revelado lentamente, livre pouco a pouco do peso da poli-história e do arsenal confuso dos *rariora*. Da mesma maneira enfim, o descrédito público muda-o, o cosmógrafo envelhecido, abandonado pelos humanistas e escribas, encontra-se com um projeto que perdeu seu destinatário potencial e sua razão de ser. A vã e tardia reescritura do *Grande insular* em *Descrição de várias ilhas*, o polimento inacabado da *História de duas viagens*[2] não podem impedir que o horizonte de expectativa cosmográfica já não esteja desde essa data arruinado. É significativo que a resistência do público e do mercado de impressão, então em plena crise, manifeste-se no momento em que Thevet faz sua obra mais pessoal. De modo contrário, as obras de Thevet que obtiveram o sucesso mais visível e o público mais durável mostram-se como as menos originais: a *Cosmografia do Levante* e a coletânea dos *Homens ilustres*, únicos de seus livros a serem traduzidos ou reeditados no século seguinte, não contêm proposta técnica, estão um e outro desprovidos de mapas e dirigem-se apenas ao público dos semiletrados. É possível mesmo se perguntar, particularmente no primeiro desses dois casos, se Thevet pôde efetivamente controlar o trabalho de compilação conduzido em seu lugar por escritores patenteados e sedentários e qual é a parte exata que lhe cabe nos avatares longínquos de uma cosmografia manifestamente reduzida a um inventário de biblioteca ou de um depósito de arquivos prosopográficos.

Nesse "método" de trabalho que pode hoje surpreender, nada há, a bem dizer, de excepcional. Consideremos, por exemplo, os dois maiores escritores em prosa do Renascimento francês, Rabelais e Montaigne. Rabelais, cuja gesta romanesca tece numerosas ligações com a primeira cosmografia de Thevet, não insere ao fim do *Terceiro livro*, modificando pontualmente o sentido e a abertura de compasso, várias páginas de Plínio consagradas aos nomes, usos e à virtude do cânhamo, rebatizado *pantagruélion*?[3] Ninguém ousaria reprovar o "doutor em medicina" por ter procedido de maneira tão sumária para compor o fim de seu terceiro livro. Bem ao contrário, os exegetas empenharam-se em interpretar esse empréstimo literal, considerando a vontade paródica de uma tal apropriação ou então sondando as profundezas alegóricas de um reemprego demasiadamente evidente para não guardar intenções secretas. Assim, o furto transforma-se em hino elevado à potência do espírito humano e a deselegante descrição botânica e medicinal extraída da *História natural* é enriquecida de fundamentos imprevistos, ao mesmo tempo que atinge, num avatar inopinado, o "mais alto sentido" do pantagruelismo.

Poder-se-ia aplicar aos reempregos selvagens de Thevet a mesma hermenêutica, se é que o "princípio de Pierre Ménard", autor do *Quixote* após Cervantes, se aplica a toda literatura de segunda categoria.[4] Nesses dois casos ao menos, o da *Cosmografia do Levante*, que toma na *Epístola* de Vadianus o sentido espiritual de seu percurso, e o das *Singularidades*, que ordenam o comparativismo antropológico segundo uma forma descoberta em Polidoro Vergílio, a dissecação do texto thevetiano permite resgatar o verdadeiro sentido e a coerência profunda disso que se oferece ao olhar como pura rapsódia ou como um centão de pretexto itinerário.

A comparação com Montaigne é ainda mais instrutiva. A glosa jurídica à qual se assemelha por muitos traços a escrita dos *Ensaios*[5] e a estrutura de comentários incessantemente retomados e que proliferam permitindo seu crescimento indefinido[6] encontram seus fiadores nessas *marginalia* numerosas e insolentes com as quais Thevet preenche não só os livros de sua biblioteca náutica, mas também os manuscritos das próprias obras, recopiadas incansavelmente pelos escribas mais ou menos zelosos. A ilustração mais surpreendente do procedimento é fornecida pela *Descrição de tudo o que está compreendido sob o nome de Gália*, rascunho parcial da grande *Cosmografia*, em que Thevet multiplicou as mudas e os enxertos de sua lavra.[7] Desse modo, chega posteriormente a munir a compilação impessoal de Münster, Nicole Gilles e Élie Vinet com cargas de sua experiência subjetiva. Pode também triar entre suas relações as amizades mais necessárias e se rebelar à vontade contra as autoridades que a estupidez dos escribas demasiado dóceis recrutou para ele.[8]

A característica mais notável do exemplo thevetiano reside na abundância dos materiais que nos foram legados. Abandonada logo de início, a obra de Thevet tem a principal riqueza no próprio inacabamento. Raras são as obras do Renascimento para as quais se dispõe de até quatro etapas distintas da mesma página. Ora, tal é o caso de capítulos inteiros da *História de duas viagens*, comuns ao *Grande insular*, à *Descrição de várias ilhas* e à *Segunda viagem*. Além disso, esses diferentes extratos manuscritos, bastante próximos no tempo, são frequentemente a retomada enriquecida ou corrigida das versões impressas das *Singularidades* e da *Cosmografia universal*, de 30 e 10 anos antes. A oficina onde se concebe a obra imensa e controvertida chegou-nos portanto quase intacta, oferecendo um campo de investigação privilegiado para o estudo da gênese do "texto do Renascimento".[9] Esses maços de um trabalho anônimo, realçados, página após página, com incidentes irônicos ou rancorosos, são o testemunho essencial da fabricação desses escritos de segunda geração. A divulgação, junto a um maior público, do austero saber do humanismo conquistador do início do século toma aqui os caminhos inéditos e pitorescos de uma polêmica irreverente que ressalta de uma interpolação à outra.

Nos próprios excessos, esses enxertos marginais e esses raptos repetidos definem o que se poderia chamar de uma retórica do plágio. A insistência carregada sobre a noção de experiência, grito de guerra dos modernos contra os antigos, o verdor de uma linguagem que se serve da gíria marítima para melhor atacar vivamente a rigidez obtusa e compassada dos doutos, a reivindicação de uma ciência ao ar livre contra a tradição doutrinária das escolas, igualmente manifestações do espírito novo, são também e simultaneamente os artifícios reclamados por essa compilação paradoxal. As "autoridades negativas" que a preenchem são usadas na medida exata em que são recusadas e ridicularizadas.

Certamente, numa época em que a propriedade literária começa a se afirmar — provam-no os processos impetrados contra Thevet por seus "administrados e coadjutores" ou o que ele por sua vez lhes impetra — a apropriação de textos anteriores ou concorrentes apenas é possível ocupando-se uma posição de força no campo científico e social. O arrebatamento contínuo contra os antigos, que, por não terem viajado, amontoaram as "mentiras" mais "pueris", ou contra seus êmulos modernos, que, obstinadamente sedentários como Belleforest, deram as costas às grandes descobertas, não foi suficiente para garantir num contragolpe a autoridade solitária e ubiquista do cosmógrafo, quando esse é privado do apoio do Príncipe e dos grandes mecenas. Thevet aprende isso à própria custa, no declínio da carreira e da vida, quando se forma contra ele a frente unida dos cidadãos da República das Letras, adeptos das humanidades, da conversação erudita e do bom gosto.

O fracasso de Thevet não é só o de um homem desigual em relação ao seu destino e malpreparado para a revolução epistemológica que lhe foi dado viver. Testemunha de um modo mais geral da crise de um gênero transitório, intermediário entre as *Imagines Mundi* medievais e os atlas, as enciclopédias e as coleções de viagens da Época Clássica. Tentativa momentânea e desesperadamente ambiciosa para recolher num grande todo, sumariamente reunido no esquema de projeção da esfera, a admirável variedade do mundo, a cosmografia renovada segundo Münster surpreenderá após meio século de existência, dando nascimento a disciplinas distintas, saberes parcelizados do topógrafo, do historiador, do botânico, do engenheiro militar e do estatístico.

Se abrirmos a *Cosmografia universal* ao acaso, ficaremos impressionados, tal como Flaubert,[10] pelo disparate dessas xilogravuras, em que as inscrições monumentais, em latim por vezes duvidoso, alternam-se com monstros que renovam a fraca substância dos bestiários da Idade Média pelo emprego de observações prematuras conduzidas aos confins das *terrae incognitae*. A recusa iconoclasta das *auctoritates* e a incerteza das explorações longínquas engendram essa liberação instantânea de um imaginário heteróclito e prolífico. No intervalo dos obeliscos, das pirâmides e dos pórticos, o Camphurch, o Hulpalim e o Haüt acompanham os baixos-relevos à antiga que mostram os corpos esculpidos dos atletas tupinambás entregues às danças, aos duelos ferozes e ritos funerários. A ordem do mundo, parece, não se estende além de um invólucro estriado e graduado, artificialmente ligado a uma massa pletórica. O princípio analógico de coesão interna desmoronou em proveito de um estampado de objetos, superfície marchetada, desprovida de desenho geral e profundidade. Esse puro espetáculo, que não sustém nem mesmo em Thevet a noção de harmonia do mundo, muito difundida no pensamento cosmológico do Renascimento,[11] é unificado pelo olhar lento do observador que se derrama em torno da esfera e a engloba numa compreensão imediata. A "esfera rodeada de olhos ao natural que a olham", tal como figurada pelas armas de Thevet, é o emblema exato dessa possessão visual que dá sua forma ao universo.

A crise da cosmografia ao fim do Renascimento manifesta-se definitivamente em três planos. Do ponto de vista religioso, o cosmógrafo que se alça à altitude do Criador para alcançar seu saber eterno e ubiquista é culpado de orgulho, e até de blasfêmia, quando pretende corrigir a Escritura em nome de sua experiência soberana e sem limites. No plano do método, peca pela incoerência, confundindo as escalas de representação e imaginando que a autópsia (ou visão de si mesmo) pode garantir a verdade de uma visão sintética e necessariamente segunda. Enfim, do ponto de vista epistemológico, a cosmografia, que supõe uma compilação monumental sob uma única autoridade não controlada, é bem rapidamente ultrapassada por formas mais flexíveis e abertas de saber geográfico: de Giovanni Battista Ramusio a Richard Hakluyt e a Théodore de Bry, as coleções de narrativas de viagens, cujo destino é europeu, suplantam desde o fim do século XVI um gênero contestado. Eventualmente completadas pelos atlas, essas coleções, em que os documentos jurídicos avizinham-se de histórias das grandes navegações, preparam a expansão colonial da Inglaterra, da Holanda e da França.

O que reter então de uma empreitada heterodoxa e inacabada, logo atingida de obsolescência? Aquilo que constitui seu próprio defeito: a abundância e a variedade dos materiais que agrupa numa rede geométrica das mais frouxas. A obra de Thevet e, em menor medida, a de seu comparsa Belleforest agrupam objetos que escaparão à ciência por décadas e até séculos. Será preciso esperar Samuel Purchas e o primeiro quarto do século XVII para que os pictogramas do *Codex Mendoza*, do qual Thevet tinha extraído vários de seus *Retratos verdadeiros*, venham a requerer novamente a atenção do mundo erudito.[12] Mas é só no século XX que a cosmogonia dos índios tupinambás ou a dos antigos mexicanos, cuidadosamente consignados na *Cosmografia universal*, reencontra enfim seus leitores nas pessoas de Alfred Métraux, Claude Lévi-Strauss, Pierre Clastres ou Christian Duverger.[13]

Após Thevet, o arquipélago infinito do *Grande insular* é submergido em parte e as Malvinas que cartografou antes de todos são redescobertas, assim como a Grande Java austral. A especialização dos saberes consecutiva ao distanciamento do modelo cosmográfico ocasiona irremediáveis "quedas". A partir de então não há mais lugar onde registrar o jargão cru dos marujos. Todavia, o clarividente Lescarbot, que aceita ainda Thevet, recusa em compensação considerar com seriedade as *Voyages avantureux* de João Afonso.[14] Ora, esse manual de pilotagem, que misturava às instruções náuticas muito precisas as lendas e maravilhas vindas dos *Miroirs* medievais, tais como os "homens que têm rabo" do Novo Mundo, a pedra ímã que mantinha suspenso o corpo de Maomé ou as formigas caçadoras de ouro da Índia,[15] foi, como se sabe, uma das obras mais populares consultadas pelo cosmógrafo de quatro reis.

Quando se acaba o que se poderia chamar a época da cosmografia, desfaz-se a ligação entre o vil *savoir-faire* das pessoas do ramo e a ciência refletida dos doutos. Desaparece a possibilidade dessas montagens rudimentares entre informações heterogêneas, desses curto-circuitos incessantes entre linguagens, imagens e saberes distintos, pelos quais a ciência do Renascimento se assemelha posteriormente a uma desconcertante bricolagem. Essa arte de usar os restos de um saber antigo combatido e maltratado, misturando as inovações mais imprevisíveis e as mais insolentes ingenuidades, Thevet tem no mais alto grau. Sua obra testemunha, se se quiser, recursos infinitos de um "pensamento selvagem" que é parasita das sólidas compilações do humanismo tardio, para alojar à força, e quase por arrombamento, materiais bárbaros: palavras e mitos indígenas, ritos e costumes estrangeiros, o jargão dos marinheiros e aventureiros, sem esquecer a insistente presença de um comentador irascível e curioso.

Paris, Lille, S. Bárbara,
27 de fevereiro de 1988.

Apêndice

GUILLAUME LE TESTU

Cosmografia universal segundo os navegadores, tanto antigos quanto modernos

(1556)

(excertos)

Comentários inéditos do atlas manuscrito
conservado em Vincennes

Esta transcrição, feita sobre o original, reproduz a disposição por linhas do manuscrito.

I.

Epístola dedicatória da *Cosmografia universal*
ao Almirante Gaspard de Coligny
(5 de abril de 1556)

Vincennes, Serviço Histórico
da Armada de Terra,
DLZ 14, f. I e II.

Ao Grande e Poderoso Senhor
Monsenhor Gaspar de Coligny, Cavaleiro
da Ordem, Senhor de Castillon, Almirante de França,
Coronel de Infantaria Francesa, Governador da
5. Ilha de França e Capitão da Cidade
de Paris, Guillaume Le Testu, seu mais humilde
e obediente servidor, deseja paz e
eterna felicidade.

A grande emoção que tive,
10. meu senhor, de ter redigido esta minha pequena obra, que, contudo, não estimo suficientemente elaborada para vos dever presentear, constrangeu-me, não obstante minha rudeza, em colocá-la e redigi-la no estado que vos apresento: vos suplicando não prestar atenção às impropriedades que usei
15. na composição desta, mas ao bom coração de onde vos é presenteado. Talvez alguns perguntarão Quem é esse novo cosmógrafo, que, após vários autores de muito renome, tanto antigos quanto modernos, quis empreender a inventar coisas novas. Mas lhes responderei que a

20. natureza não é tão restrita, ou sujeita aos escritos dos antigos, que tenha perdido o poder e a virtude de produzir coisas novas e estranhas: além das coisas que escreveram. Mesmo que os antigos tivessem trabalhado tanto quanto lhes fosse possível,
25. não poderiam ter inteiramente visto todos os efeitos dela. Ou mesmo se tivessem visto, cada homem naturalmente verificaria uma tão grande impotência que não lhe seria possível tudo reduzir por escrito. Ou, de outra forma, cada um não pode escrever além do que
30. o dom de Deus lhe possibilitou. Por esses motivos, meu senhor, estimo que tais pessoas se contentarão //

[F. II]

pela consideração daqueles que por seus escritos perpetuaram seu nome, e de alguns daqueles aos quais dedicaram seus escritos. Por essa razão,
35. e para que este presente volume seja digno de vós e de vossa posteridade, com todo o meu afeto vos dedico e apresento, vos suplicando prazerosamente recebê-lo, e isso fazendo-me dares o encorajamento que faz a todos os homens
40. empreenderem o que for possível sob o céu realizar, para vos dar prazer. E esperando, meu senhor, rogo ao criador que vos queira mais e mais engrandecer e aumentar e ao fim vos dar a eterna fruição de suas santas
45. promessas. Na cidade francesa da graça do quinto dia de abril de mil quinhentos e cincoenta e cinco antes da Páscoa.

II.

F. XIX: [África ocidental]

Esta é uma parte da África, cercada pelo
mar etíope, situado sob a zona tórrida
onde alguns rios, montanhas e províncias estão
descritos como Malta, Senegal, Sue, Etiópia: o
5. Reino de Mely, Churite: o Reino de Organa,
Guiné, Benin. Esta região é abundante e
fértil em alguns tipos de grãos, como milho e outros
grãos e frutos. Também abundam
algumas especiarias, como pimenta-malagueta.
10. Também aqui se encontra ouro em grande número. Ela
alimenta tigres, elefantes, leões, onças, leopardos,
rinocerontes, várias feras menores e
serpentes, entre as quais há uma cobra que se
crê de 600 a 700 pés de comprimento.
15. Assim como testemunha Américo de Vespúcio Florentino,
em sua cosmografia do Novo Mundo, aquela
cobra come bois e cabras. Os habitantes
de lá são totalmente negros e vivem nus,
tendo as partes vergonhosas escondidas. Fazem
20. comumente guerra uns contra os outros.
Entre eles há homens que têm lábios tão grandes que lhes
pendem sobre o peito; como alguns outros que só têm um
olho na fronte, os quais são maravilhosos e
horríveis de ver.

III.

F. XXXV: [A Terra Austral]

Esta terra é chamada a Região Austral,
porque vários dizem que há terra do costado do Sul
que é chamada Auster. Contudo, o que tenho
assinalado e retratado existe apenas por
5. imaginação, não tendo anotado ou memorizado qualquer
das comodidades ou incômodos de lá, tanto das montanhas,
dos rios, quanto de outras coisas; pois que não houve ainda
homem que disso tivesse feito descoberta certa, e por isso
difiro no falar
10. até daquilo que tenha tido mais ampla declaração.
Contudo, esperando que o conhecimento seja maior,
assinalei e denominei alguns promontórios, ou cabos,
para relacionar as peças que para isso
estão aqui retratadas.

IV.

F. XXXIX: [A Terra Austral]

Este pedaço é uma parte da Terra do Sul ou Austral, situada
por imaginação sob a zona fria, por mais que vários sejam
de opinião de que a terra do estreito de Magalhães e da
Grande Java
5. formem um conjunto, o que não é ainda seguramente conhecido; e por essa razão não posso nada descrever das comodidades dessa.

V.

F. XLV: [Brasil]

Este pedaço representa uma parte da América, onde as regiões tanto do Brasil, canibais, quanto do Reino do Prata estão descritas, situada sob a zona tórrida, sob o primeiro *climat antidia meroes,* e terminando sob a metade do quarto *climat antidia Rodou,* cercada na costa setentrional pelo oceano dos canibais e Antilha, na costa do Oriente pelo grande mar oceano. Todos os habitantes desta terra são selvagens, não tendo conhecimento de Deus. Os que habitam acima próximos do equinocial são malignos e maus: comem carne humana. Os que estão mais longe do equinocial, estando mais abaixo, são tratáveis. Todos os ditos selvagens, tanto de cima quanto de baixo, vivem nus: tendo suas choupanas e casas cobertas com casca de madeiras e folhas. Fazem comumente guerra uns contra os outros, a saber os das montanhas contra os da beira do mar. Esta região é fértil em milho e mandioca, que é uma raiz branca com que fazem farinha para comer, pois não fazem pão. Também há muitos nabos de muito melhor gosto do que os da região de França; ananás, que é uma fruta muito deliciosa; e vários outros tipos de frutas. Também nutre esta terra javalis, lobos-cervais, cutias, tatus e vários tipos de feras, com grande número de galinhas, semelhantes às da região de França, e papagaios de diversas plumagens. As mercadorias desta terra são algodão, brasil, pó que serve de tintura, com grandes conchas com as quais se fazem rosários e cintas para a mulher. Os ditos habitantes são grandes pescadores de peixes e muito destros no uso do arco.

VI.

F. XLVII: [Brasil do Norte]

Esta terra é parte da América, da costa setentrional próximo das Antilhas, na costa do oriente dos canibais, bastante cômoda e habitável, situada sob a zona tórrida sob o primeiro *climat antidia meroes*
5. e terminando sob a metade do sexto *climat Antidia Pontou*. Os homens desta região vivem nus, comem carne humana e são muito maus:
de tal modo que não se pode ter trato com eles. São destros no uso do arco. Suas riquezas são
10. colares de conchas, e de dentes dos homens que comem, mais algumas pedras verdes e brancas que passam através dos lábios. Também têm eles plumagens de várias cores, com as quais se ornam. As mercadorias desta região são muito algodão,
15. pós que servem de tintura, com algumas madeiras amarelas. Seus víveres são milho e mandioca, com que preparam farinha para comer, nabos, ananás, acajus e vários tipos de frutos e raízes. Também há papagaios e outros tipos de pássaros,
20. como monos e saguis, tal como são trazidos comumente do Brasil na região de França.

VII.

F. L: [Patagônia]

Esta é uma parte da terra da América, próxima do reino dos gigantes, cercada do costado do meio do estreito de Maga-

APÊNDICE

lhães, da costa do ocidente do mar do [Sul?] e ilha de
Magalhães,
5. com alguma porção ou parte da terra
Austral, situada sob a zona temperada.
Os habitantes desta são grandes, de dez a doze
côvados de altura, e só falam
por assobio, assim como testemunha
10. Magalhães. Vivem de alguns grãos como
milho, mandioca e alguns outros tipos; também
há feras como tatus, cutias e lobos, não tão
grandes como aqueles da região
de França; todas as carnes comem
15. cruas. Esta região nutre papagaios e vários tipos de pássaros
de diversas cores de plumagem.

VIII.

F. LVII: [Terra Nova em arquipélago]

Esta é a Terra Nova, parte da
região chamada bacalhaus, situada sob a zona
temperada, sob o sétimo *climat dia boristenous*,
onde se poderá ver o Canadá e Saguenay,
5. Hocheloga* e vários outros lugares onde os
homens selvagens deste lugar fazem sua morada,
os quais se vestem com vários tipos de peles e só
creem na lua e no sol.
São destros no uso do arco e no lançar setas.
10. Sua maneira de obterem víveres é atirar
nos cervos, corças e vários tipos

---

*Rio São Lourenço, enquanto Saguenay é um de seus afluentes. (N. *do T.*)

tanto de feras quanto de pássaros, os quais secam após os
terem matado; depois matam peixes, que têm
o nome de lobos-marinhos, com os quais
15. fazem óleo, por isso são muito gordos, e dentro do dito óleo
colocam suas carnes para suas provisões, de tal modo que
essas vitualhas podem ser guardadas um ano sem estragar.

IX.

F. LVIII: [Terra Nova continental]

Esta é uma parte ou porção da Terra Nova, chamada região
de bacalhaus, marcada segundo os
antigos navegadores, os quais não falaram das
comodidades desta até que
5 Robert Val e Jacques Cartier ali estiveram pelo comando do
rei francês primeiro deste nome, os quais descobriram o
Canadá e Saguenay, como vós pudestes ver na página
precedente.

Notas

Introdução

1. Gilbert Chinard, *L'exotisme américain dans la littérature française au XVIe siècle d'après Rabelais, Ronsard, Montaigne etc.*, Paris, Hachette, 1911 (Genebra, 1978).
2. Geoffroy Atkinson, *Les nouveaux horizons de la Renaissance française*, Paris, Droz, 1935.
3. Ver, além do livro citado de Geoffroy Atkinson, minha comunicação: "Guillaume Postel et 'l'obsession' turque", *Actes du colloque Guillaume Postel (1581-1981)*, Paris, Guy Trédaniel, 1985, pp. 265-298.
4. Stéphane Yérasimos, "De la collection de voyages à l'histoire universelle: la historia universale de turchi de Francesco Sansovino", *Turcica*, t. XX, 1988, pp. 19-41. Como observa o autor às pp. 21-25, essa diferenciação é sobretudo um feito dos editores venezianos.
5. Girolamo Cardano, *Hieronymi Cardani Mediolanensis Medici De Rerum Varietate Libri XVII*, Bâle, Henric Petri, 1557, Liber XII, cap. LX, pp. 443-444: "Corographicae descriptiones". Estudei esse capítulo em "Chorographie et paysage à la Renaissance", *in* Yves Giraud éd., *Le paysage à la Renaissance*, Fribourg, Éditions Universitaires de Fribourg, 1988, pp. 9-26.
6. Inspiro-me aqui na fórmula que Arthur Rimbaud, em seu poema "Os aduaneiros" (v. 6), aplica aos soldados dos tratados, "Que talham a azul fronteira com grandes golpes de machado" (édition S. Bernard et A. Guyaux das *Oeuvres* de Rimbaud, Paris, Garnier, 1983, p. 86).
7. Ver mais adiante capítulo I, notas 9 e 10.
8. Segundo a definição de Ptolomeu, *Géographie*, I, 1.

9. Sobre os casos que ilustram o dinamismo morfológico da cosmografia, nos cartógrafos Le Testu e Thevet, ver mais adiante o cap. V, *in fine*.
10. Ver Frances A. Yates, *L'art de la mémoire*, trad. fr., Paris, Gallimard, 1975, cap. I: "Les trois sources latines sur l'art de la mémoire dans l'Antiquité".
11. O método de Le Testu, que conjuga a experiência náutica à "imaginação" projetiva, é analisado mais extensamente no cap. V.
12. A crítica da noção de "progresso" como uma concepção estranha ao Renascimento é desenvolvida de maneira convincente por Jean Starobinski em seu *Montaigne en mouvement*, Paris, Gallimard, 1982, p. 318 ss.
13. Geoffroy Atkinson, *op. cit.*, pp. 289-297: "Un attardé: André Thevet". Mesmo título e crítica nas páginas 428-429.
14. Sobre o histórico dessa polêmica *ad hominem*, remeto ao meu estudo *André Thevet, cosmographe des derniers Valois*, Genebra, Droz, 1991, cap. VII e VIII.
15. Assim como a qualificou George Huppert, em seu ensaio sobre *L'idée de l'histoire parfaite*, trad. fr., Paris, Flammarion, 1973.
16. Contrariamente à opinião de Geoffroy Atkinson, *op. cit.*, p. 297, "Ele havia pecado contra a verdade e havia oposto suas 'observações' visivelmente inacreditáveis à verossimilhança e aos feitos estabelecidos pela experiência de sua época." O primeiro a fazer justiça a essa apreciação caricatural foi Jean Céard, em sua tese *La nature et les prodiges. L'insolite au XVIe siècle en France*, Genève, Droz, 1977, pp. 282-283.
17. Ver o capítulo V, nota 71.
18. Sobre a filiação que conduz do Codex Mendoza, hoje na Biblioteca Bodleiana de Oxford, aos Vrais Pourtraits, de Thevet, ver Rüdiger Joppien, "Étude de quelques portraits ethnologiques dans l'oeuvre d'André Thevet", *Gazette des Beaux-Arts*, avril 1978, pp. 125-136.
19. Peter Apian (chamado Peter Benewitz), *La cosmographie*, Paris, Vivant Gaultherot, 1553, f. 4 r°. Ver a ilustração II. Sobre essa ilustração literal das definições de Ptolomeu relativas à geografia e à corografia, e sua transposição pelo pintor Vermeer, ver Svetlana Alpers, *The Art of Describing. Dutch Art in the Seventeenth Century*, Londres, John Murray, 1983, cap. 4. "The Mapping Impulse *in* Dutch Art", pp. 133-134 e 167-168.
20. Ver a esse respeito as compilações de François Secret, "Notes pour une histoire de l'alchimie en France. I. André Thevet et l'alchimie", *Australian Journal of French Studies*, vol. IX, 1972, fasc. 3, pp. 217-219.

NOTAS

21. Richard Hakluyt, *The Principall Navigations, Voiages and Discoveries of the English Nation, Made by Sea or Over Land, to the Most Remote and Farthest Distant Quarters of the Earth [...]*, Londres, George Bishop & Ralph Newberie, 1589, f.* 2r°: [Epístola] "To the Right Honorable Sir Francis Walsingham Knight, Principall Secretarie to Her Majestie [...]". Sobre o gênero da "meditação cosmográfica", ver, mais adiante, o capítulo II.
22. Richard Hakluyt morou em Paris, entre 1583 e 1588, como capelão do embaixador da Inglaterra sir Henry Stafford.
23. Thevet, *CU*, I, cap. 1, f. 1 r°: "O que é a cosmografia e o que é necessário observar para seu entendimento e conhecimento."
24. Esse procedimento de construção foi bem esclarecido por Henry Harrisse a respeito do caso da Terra Nova: *Découverte et évolution cartographique de Terre Neuve et des pays circonvoisins (1497-1501-1769)*, Paris, H. Welter, 1900, p. 278: "O método de construção é, forçosamente, o de todos os antigos cartógrafos: isto é, o das montagens acrescentadas a um conjunto já existente, por vezes, há muito tempo."
25. Jean Lafond, "La notion de modèle", *in Le modèle à la Renaissance*, Paris, Vrin, 1986, p. 12.
26. Sobre essa questão, remeteremos à comoda síntese de William G. L. Randles *De la terre plate au globe terrestre. Une mutation épistémologique rapide (1480-1520)*, Paris, Armand Colin, 1980, pp. 41-64.
27. Ver Arthur Heulhard, *Villegagnon, roi d'Amérique. Un homme de mer au XVIe siècle (1510-1572)*, Paris, E. Leroux, 1897.
28. Ver Roger Schlesinger e Arthur P. Stabler, *André Thevet's North America. A Sixteenth-Century View*, Kingston e Montreal, McGill-Queen's University Press, 1986, introdução, pp. XXVI-XXXII.
29. Sobre o comentário desse atlas inédito, ver, logo adiante, o cap. V.

Capítulo I

1. Sobre uma discussão análoga a respeito do caso de Oviedo, que tem uma afinidade com o de Thevet, ver a contribuição de Karl Kohut "Humanismus und Neue Welt im Werk von Gonzalo Fernandez de Oviedo", *Humanismus und Neue Welt*, DFG (Deutsche Forchungsgemeinschaft), Mitteilung XV der Kommission für Humanismusforschung, Weinheim: Acta Humaniora, VCH, 1987, pp. 65-88, especialmente p. 69.

2. G. Fernandez de Oviedo, *Historia general y natural de las Indias*, Madrid, 1535, II, 1; cf. a tradução francesa de Jean Poleur: *L'histoire naturelle et generale des Indes, isles et terre ferme de la grand mer oceane, traduicte de castillan en françois*, Paris, impr. de M. de Vascosan, 1555, II, 1, f. 6 r°: "Depois que Plínio contou seu proêmio como primeiro livro, assim seja chamada minha introdução precedente e o início seja chamado de segundo livro."
3. Oviedo, trad. por Jean Poleur, 1555, livro I, f. 2 v°.
4. Oviedo, *ibid.*, f. 4 r°.
5. Oviedo, *ibid.*, f. 3 r°.
6. François Hartog, *Le miroir d'Hérodote*, Paris, Gallimard, 1980, p. 275.
7. Thevet, *CU*, II, "Sumário das coisas mais notáveis da Europa e quarta parte do mundo: da cosmografia de A. Thevet", f.* 2 r°:

o Autor estando doente, foi presenteado com carne humana para sua alimentação.	957.a
o Autor ofendido por um preste grego.	818.a
o Autor em perigo de sua pessoa.	491.a
para sua segunda viagem o Autor embarca a S. Malo.	598.b
o Autor em perigo de sua pessoa.	735.b
o ano em que o Autor partiu de Veneza.	778.a

Cf. *CU*, I, "Sumário de matérias da África e Ásia", f. â 2 r°:

o Autor em perigo de sua vida.	300.a
[...]	
o Autor prostrado devido a um remédio.	346.b
[...]	
o Autor golpeado por um turco.	372.b
[...]	
o Autor prisioneiro no castelo de Jerusalém.	170.b
o Autor ultrajado por um mouro.	428.b

8. Thevet, *CU*, I, "Epistre au Roy", *in fine*, f. 3 r°.
9. Sobre os aspectos técnicos do Tratado de Tordesilhas, ver o estudo de Luís de Albuquerque "O Tratado de Tordesilhas e as dificuldades técnicas de sua aplicação rigorosa", *El Tratado de Tordesilhas y su proyección*, actas do I Colóquio Luso-Espanhol de História de Ultramar, Valladolid, 1973, vol. I, pp. 119-136.
10. Ver Pierre Chaunu, *L'expansion européenne du XIIe au XVe siècle*, Paris, PUF, 1969, p. 209.

11. Pedro de Medina, *L'art de naviguer de maistre Pierre de Medine, espaignol, contenant toutes les reigles, secrets et enseignements necessaires à la bonne navigation, traduict de castillan en françois* [...] *par Nicolas de Nicolai, du Dauphiné, geographe du tres-chrestien Roy Henry II de ce nom*, Lyon, G. Rouillé, 1561, "Proeme", f.* 3 rº. Impresso em 2 de abril de 1555.
12. *Sabedoria de Salomão*, V, 10: "Como uma nau que atravessa a água agitada sem que seja possível encontrar o rastro de sua passagem nem a vereda seguida por sua querena nas ondas." Cf. Pedro de Medina, *ibid.*, na sequência.
13. Pedro de Medina, *op. cit.*, II, 1, p. 25: "Avaliando bem, o mar não tem cor, pois nossa vista não se interrompe na superfície da água, mas vai mais abaixo; quando se olha de longe, tem como que a cor do céu e quando os ventos o turvam ele toma diversas cores."
14. Thevet, CU, II, livro XXI, cap. 1, f. 906 vº (segunda paginação; numerada erradamente 907).
15. Théodore de Bry, *Americae Pars Quarta*, Francfort, 1594, pr. XV. Para duas leituras divergentes dessa gravura de Jean Galle a partir de um desenho de Jan Straet, ver Bernadette Bucher, *La sauvage aux seins pendants*, Paris, Hermann, 1977, p. 214 ss e meu estudo "La flèche du Patagon ou la preuve des lointains", *Actes* do colóquio *Voyager à la Renaissance*, Paris, G.-P. Maisonneuve e Larose, 1987.
16. Thevet, *ibid.*, f. 975 vº: "Comme les mariniers observent la haulteur du Nort."
17. Gustave Flaubert, *Carnet 16, circa* 1872, *in Oeuvres Complètes*, Paris, Club de l'Honnête Homme, t. 8, 1973, p. 384. Cf. Pierre-Marc de Biasi, ed. dos *Carnets*, Paris, Balland, 1988, p. 668: "Imagem encantadora: como os marinheiros observam a altura do norte. — Mar, nau, céu total escuridão pontilhada de estrelas, crivada de estrelas brancas desiguais, p. 976."
18. Gilbert Chinard, *L'exotisme américain dans la littérature française au XVIe siècle*, Paris, Hachette, 1911, pp. 100-101.
19. Arthur Rimbaud, *Le bateau ivre*, verso 32.
20. Lucien Frebvre, *Le problème de l'incroyance au XVIe siècle: la religion de Rabelais*, Paris, Albin Michel, 1968, "L'évolution de l'humanité", p. 357: "Géographes et cosmographes de cabinet qui retardent sur les geógraphes et les cosmographes de plein vent." A questão, como se vê, é de fato mais complexa. O progresso não está necessaria-

mente unicamente do lado dos "ao ar livre". Cf. Eric Dardel, *L'homme et la terre*, 2ª ed., Paris, Ed. do CTHS, 1990, pp. 109-115.
21. Bernard Palissy, *Discours admirables, de la nature des eaux et fonteines, tant naturelles qu'artificielles, des metaux, des sels et salines, des pierres, des terres, du feu et des emaux*, Paris, Martin Le Jeune, 1580. Sobre o comentário dessas páginas, ver Lucien Frebvre, *op. cit.*, pp. 381-382 e 385-386. Cf. François de Dainville, *La géographie des humanistes*, Paris, Beauchesne, 1940, p. 85.
22. Ver Marie-Madeleine Fontaine, "Banalisation de l'alchimie à Lyon au milieu du XVIe siècle, et contre-attaque parisienne", *Il Rinascimento a Lione. Atti del Congresso Internazionale (Macerata, 6-11 maggio 1985)*, aos cuidados de Antonio Possenti e Giulia Mastrangelo, Roma, Edizioni dell'Ateneo, 1988, pp. 263-322.
23. Jean d'Indagine, *Chiromance et physiognomie par le regard des membres de l'homme, faite par Jean de Indagine [...] le tout mis en françois par Antoine du Moulin, Masconnois, valet de chambre de la Royne de Navarre*, Lyon, Jean de Tournes, 1549 (BN: Rés. V. 2243), pp. 3-10 e especialmente pp. 5-6 para o paralelo com as grandes navegações. Citado por M.-M. Fontaine, art. cit. Leu-se na epígrafe deste capítulo a passagem dos *Discours admirables* em que Palissy faz o elogio dos pilotos experientes na arte de navegar.
24. Montaigne, *Essais*, III, 13, "De l'experience", éd. Villey, p. 1.072.
25. Leonardo Fioravanti, *Lo specchio di scienza universale*, Veneza, 1564. Cito segundo a tradução francesa de Gabriel Chappuys, *Miroir universel des arts et sciences*, Paris, Pierre Cavellat, 1584; 2ª ed., *ibid.*, 1586, I, 39, p. 167.
26. Thevet, *CU*, I, livro I, cap. 2, f. 5 v°. Sobre o desprezo frequentemente manifestado pelos homens do Renascimento para com os antigos descuriosos, ver além disso Michel Mollat, "Humanisme et grandes découvertes", estudo retomado em M. Mollat, *Études d'histoire maritime*, Turim, Bottega d'Erasmo, 1977, p. 667 ss., especialmente pp. 672-673.
27. *O Suplemento Catholicon, ou nouvelles des regions de la lune, onde se veem pintados os belos e generosos feitos de armas de fogo de Jean de Lagny, irmão de Charlatan, sobre alguns pequenos burgos da França, durante o predomínio da Liga. Dedicado a Sua Majestade Espanhola, por um jesuíta, recém-saído de Paris*, [Paris], 1604, cap. VI,

"D'une trape qui nous fut ouverte, par laquelle voyons ce qui se faisoit en terre." O opúsculo está anexado à *Satyre Menipee de la virtu du Catholicon d'Espagne et de la tenue des Etats de Paris. Derniere edition*, 1604 (Paris, BN: Rés. Lb(35)455 D).

28. *Nouvelles des regions de la lune, op. cit.*, cap. VII: "Du second quartier de la lune, d'ou nous furent monstrez le pays des gens de là l'eau."
29. A expressão, que vem dos *Epithetes* de Maurice de La Porte, designa Rabelais. Ver Christiane Lauvergnant-Gagnière, *Lucien de Samosate et le lucianisme en France au XVIe siècle. Athéisme et polémique*, Genebra, Droz, 1988, cap. VII, p. 235 ss.
30. Agrippa d'Aubigné, *Les tragiques*, II, versos 1.428-1.430. Ver a edição das *Oeuvres* de Agrippa d'Aubigné por Henri Weber, Paris, Gallimard, Bibliothèque de la Pléiade, 1969, p. 87.
31. A. d'Aubigné, *op. cit.*, II, verso 1.440, p. 88.
32. A. d'Aubigné, *op. cit.*, II, versos 1.431-1.438. Sobre essa inversão de perspectiva, ver Jean Céard, "Le thème du *monde à l'envers* dans l'oeuvre d'Agrippa d'Aubigné", *L'image du monde renversé et ses représentations littéraires et paralittéraires de la fin du XVIe siècle au milieu du XVIIe*, estudos reunidos por Jean Lafond et Augustin Redondo, Paris, Vrin, 1979, pp. 117-127.
33. A. d'Aubigné, *op. cit.*, verso 1.218, p. 243.
34. Isabelle Pantin, "L'hymne du ciel", em Madeleine Lazard éd., *Autour des "Hymnes" de Ronsard*, Paris, Champion, Unichamp, 1984, p. 209.
35. Pierre de Ronsard, "Hymne de la philosophie", versos 63-66, *in Oeuvres complètes*, edição Paul Laumonier, Paris, STFM, t. VIII: *Les Hymnes de 1555 et de 1556*, p. 89.
36. Notação de Jean Céard, *La nature et les prodiges. L'insolite au XVIe siècle, en France*, Genebra, Droz, 1977, p. 202. Ronsard inspira-se na passagem de uma imagem homérica mencionada por Macróbio em seu *Comentaire du Songe de Scipion* (I, XIV, 15-16).
37. A "Ode latine" de Jean Dorat e a "Ode pindarique" (na versificação francesa) de Guy Le Fèvre de La Boderie figuram ambas no início da *CU* em 1575. Textos em Roger Le Moine, *L'Amérique et les poètes français de la Renaissance*, Ottawa, Ed. da Universidade de Ottawa, 1972, "Les isles fortunées".

38. Pierre de Ronsard, *Responce aux injures et calomnies, de je ne sçay quels Predicans, et Ministres de Geneve* (Paris, G. Buon, 1563; *Oeuvres complètes*, edição Paul Lamonier, t. XI, p. 169), verso 1.046. Cf. *L'hymne du ciel*, versos 33-34 (O.C., t. VIII, p. 142):
    [...] car en forme ronde
    Gist la perfection qui toute en soy abonde.
39. Claude Nicolet, *L'inventaire du monde. Géographie et politique aux origines de l'impire romain*, Paris, Fayard, 1988, p. 51: "Pois o globo é menos a insígnia da dominação concreta de um espaço remarcável sobre a superfície da terra do que uma soberania ainda mais reconhecida do que geralmente é e 'cósmica' ainda mais do que geográfica." Na Europa do Renascimento, a ambição dos geógrafos cortesãos será a de fazer coincidir teoricamente essas duas concepções.
40. Para retomar a fórmula de Daniel Ménager, *Ronsard. Le roi, le poète et les hommes*, Genebra, Droz, 1979, p. 183.
41. Jean de Léry, *Histoire d'un voyage faict en la terre du Bresil*, Genebra, Antoine Chuppin, 1578, 1580 e 1585, Prefácio e *passin*; Lancelot Voisin de La Popelinière, *L'histoire des histoires. Avec l'idée de l'histoire accomplie*, Paris, M. Orry, 1599, livro VIII, pp. 455-459; Richard Hakluyt, *The Principall Navigations*, Londres, George Bishop & Ralph Newberie, 1589, epístola ao leitor; do mesmo, *The Principal Navigations*, ibid., G. Bishop, R. Newberie & Robert Baker, 3 vol., 1598-1600: *The Second Volume*, 1599, epístola dedicatória "To the Right Honorable Sir Robert Cecil Knight".
42. François Belleforest, *La cosmographie universelle de tout le monde [...]. Auteur en partie Munster, mais beaucoup plus augmentée, ornée et enrichie [...]*, Paris, Nicolas Chesneau e Michel Sonnius, 1575, t. II, *passim*. Ludwig Camerarius, Carta datada de Annaberg, 22 de julho de 1575 e dirigida a Hubert Languet, Viena, BN, ms latim 8583, f. 49 r°-v°.
43. Georges Gusdorf, *Les sciences humaines et la pensée occidentale*, III. *La révolution galiléene*, t. I, Paris, Payot, 1969, p. 128.
44. François de Dainville, *op. cit.*, 1940, cap. III, p. 84 s.
45. Todas as blasfêmias denunciadas por F. de Belleforest na sua *Cosmographie* rival de 1575 (t. II, *passim*). Sobre a voracidade de Thevet ao defender suas perigosas afirmações, ver meu estudo citado à nota 14 da Introdução.

NOTAS

46. Grabriel Du Préau, *Histoire de l'estat et succes de l'Eglise dressee en forme de chronique generalle et universalle*, Paris, Jacques Kerver (e G. Chaudière), 1583, t. I, "Epistre", f. â iij ss. O autor estigmatiza "certos cosmógrafos, historiadores e poetas de nosso tempo" pela presunção com relação aos antigos. Como uma espécie de compensação, o tomo II (*ibid.*, veuve J. Kerver, 1583) é precedido de uma "advertência" elogiosa assinada por Thevet.
47. François de Dainville, *op. cit.*, p. 87.
48. Montaigne, *Essais*, I, 31, éd. Villey, Paris, PUF, 1978, p. 205.
49. Thevet, *GI*, I, f. 206 r°. A sequência da passagem toma violentamente à parte "um certo Benzoni e o gentio de Léry, que glosaram e caluniaram no que puderam a minha história da França Antártica".
50. Thevet, *GI*, I, f. 205 v°.
51. Thevet, *CU*, I, f. 6 v°. Grifo nosso. Essa passagem havia sido destacada por Bégnine Saumaize em seu comentário de Dionísio Periegeto, Paris, 1597, f. 47 r°-v^o.
52. Thevet, *ibid.*, na sequência.
53. Thevet, *CU*, I, Prefácio, f. â 5 r°.
54. Sobre o caso de Empédocles, ver as páginas sugestivas de Gérard Defaux, *Le curieux, le glorieux et la sagesse du monde dans la première moitié du XVIe siècle*, Lexington (Kentucky), French Forum, 1982, pp. 119-128. É especialmente lembrado o que a lenda do glorioso e triste Empédocles deve à *Vita* de Diógenes Laércio.
55. Tomo emprestada essa expressão do título de uma coletânea de Henri Michaux, *Connaissance par les gouffres*, Paris, Gallimard, 1961.
56. Thevet, *CU*, I, Prefácio, f. â 4 v°.
57. Thevet, *SFA*, cap. 19, f. 35 v°.
58. *Ibid.*, f. 37 r°-v^o. Tal é a condição do capítulo intitulado "Não só o que está sob a linha do equador é habitável, mas também todo o mundo é habitado, contrariamente à opinião dos antigos."
59. Montaigne, *Essais*, III, 11, éd. Villey-Saulnier, p. 1.026.
60. Thevet, *SFA*, cap. 19, f. 37 r°.
61. Ver as notas 51 e 52. Cf. *GI*, I, f. 277 r°.
62. Thevet, *CU*, II, f. 910 v° (S. Lussagnet, p. 25): "Em primeiro lugar, vejamos onde é que as Índias estão situadas e vejamos no globo e na esfera redonda se tal opinião pode ser compartilhada (pois pela esfera plana vocês não saberão tirar um julgamento seguro) e então nos parecerá que toda a região das Índias é Oriental [...]." Trata-se de mostrar que a América ou "quarta parte do mundo" não está compreendida nas Índias.

63. Pascal, *Pensées*, 85 [83], ed. J. Chevalier das *Oeuvres Complètes*, Paris, Gallimard, "Bibliothèque de la Pléiade", p. 1.112. Devo essa reflexão a Jacqueline Lichtenstein, conferência sobre "Point de vue et distance dans la peinture du XVIIe siècle" pronunciada em Mulhouse em 25 de novembro de 1987.
64. Pascal, *Pensées*, 84 [355], ed. cit., p. 1.108.
65. *Ibid.*
66. Ver Thevet, *GI*, II, f. 144 r° e minha nota 159,20 na *CL* (Genebra, 1985).
67. Sobre as duas ilhas de Thevet, ver, mais adiante, o capítulo V: "Cartográficas".
68. Thevet, *CU*, I, f. 32 v°.
69. Thevet, *CU*, II, XXI, 2, f. 908 v° (S. Lussagnet, p. 5). Cf. Plínio, *HN*, livro X, cap. I, trad. Du Pinet, 1581, I, p. 376: "De resto, é um milagre da natureza que esse animal coma indiferentemente todas as coisas que se lhe dá [...]."
70. Thevet, *CU*, I, VI, 9, f. 176 r°-v°. A passagem merece ser citada por inteiro: "Nessa mesma passagem o douto Mattioli se esquece quando diz por seus escritos que tudo isso que se lança no dito mar boia sobre a água e que nada vai ao fundo, mesmo que ali se jogasse um homem atado e garrotado ou outra coisa mais pesada. Não sei o que lhe pôde fazer aceitar tal embuste, visto que vi em cinco vezes que fui ao dito lago lançar dez ossadas e crânios de cavalos e camelos mortos, mais de mil, entre outros um asno vivo, de um cristão nestoriano, com seu equipamento, que os janíssaros que nos conduziam precipitaram premeditadamente ao fundo desse (e isso devido à discussão que haviam tido entre si duas horas antes, por uma garrafa de vinho que lhes havia sido recusada), como também um outro que, estando bêbado, lá jogou as botas do companheiro, feias ao estilo turco. Todas aquelas coisas não falharam em ir incontinente ao fundo, perdendo-se de vista. A primeira vez que lá fui levado, alguns árabes, tendo matado três de nossa gente, despojando-os de suas vestimentas, esses diabos de grifões tomaram-lhes os corpos e os jogaram lá dentro; eles desapareceram assim como a sonda ou o chumbo lançado ao mar."
71. Thevet, *CU*, I, I, cap. 1, f. 1 r°. A mesma ideia, tomada emprestada de Plínio, encontra-se em Belleforest, *Histoire universelle*, Paris, 1570, "Prefácio ao leitor".

NOTAS

72. É um pouco dessa forma que o editor alemão Simon Grynaeus se exprime no prefácio do famoso *Novus Orbis* (Bâle, 1532). Ver Jean Céard, *La nature et les prodiges*, Genebra, Droz, 1977, p. 273, e sobre a mesma coleção de narrações de viagens, considerada em sua função política, a contribuição de Michel Korinman, "Simon Grynaeus et le *Novus Orbis*: les pouvoirs d'une collection", *in* J. Céard et J. Cl. Margolin, *Voyager à la Renaissance*, Paris, G-P. Maisonneuve et Larose, 1987, pp. 419-431.
73. Tal é o título, como se diz, de uma das últimas obras de Jean Bodin, publicada em 1596 e traduzida do latim por François de Fougerolles (Lyon, Jean Pillehotte, 1597).
74. Thevet, *CL*, Epístola, p. 5, 1. 10 s. Cf. *CU*, I, Prefácio, f. â 5 r°. A passagem é literalmente retomada com 20 anos de distância.
75. Thevet, *CL*, *loc. cit.* Cf. *CU*, I, f. â 5 r°: "Vós lereis num momento as histórias, noutro as questões naturais, tão verdadeiras quanto deleitáveis, tanto quanto o poder de meu pequeno espírito se pode fazer entender." A *CL* havia escrito: "...tão deleitáveis quanto verdadeiras".
76. Esse será o caso de Hipócrates em Cós, de Aristóteles na Eubeia, de Cícero em Zante ou Zakynthos etc.
77. Esse "jogo da natureza" povoa o pensamento de Cardano, que foi praticamente contemporâneo de Thevet. Ver J. Céard, *op. cit.*, 1977, p. 236.
78. Segundo Michel Foucault, *Les mots et les choses*, Paris, Gallimard, 1966, Prefácio, pp. 7-10.
79. Thevet, *CL*, Epístola, p. 5, *loc. cit.*
80. Thevet, *CL*, p. 158, gravura.
81. Como o lembrou especialmente François Rigolot, *Poétique et onomastique. L'exemple de la Renaissance*, Genebra, Droz, 1978.
82. Ver o capítulo V, p. 211 ss.: "Um cosmos em migalhas."

Capítulo II

1. Sobre uma tipologia da narrativa de viagem no Renascimento, ver as *Actes* do colóquio *Voyager à la Renaissance* (Tours, 1983), Paris, Maisonneuve et Larose, 1987, e, especialmente, a introdução de Jean-Claude Margolin e as conclusões de Jean Céard.
2. Coelius Rhodiginus, *Lectionum Antiquarum Libri triginta, recogniti ab Auctore, atque ita locupletati, ut tertia plus parte auctiores sint*

redditi: qui ob omnifariam abstrusarum et reconditiorum tam rerum quam vocum explicationem (quas vix unius hominis aetas libris perpetuo insudans observaret) merito Cornucopiae, seu Thesaurus utriusque linguae appellabuntur, quod in quocumque studiorum genere, non minor ipsorum, quam ingentis bibliothecae, aut complurium commentatoriorum, possit esse usus. Basileae, por H. Frobenium e N. Episcopum, 1542, in-fólio, 1.183 pp.

Para essa obra, servi-me igualmente da edição genovesa de 1620 ("Excudebat Philippus Albertus"), conforme a precedente.

Sobre a centena de referências a Coelius Rhodiginus que contam minhas "anotações e *scholies*" (ed. da *CL*, Genebra, 1985), duas estão erradas. Na p. 275, nota 71, 17-21, convém ler: Coelius Rhodiginus, IV, 12, p. 132 (e não IX, 12). P. 326, nota 193, 20, na última linha. O adágio aparece também em Coelius Rhodiginus, XXV, 25 (em lugar de XVIII, 34).

Para concluir esse balanço de pesquisa inevitavelmente provisório, convém assinalar outros empréstimos de Thevet tomados do autor das *Lições antigas*. No capítulo IX, p. 36, linhas 17 a 21, a passagem sobre a erva *Asplenon*, que alivia as doenças do baço, provém da *lectio* IV, 18, assim como havia notado Gregor Horst. Ver, mais adiante, a nota 66. No cap. XI, p. 44, linhas 14 a 16, a notação sobre a má reputação dos habitantes de Quios é uma alusão provável à *lectio* XXVI, 33, sempre segundo Gregor Horst. Ver a nota 69. No capítulo XXII, "Des chameaux", p. 75, 2-5, sobre a introdução dos camelos no Egito pelo Rei Ptolomeu, cf. *lectio* VII, 18 (Gregor Horst, p. 68).

3. Ver, mais adiante, a referência dessa tradução na nota 54.
4. Ver Gaetano Oliva, *Celio Rodigino, saggio biografico dell'età del Rinascimento*, Rovigo, a spese del Comune, 1868.
5. Nicollo Perotti, chamado Sipontinus, *Cornucopiae, sive Commentariorum linguae latinae libri*, Venetiis, *in* aedibus Aldi et Andreae Soceri, 1513, fol. (a primeira edição é de 1489); Ambroglio Calepino, F. *Ambrosii Calepini... Dictionarium, ex optimis quibusdam authoribus studiose collectum, et recentius auctum et recognitum*, Parisiis, cura J. Badii Ascensii, 1514.
6. Ver na nota 1 o argumento publicitário incluso no título das *Lectiones antiquae*.
7. Rabelais, *Cinquième Livre*, manuscrito do último capítulo, ed. G. Demerson, Paris, Éditions du Seuil, "L'Intégrale", p. 916, nota 14.

O cap. 47 do *Cinquième Livre* usa a *lectio* XXII, 4. Em relação a Montaigne, ver a ed. Villey dos *Essais*, Paris, PUF, 3ª ed., 1978, p. LXVI, "Appendice au catalogue des livres de Montaigne".

8. Pierre Boaistuau, *Brief discours de l'excellence et dignité de l'homme* (Paris, Vincent Sertenas, 1558), ed. crítica por M. Simonim, Genebra, Droz, 1982, notas 35, 69, 107, 114 e 127.
9. Estienne Tabourot, *Les bigarrures du seigneur des accords (premier livre)*, Paris, Jean Richer, 1588, cap. XV, "Des acrostiches", f. 152 C. Ver as notas de F. Goyet sobre esse texto editado em fac-símile, Genebra, Droz, 1986, t. II, p. 124. Cf. *LA*, XXV, 9, "Acroteria, Acrostichis". A referência de Tabourot no XIII, 17, é falha. Último exemplo do destino de Coelius Rhodiginus na França: sabe-se que Ambroise Paré, em seu livro *Des monstres et prodiges* (1573), cita abundantemente as "lições antigas", fecundas em casos teratológicos. Ver a edição crítica desse texto feita por Jean Céard, Genebra, Droz, 1971, *passim*.
10. Informação dada por Bruno Rech, "Bartolomé de Las Casas und die Antike", *Humanismus und Neue Welt*, Deustche Forschungsgemeinschaft, hg von Wolfgang Reinhard, Weinheim, Acta Humaniora, VCH, 1987, pp. 168-169.
11. Thevet, *CL*, cap. XLVII, p. 171. Ver François Secret, *Les kabalistes chrétiens de la Renaissance*, Paris, Dunod, 1964, p. 317.
12. Thevet, *CL*, cap. XXVII, pp. 87-90. Na ordem da minha enumeração: *LA*, XVIII, 5; XVIII, 2; XVIII, 1; XXII, 23; XVIII, 4; XIII, 6.
13. *CL*, cap. XI, p. 44, linhas 28-30. Cf. Montaigne, *Essais*, I, 23B, ed. Villey-Saulnier, p. 115.
14. *CL*, cap. I, pp. 16-17. Ver, sobre a construção provável desse capítulo, minha nota, ed. citada, p. 254.
15. Sobre o gênero do comentário no Renascimento, ver o estudo de Jean Céard "Les transformations du genre du commentaire", *L'Automne de la Renaissance* (1580-1630), Paris, Vrin, 1981, pp. 101-115.
16. Todas essas questões foram retomadas, segundo Coelius Rhodiginus, na *CL*.
17. Thevet, *CL*, cap. XXV, p. 123, linhas 3-4.
18. Cícero, *Pro Sex. Roscio Amerino*, XXV, 70 e XXVI, 71; Catulo, peça 88 das *Poèsies*, Paris, ed. G. Lafaye, "Les Belles Lettres", 1923.
19. Thevet, *CL*, Épitre, p. 5, linhas 12-15, Cf. cap. VII, p. 29, linhas 9-12, onde está relacionada a comparação tópica com as abelhas que colhem o mel aqui e acolá.

20. Thevet, *CL*, cap. XLVII, p. 171, linha 11.
21. Thevet, *CL*, cap. XL, p. 148, linhas 20-22.
22. Thevet, *CL*, cap. XV, p. 54, linhas 10-12. Empréstimo das *LA*, XXVI, pp. 29-31.
23. Thevet, *CL*, cap. XVIII, XXI e XXII, respectivamente.
24. Thevet, *CL*, cap. XXXIX, p. 145, linha 23. Sobre a passagem das *Miscellanées* a respeito da girafa, ver *Angeli Politiani Operum tomus primis*, Lyon, S. Gryphe, 1539, pp. 515-517.
25. Thevet, *CL*, *ibid.*, linhas 24-28.
26. Plínio, *Histoire naturelle*, VIII, 18, § 69.
27. Thevet, *CL*, Prefácio, p. 14, linhas 1-4.
28. Barthélemy Aneau, *Decades de la description, forme et vertu naturelle des animaulx, tant raisonnables, que brutz*, Lyon, Balthazar Arnoullet, 1549 (BN: Rés. Ye 3468-1), *Praeface*, f. Aij r°.
29. Remeto aqui à fecunda reflexão de Marie-Madeleine Fontaine, "*Alector*, de Barthélemy Aneau, ou le aventures du roman après Rabelais", *Mélanges sur la littérature de la Renaissance à la mémoire de V.-L. Saulnier*, Genebra, Droz, 1984, pp. 563-564.
30. B. Aneau, *op. cit.*, f. A 1 v°.
31. Sobre a teoria do emblema e suas origens, consultar-se-á a obra coletiva *L'Emblème à la Renaissance*, por Claudie Balavoine, Yves Giraud *et alii*, Paris, Sedes-CDU, 1982.
32. Erasmo, *Adagiorum chiliades quatuor*, Bâle, Froben et Episcopus, 1540, I, 5, 93. Cf. C. Rhodiginus, *LA*, VII, 22.
33. Thevet, *CL*, cap. XII, p. 49, linha 21 à p. 50, linha 8.
34. Thevet, *CL*, cap. XXXIV, p. 119, linhas 8-9. Cf. *LA*, XXIII, 14.
35. Thevet, *CL*, ibid., linhas 5-6, segundo *LA*, XXIII, 16.
36. Erasmo, *Adagiorum chiliades*, IV, 4, 39. Cf. Aulo-Gélio, *Noctes atticae*, XVI, 9.
37. Thevet, *CL*, cap. XIV, p. 52, linhas 14-20.
38. Gerhard Mercator e Joost de Hondt, *Gerardi Mercatoris Atlas, sive Cosmographicae Meditationes de fabrica mundi et fabricati figura. Jam tandem ad finem perductus quam plurimis aeneis tabulis Hispaniae, Africae, Asiae et Americae auctus ac illustratus a Judoco Hondio*, Amsterodami, sumptibus C. Nicolai e J. Hondi, 1607, in-fólio.
39. Sebastian Münster, *La cosmographie universelle de tout le monde*, Paris, Michel Sonnius e Nicolas Chesneau, 1575, t. I, livro I, cap. 2, "De la division de la mer, et de la source des fleuves", col. 9: "a fim

de que você entenda as coisas claramente, precisa ter às mãos uma tábua universal da descrição do mundo, a qual estando diante de seus olhos, lhe mostrará tudo isso, com a diversa disposição que existe no mar e na terra. Você vê lá o oceano expandido em muitos golfos, feito de acessos e embocadura tão próximos estão dos mares fechados entre as terras, como o golfo da Arábia, que não chega a mais de 115 mil passos do mar do Egito [...]. Que se percebe o quanto ele (= o mar) ocupa da terra, assim como é a medida dos rios, dos pântanos, que se ajuntem também lagos e lagoas, e todas as coisas que não têm quaisquer habitantes. Sem dizer que a terra em muitos lugares é elevada até o céu, tendo cumes muito altos para o olhar: tantas florestas, tantos vales arrasados, tantos desertos e outros lugares que não são habitados por mil causas, e todavia é aí que jaz o objeto de nossa glória. Aí temos as honras, aí exercemos os impérios, aí demandamos as riquezas. Aí os homens são agitados e perturbados. Recomeçamos aí as guerras civis, e as fazemos nos matando para que a terra seja mais vaga e menos habitada, para ter um império de uma só hora de duração. Oh que delírio!"

40. Joachim Vadianus, *Epitome trium terrae partium, Asiae, Africae et Europae compendiariam locorum descriptionem continens, praecipue autem quorum in Actis Lucas, passim autem Evangelistae et Apostoli meminere. Ab ipso Authore diligenter recognita, et multis in locis aucta*, Zurich, Froschauer, 1548. A primeira edição é de 1534, mas é no texto de 1548 que Thevet se inspirou para a *CL*.
41. Thevet, *CL*, cap. XLIV, p. 164, linha 6. Segundo Vadianus, *Epitome*, f. 110.
42. Thevet, *CL*, cap. L, p. 181, linha 30.
43. Thevet, *CL*, cap. LII, p.188, linhas 22-31.
44. Thevet, *CL*, cap. XLIII, p. 161, linhas 12-15. Segundo Vadianus, *Epitome*, f. 77 r°-v°: "Parum quidem laudata haec veteribus, ob squalorem et sterilitatem, nobis rerum vere divinarum memoria ita frequens et celebris existit, ut multis nominibus odoriferae illic ac diviti et Beatae quam gentes extollunt, praeferri et anteponi debeat. Nam ut summas tantum rerum attingamus, Israelem sicco pede Rubrum mare transgressum prima omnium hospitali benignitate excepit, nec minus quadraginta annis tenuit. [...] Vere autem o vere fertilem Arabiam istam credentibus, Arabiam inquam Petream, quae petram, id est, Christum ita nobis adumbravit [...]" O elogio da

Arábia Pétrea por Vadianus transporta-se em Thevet à Arábia Deserta, na sequência de uma confusão geográfica. Mas o sentido geral permanece inalterado.
45. Thevet, *CL*, cap. XV, p. 54, linhas 17-18.
46. Thevet, *CL*, cap. XXI, p. 71, linhas 17-21. Cf. *LA*, IV, 12: "Genua elephanti non flectunt." Para a demonstração ministrada por Pierre Gilles d'Albi em sua *Descriptio nova Elephanti* (Hamburgi, typis haeredum Philippi de Ohr, 1614), ver minha edição da *CL*, nota 71,22.
47. Thevet, *CL*, *ibid.*, p. 72, linhas 11-19. Segundo *LA*, XIII, 18: "Dentes'ne an cornua dici in elephantis debeant." A relação será feita por Gregor Horst, p. 65. Ver mais adiante, à nota 54, a referência dessa obra.
48. Thevet, *CL*, cap. XXXI, pp. 106-109.
49. Raffaello Maffei, chamado Volaterranus, *Commentariorum urbanorum octo et triginta libri*, Bâle, Froben, 1530, X, f. 117 v°.
50. Thevet, *CL*, cap. XXIV, p. 81, linhas 30-82. Questão clássica, discutida especialmente por Plínio, IX, 6, § 17-19, que Thevet segue e Aristóteles já refutava, *HA*, II, 15, 506a.
51. Thevet, *CL*, cap. XV, p. 54, linhas 23-27. Para um outro exemplo de julgamento equilibrado, cf. *CL*, cap. XI, p. 44, linhas 12-17 (sobre a honestidade dos habitantes de Quios): "É impossível agradar a todos, pois o que um aprova o outro condena: tão grande é a inconstância dos humanos." Coelius Rhodiginus, como se verá mais adiante à nota 69, emite sérias dúvidas sobre a moralidade desses insulares.
52. Ver a esse respeito Bernard Guenée, *Histoire et culture historique dans l'Occident médiéval*, Paris, Aubier, 1980, pp. 168-169 e 303-304.
53. Paris, Chesneau e Sonnius, 1575, t. I. O título já indica a restrição condescendente: "Auteur en partie Münster, mais beaucoup plus augmentée, ornée et enrichie par François de Belle-forest, Comingeois[...]."
54. *Cosmographia Orientis, das ist Beschreibung desz gantzen Morgenlandes, vor diesem Frantzösisch beschrieben, durch* Andream Thevetum, *jetzo aber in Teutsche Sprache versetzt und mit nützlichen marginalibus vermehret durch Gregor Horst, der Artzney Doctorn und Profesorn, auch Fürstl. Hessischen Leib* medicum. Giessen, bey Caspar Chemlin, 1617, 4 f. não numeradas + 216 pp. (Strasbourg,

BNU: D 165065; outro exemplar à Universidade da Pensilvânia, Filadélfia, Van Pelt Library: 915/T. 358, compreendendo, além do mais, 12 pranchas não numeradas, copiadas sobre as ilustrações de 1556).

O médico Gregor Horst, o primogênito, é igualmente o autor de um *Herbarium Horstianum, seu de selectis plantis et radicibus libri duo* (Marpurgi, C. Chemlin, 1630), *De Natura Humana libri duo, quorum prior de corporis structura, posterior, de anima tractat* (Francof. ad Moenum, typis E. Kempferi, 1612) e de três volumes da *Opera medica* publicada por seus filhos Gregor Horst, o jovem, e Johann Daniel Horst (Gouda et Amsterdam, 1661. Em nota do cap. VI da *Cosmographia Orientis*, "Von der Verwandlung" ("Des tranformations"), o tradutor remete obrigatoriamente o leitor aos próprios trabalhos: "Davon besiehe *opus nostrum de natura humana lib. 2. exer. 10 quaest. 9.*" O médico chega a estar de acordo com Thevet sobre a espinhosa questão da licantropia: "Die jenige welche vermeinen sie sind in Wölffe verandert, haben allein ein falsche Einbildung" (*ibid.*, p. 17).

55. Joachim Strüppe ou J. Struppius, *Consensus celebriorum medicorum, historicorum et philosophorum, super secretiss, ac preciosiss, quibusdam Medicinis fere exoticis, primumque super MUMIA eique cognatis, maxime in Iudaea, Aegypto, Arabia etc., olim usitatissimis, Tractatus primi* ΠΕΡΙΟΧΗ. *Ubi Mumiae genuinae, ad Pyramides ex concameratis Caemiteriis Aegyptiacis erutae VERUM EXEMPLAR, inter multa millia, ut carum valde, sic venustissimum, aspiciendum exhibetur*[...] *Per Ioach. Strüppe de Gelhausen etc.* D., Francofurti ad Moenum, apud N. Bassaeum, 1574 (BN: 4°Te"139"11), *in*-4, 8 ff. A xilogravura, intitulada "Expressa verae Mumiae Aegyptiacae effigies", que figura ao fim desse livreto, à f. B 4 v°, é reproduzida por Gregor Horst à p. 147 da *Cosmographia Orientis*, para ilustrar o capítulo que trata "Des sepultures des Egypciens, Momies et Baume" (cap. XLII).

Essa questão da conservação dos cadáveres interessava plenamente a Gregor Horst, autor em 1608 de uma Σκεψις *de naturali conservatione et cruentatione cadaverum, ubi ex casu quodam admirando et singulari duo problemata* [...] *deducuntur*, Wittebergae, typis M. G. Mulleri.

56. *Cosmographia Orientis, caput* XI, p. 39.

57. *Cosmographia Orientis*, c. LII, "Von Antiochia", p. 185, título: "Dieser Autor ist mit der Jesuiten Namen nicht zufrieden." Cf. *CL*, p. 189, linha 8, e minha nota.
58. *Cosmographia Orientis*, c. XXIX, p. 91, manchette.
59. *Cosmographia Orientis*, c. XL, p. 142: "Dieser Text wird von D. Luthero vertizt, die wechter nach der Version der *Septuag. Interpretum*, da stehet φυλακες sonsten hat der hebreische text *gammadim*, das gebe *Pygmaei*, welche aber ungleich verstanden werden, wie bey dem *Schindlero* und *Buxdorfio* in den Lexicis zu sehen". O luterano Gregor Horst remete aqui a Johann Buxtorf, *Lexicon hebraicum et chaldaicum*, 2ª ed., Bâle, 1615, e a Valentin Schindler, *Lexicon pentaglotton, hebraicum, chaldaicum, syriacum, talmudico-rabbinicum et arabicum*, Francfort, 1612.
60. *Cosmographia Orientis*, f. iii rº: "Diewiel aber unter allen andern, welche die Riesen zum heiligen Grabe beschrieben, nicht leicht einer gefunden wird, in welchem so kürzlich und mit wenigen worten so viel denkwürdige sachen verfasset."
61. *Ibid.*, f. iii rº: "Ja es bleibt bey den Historien nicht, sondern kommen zu offterm feine lustige *quaestiones* und Fragen darzu, damit der Leser so viel mehr nutzen darvönhabenmösen zugeschweigen der *Antiquiteten*, so hierben, der Warheit nach, künstlich abgebildet senn".
62. *Cosmographia Orientis*, c. XI, "Von der Insel Chio", p. 34, notação marginal.
63. No ano de 1566. Ver *ibid.*, pp. 34 e 36, títulos.
64. Ver, por exemplo, na *Cosmographia Orientis*, c. XIV, p. 45: "Erasmus Roterodamus setzt in seinen *Adagiis*, dass man sagt, *Athos obumbrat latera Lemniae bovis*, wenn einer einem beschwerlich ist, um eines anderen ruhm gedencket zu hindern, gleich wie der Berg Athos in Thracia mit einem Schatten die weisse Seule einer auffgerichten Kuhe in Lemno sehr weit darvon verfinstert." Thevet alegava "o provébio comum" (*CL*, XIV, 52, 2), sem citar sua dívida em relação aos *Adágios* de Erasmo, III, 2, 90.
65. *Ibid.*, c. IX, "Von Candia", p. 27, nota *e*.
66. *Ibid.*, Cf. *LA*, IV, 18, "Asplenon medicamentum quid".
67. *Ibid.*, c. XXI, "Von den Elephanten", p. 65: referência a "Caelio Rhodigino lib. 13. lect. antiq. c. 18", que é a origem provável da passagem. Ver minha edição da *CL*, nota 72, 11-19.

68. *Cosmographia Orientis*, c. X, p. 31, Cf. *LA*, XXX, 27: "Terrae motuum species".
69. *Cosmographia Orientis*, c. XI, p. 35, título. Cf. Coelius Rhodiginus, XXVI, 33: "De chiorum turpitudine, orbiter et Cappadocum." Essa passagem em que a moralidade lendária dos habitantes de Quios é confirmada parece dever dar conta da alusão que se encontra na *CL*, XI, 44, 14-16: "Ora, não quero colocar em dúvida a honestidade dos habitantes da ilha de Quios. Verdade é que alguns autores os têm notado como lascivos e desonestos: mas é impossível agradar a todos[...]." Uma vez mais, Gregor Horst faz mostra de grande perspicácia, mas indica uma referência errônea às *Lectiones antiquae* XXVI, 23, em lugar de XXVI, 33.
70. *Ibid.*, c. XVIII, p. 61, título: "Besiehe Cael. Rhodiginum und Aelianum". Ao fim do mesmo capítulo dos leões, Gregor Horst relaciona vários adágios que Thevet negligenciou e que se encontram nas *Chiliades*, de Erasmo: "Allhie sind noch zu mercken feine Sprichwörter von den Löwen genommen, als *Leonem ex unguibus cognoscimus*, das man sagt, wann man etwas gar gewiss macht[...]. Item *Leo risit*[...]. Item *Leonem subula non excepit*."
71. Essa presença do glosador se rarefaz sensivelmente ao longo da obra: enquanto as margens dos primeiros capítulos estão repletas de anotações quase contínuas, ficam esparsas a partir do capítulo XXIX, para se tornar muito raras próximo ao fim.

Capítulo III

1. Thevet, *HI*, II, VIII, cap. 149 e 145, respectivamente.
2. BN, Ms fr. 15454. Ver S. Lussagnet, *Le Brésil et les brésiliens par André Thevet*, Paris, PUF, 1953, pp. 237-310.
3. BN, Ms fr. 15452, mapas n° 92 a 95 e 98 a 101. Na ordem: "Isles de Maquehay" (Macaé), f. 255 v°, mq.; "Isle des Margajas" (Ilha do Governador, na baía de Guanabara), f. 228 v°; "L'Isle Henrii" (Ilha de Villegaignon, na baía de Guanabara), f. 232 v°; "Gouffre de la rivière de Guanabara ou Janaire" (baía de Guanabara), f. 245 r°; "L'Isle de Thevet", f. 259bis; "Isles honestes", f. 262 v°, mq.; "Isles de La Baye des Roys" (Angra dos Reis), f. 264 v°, mq.; "Isle de S. Sebastien" (Ilha de São Sebastião), f. 265 v°, mq.
4. Thevet *CU*, t. I, f. 116 r°, e II, f. 941 r°.

5. Thevet, *CU*, I, II, cap. 16, f. 64 vº. Passagem recopiada por Louis Guyon de La Nauche, *Les diverses leçons* (Lyon, Claude Morillon, 1604; reed. em 1610), livro IV, cap. 28, p. 748.
6. Thevet, *CU*, I, V, cap. 1, f. 121 rº.
7. Thevet, *SFA*, cap. 66, f. 131 rº.
8. Thevet, *CU*, II, XXI, cap. 3, f. 911 vº (2ª paginação). Cf. S. Lussagnet, *op. cit.*, p. 29.
9. Sobre esse provérbio, ver Guy Turbet-Delof, *L'Afrique barbaresque dans la littérature française aux XVIe et XVIIe siècles*, Genebra, Droz, 1973, p. 42. Sobre o antagonismo do turco e do mouro, ver ainda minha comunicação "Guillaume Postel et l'obsession turque", *Actes du colloque Guillaume Postel (1581-1981)*, Paris, Guy Trédaniel, 1985, p. 265 s. e especialmente pp. 270-271 e 281-282: "Bon turc et more cruel."
10. Thevet, *CU*, I, VI, 1, f. 151 vº.
11. Thevet, *CU*, I, VI, 5, f. 163 rº-vº.
12. Melusina: *SFA*, cap. 81, f. 160 rº; "o Profeta Inglês Merlim": *CU*, II, XXI, cap. 6, f. 919 rº (S. Lussagnet, p. 67); "a conquista do santo Graal na Grã-Bretanha": *CU*, II, XXI, 6, f. 920 rº (S. Lussagnet, p. 71).
13. Cf. o título do cap. IV do livro XXI: "Do cabo frio e da leviana crença dos selvagens da dita terra."
14. Thevet, *CU*, II, XIX, 10, f. 851 rº: "Pois uns adoravam o fogo, outros as florestas, outros as serpentes, outros o sol e um martelo de grandeza e grossura monstruosa. E quando se lhes inquiriu por que faziam tal honra ao martelo, responderam que outrora o sol esteve por muito tempo sem lhes mostrar a claridade: mas enfim, quando clareou, o rei da região tomou-o e aprisionou-o em uma torre muito segura; mas os signos do Zodíaco, vindo em socorro do prisioneiro, quebraram aquela torre com tal martelo e colocaram o sol em liberdade. E por esse benefício honravam o martelo, que tanto tinha feito aos homens, ao lhes devolver a claridade do sol."
15. Thevet, *CU*, II, XVI, 11, f. 674 rº: "De resto, pelo tempo que o mar fica ali congelado, e que algumas vezes o gelo se rompe, isso faz um barulho semelhante, como se fosse uma voz humana; sendo causa que o pobre povo simples e grosseiro naquelas terras creia e estime que são as almas dos mortos, as quais são ali atormentadas, e ali passam o tempo de sua penitência, tanto a opinião do Purgatório está gravada no espírito desta nação."

Segundo Olaus Magnus, *Historia de gentibus septentrionalibus, earumque diversis statibus, conditionibus, moribus, ritibus, superstitionibus, disciplinis, exercitiis, regimine, victu, bellis, structuris* [...] *et rebus mirabilibus*, [Rome], 1555, *liber secundus, caput* III: "De apparentibus umbris submersorum": "Ibique [= in Islandia] locus esse creditur poenae, expiationisque sordidarum animarum. Illic nempe spiritus, seu umbrae, comperiuntur se exhibentes manifestos humanis ministeriis submersorum, sive alio violento casu enectorum". Cf. o epítome publicado em 1651 em Antuérpia por Christophe Plantin sob o título de *Histoire des pays septentrionaux*, II, 3, f. 20 rº-vº: "Há nesta ilha coisas muito admiráveis, e como que miraculosas. Entre outras há um rochedo, brilhante e ardente continuamente, como faz o monte Etna (ou Mongibelo), e estão os habitantes daquelas terras certos de que é um abismo do inferno no qual as almas dos mortos fazem sua penitência. E dizem que se veem ali ordinariamente almas e espíritos mostrando-se manifestamente [...]."

A passagem em questão da *CU* de Thevet deve ser relacionada com o mito rabelaisiano das palavras congeladas (*Quarto livro*, cap. 55-56), o qual o cosmógrafo contestará mais tarde no *GI*, I, f. 147 rº-147 vº (ver R. Schlesigner et A. P. Stabler, *André Thevet's North America*, Montreal, 1986, pp. 235-236).

16. Thevet, *CU*, II, XXI, 1, f. 905 vº-906 rº (2ª paginação).
17. Thevet, *CU*, II, XVI, 11, f. 674 rº.
18. Ver Elfriede Regina Knauer, *Die Carta Marina des Olaus Magnus von 1539*, Göttingen, Gratia-Verlag, 1981, p. 41 ss.: "Der mehrface Sinn der Carta Marina."
19. Thevet, *CU*, I, f. 190 vº. Sobre as circunstâncias desse milagre e o eco considerável que lhe dá a propaganda contrarreformada, ver François Secret, *L'ésotérisme de Guy Le Fèvre de La Boderie*, Genebra, Droz, 1969, pp. 17-18.
20. Thevet, *CU*, I, IX, 5, f. 294 vº.
21. *Idem, ibidem*.
22. Thevet, *CU*, I, XII, 10, f. 441 rº: "Isto observei também entre os selvagens da Antártica: os quais vendo que comíamos toucinho velho e totalmente rançoso, que nos serviam de galos capões e perdizes, repreendiam-nos, dizendo como era possível que vivêssemos tão longamente, e estivéssemos com vida, visto que aquela sujeira era completamente prejudicial ao corpo dos homens."

23. Thevet, *CU, ibidem,* na sequência da passagem precedente.
24. Thevet, *CU,* I, II, 8, f. 49 r°. A passagem é empregada para uma refutação das "tolices" de Pomponius Mela, falando do lago *Themyns* no Egito, onde se veria "uma ilha flutuante sobre a água", "de uma espantosa grandeza" e coberta de "paisagens, terras incultas, bosques, florestas e em alguns lugares de belas cidades". A referência aos *"meus* selvagens da França Antártica" é, portanto, destinada a desvalorizar a pseudociência dos antigos.

    A menção aos selvagens do Brasil, em sua função depreciativa, encontra-se no *Grande insular* (II, f. 118 v°-119 r°), para condenar os dizeres de S. Münster concernentes às fontes da juventude, Cereu e Neleu, situadas antigamente na ilha de Eubeia: "Que se falasse a verdade, haveria vários milhares de pessoas que tristes de estarem de barbas brancas não pouapariam dinheiro para chegar a essas fontes miraculosas, pois mandariam trazer água para perder a papada e rejuvenescer a barba [...]. Nossos margajás, peruanos e mexicanos certamente evitariam visitar essas fontes, visto que, assim como disse em outros lugares, eles arrancam todo o pelo do rosto. [...] Mas isso é muito pantagruelizar."
25. Remeto aqui à fecunda reflexão de Hélène Clastres, "Sauvages et civilisés au XVIIIe siècle", *in* François Châtelet éd., *Les idéologies*, Paris, Hachette, 1978, e Marabout Université, 1981, t. III, pp. 191-210.
26. Sobre a empreitada de Gérando e seus pressupostos ideológicos, ver, além da referência dada na nota precedente, o estudo de Britta Rupp-Eisenreich "Christoph Meiners et Joseph-Marie de Gérando: un chapitre de comparatisme anthropologique", *in* D. Droixhe e Pol-P. Gossiaux éd., *L'homme des lumières et la découverte de l'autre*, Bruxelles, Éditions de l'Université de Bruxelles, 1985, pp. 21-47.
27. Paul Jove (Paolo Giovio), *Histoires* (Lyon, G. Rouillé, 1552, livros XVII e XVIII, p. 277 ss.) forneceu especialmente a Thevet, *CU,* I, f. 37-38, a narrativa da tomada do Cairo por Sélim em janeiro de 1517. Sobre a coletânea de Sansovino, ver Stéphane Yérasimos, "De la collection de voyages à l'histoire universelle: la *historia universale de' Turchi* de Francesco Sansovino", *Turcica,* t. XX, 1988, pp. 19-41.
28. Sobre dois desses "colóquios", ver David Dalby e P.E.H. Hair, "Le Langaige de Guynee: a sixteenth century vocabulary from the Pepper Coast", *African Language Studies,* V, 1964, pp. 174-191, e "Le

NOTAS

Langaige du Bresil: A Tupi Vocabulary of the 1540 s", *Transactions of the Philological Society* 1966, Oxford, 1967, pp. 42-66.
29. Segundo o dicionário de Littré, s.v. "margajat", que, para esse sentido figurado, dá dois exemplos tirados de Boursault e Voltaire. Thevet, que emprega pela primeira vez essa palavra em francês (*CU*, II, XXI, *passim*), não é mencionado.
30. Thevet, *CU*, I, f. 137r°.
31. Thevet, *CU*, II, XXI, 14, f. 941 r°-v°. Cf. S. Lussagnet éd., *Le Brésil et les brésiliens*, 1953, p. 178.
32. Thevet, *CU*, II, XXI, 5, f. 916 v° (S. Lussagnet, p. 55). Cf. Thevet, *H2V*, f. 47v°, em que essa passagem é retomada.
33. Thevet, *HI*, II, XXI, livro VI, cap. 103, f. 530 r°-532v°: "Robert Gaguin." Sobre a obra de Robert Gaguin, consultar-se-á principalmente Franco Simone, *Il Rinascimento francese, studi e ricerche*, Turin, Società Editrice Internazionale, "Biblioteca di Studi Francesi", n° 1, 1963, I, caps. 2, 3 e 4.
34. Trata-se do jurisconsulto Jasão de Maino ou Mayno (1435-1519). Ver Michel Reulos, *Comment transcrire et interpréter les références juridiques*, Genebra, Droz, 1985.
35. Thevet, *HI*, II, f. 532 v°, *in fine*.
36. Ver Suzanne Lussagnet, *op. cit.*, 1953, p. 40, nota 1. Poder-se-ia evidentemente pensar num outro tipo de aproximação onomástica: o *maire* podendo, pela etimologia latina, remeter ao *maior* no sentido de ancestral, de primogênito ou de principal (ver os dicionários de Godefroy, Huguet e o *FEW* de Walther von Wartburg, s.v. maior). Mas não é certo que Thevet empregue essa palavra alhures, com acréscimo de valor de substantivo, enquanto o tupinambá *maira*, afrancesado em *mair*(e) depois da *CU*, tem um emprego familiar. O que reforça nossa hipótese é a associação desse "Mair" à atividade discursiva. Dos "relatos" das "boas gentes" à "mito-história" de Jean Lemaire, a função dos *mairs* do Brasil e da França envolve-se sob o termo genérico de "discurso" — e, no caso, de discurso das origens.
37. Thevet, *CU*, II, XXI, cap. 4 a 6: "Do cabo Frio e a leviana crença dos selvagens da dita terra"; "Instituição do grande caraíba e transformações feitas por seus profetas"; "Continuação das transformações e crença desse povo" (cap. 3 a 5 da edição Lussagnet).
38. Hélène Clastres, *La terre sans mal. Le prophétisme tupi-guarani*, Paris, Éditions du Seuil, 1975, p. 51.
39. Thevet, *CU*, II, XXI, 6, f. 918 r°; cf. *H2V*, f. 48 v°.

40. Ver cap. II, notas 54 e seguintes.
41. Ver *Le huguenot et le sauvage*, Paris, 1990, cap. III, notas 106 a 108, sobre as circunstâncias históricas dessa tradução.
42. *The New Found Worlde, or Antartike [...] Travailed and Written in the French Tong, by that Excellent Learned Man, Master Andrewe Thevet*, Londres, by Henrie Bynneman, for Thomas Hacket, 1568, f.* 2rº, [epístola] "To the right honorable Sir Henrie Sidney, Knight of the most Noble order of the Garter, Lorde President of Wales, and Marches of the same, Lord Deputie Generall of the Queenes Ma-/iesties Realme of Ireland, Your humble Orator *Thomas Hacket* wisheth the favour of God, long and happy life, encrease of honor, continuall health and felicite". Eis o início dessa epístola: "Nada deve ser mais recomendado (muito honorável) do que aqueles que foram os primeiros inventores e descobridores das Artes e Ciências, com o que a humanidade é embelezada e adornada, sem cujos dons ela seria nua, bárbara e bruta, e vós uma servil criatura. Não foi à toa que os mais velhos em tempos passados celebraram tanto os instituidores daquelas coisas: como *Herodotus* escreveu, que os egípcios antes de todos os outros homens primeiro descobriram o ano pelo curso dos planetas, e o dividiram em XII meses. *Diodorus* assinalou isso aos *Tebanos*, no que se alinhou por certo à opinião de *Herodotus*, por serem os *Tebanos* uma nação do Egito. Assim como *Numa* acrescentou ao ano janeiro e fevereiro, *Romulus* ordenou março, abril e maio, *Augustus* de outro lado, e então *Iulius Cæsar* tornou o ano perfeito, como *Polidorus Vergilius* testemunhou em seu livro *De inventoribus rerum*."

Sobre o projeto de Polidoro Vergílio, consultar-se-á a obra de Denys Hay *Polydore Vergil. Renaissance Historian and Man of Letters*, Oxford, The Clarendon Press, 1952, cap. III: "De Inventoribus Rerum", 2ª ed., Paris, Flammarion, 1980, livro I, cap. I, p. 25. Mas, contrariamente ao que pensa Seznec, não foram os excessos evemeristas que valeram a Polidoro Vergílio ser colocado no Index do livro *Dos inventores*, mas antes o seu erasmianismo. Com efeito, a edição aumentada em 1521 dessa compilação dava destaque à Igreja primitiva e criticava as "invenções" em matéria de instituição eclesiástica, posteriores ao tempo dos apóstolos. É esse conteúdo subversivo, indo no mesmo sentido da *Epitome topographica* de Vadianus, que é visado em 1549 pela quarta edição do *Index de l'Université de*

Paris (ver J.M. De Bujanda, F.M. Higman e J.K. Farge ed. Sherbrooke e Genebra, 1985, p. 249, nº 243).
Denys Hay, *op. cit.*, p. 65, sublinhou justamente a violência com que, na dedicatória dos cinco últimos livros acrescentados em 1521, Polidoro Vergílio denuncia "a selva de observâncias judaicas semeadas no campo do Senhor". É o que o faz condenar os padres que encorajam o povo a venerar as imagens da Sagrada Família e indignar-se com o comércio das relíquias.
Nem Héret nem Thevet, tampouco Belleforest de resto (ver adiante nota 45), parecem ter ficado chocados com tais audácias.

43. *Ibidem*, f.* 3 vº: "Então (muito honorável) nós vemos, valentes e corajosos personagens do mundo que vieram a empreender muitas excelentes empresas, de modo que o nome deles nunca irá morrer, arquivado tanto pelo mar quanto pela terra, como este valoroso viajante *Andrewe Thevit*, nesta sua Navegação do Novo Mundo Encontrado, o qual dediquei à vossa honra."

44. Ver Pierre-François Fournier, "Un collaborateur de Thevet pour la rédaction des *Singularités*", ICTHS, *Bulletin de la Section de Géographie*, t. XXXV, 1920, pp. 39-42, e meu estudo *André Thevet, cosmographe des derniers Valois*, Genebra, Droz, 1991, cap. IV, notas 50 e 51.

45. SFA, cap. 30, f. 57 vº. Cf. Polidoro Vergílio, livro II, cap. 9: "Daquele que primeiramente encontrou a arte da memória: demonstrou-a, ou daqueles que nela floresceram", f. 63 vº: "Ciro rei dos persas tinha por meio desta arte tanta memória que dizia todos os nomes de suas gentes em seu exército. Cineas legado do rei Pirro no dia seguinte à sua chegada em Roma por meio de sua memória nomeou todos os homens de cada ordem, Mirtridates tinha conhecimento de 22 línguas [...]. Diremos também que César lia e escrevia compunha e escutava, conjuntamente, segundo Espartiano." Citamos segundo a tradução francesa de 1544: *Pollidoro Vergile hystoriographe nouvellement traduict de latin en françoys, declairant les inventeurs des choses qui ont estre*, Paris, Jehan Longis e Vincent Sertenas (BN:G. 29945). Consultamos igualmente a tradução francesa de Belleforest, *Les memoires et histoire de l'origine, invention et autheur des choses. Faicte en Latin, et divise en huic livres, par Polydore Vergile natif d'Urbain: et traduicte par François de Belleforest Comingeois*, Paris, Robert Le Mangnier, 1576.

46. Thevet, SFA, cap. 31, f. 59 rº.

47. Polidoro Vergílio, *Les inventeurs des choses*, 1544, livro III, cap. 17. Cf. Belleforest, trad. cit., p. 350: "Plutarque en son Thesee." É necessário corrigir neste ponto minha edição das *SFA*, 1983, p. 61, nota 3, na qual indiquei Plutarco (*Vie de Thésée*, cap. V, "Blib. de la Pléiade", pp. 4-5) como fonte desta passagem. Na realidade, Polidoro Vergílio serviu de intermediário, e talvez esteja aí a origem do contrassenso de Thevet, *loc. cit.*: "E de fato achamos que Alexandre Rei da Macedônia ordenou às suas gentes agarrar os macedônios pelos cabelos e pelas barbas, que traziam longos: pois não tinham ainda barbeiros para cortá-los ou raspá-los."
48. Thevet, *SFA*, cap. 36, f. 68 v°. "Desta (= a magia) diz-se terem sido inventores Zamolxis e Zoroastro, não o tão conhecido, mas o filho de Oromásio." Cf. Polidoro Vergílio, *op. cit.*, I, 22; trad. F. de Belleforest, 1576, p. 119.
49. Thevet, *SFA*, cap. 35, f. 65 r°. "Neste lugar, concordaremos com Fílon, primeiro a interpretar os sonhos, sendo segundo Trogus Pompeius, que foi depois muito excelente nessa mesma ciência. Plínio é da opinião de que Anfícteon foi o primeiro intérprete". Cf. Plínio, *Histoire naturelle*, VII, 56. O capítulo intitulado "Des premiers inventeurs de plusieurs choses" (trad. Antoine Du Pinet, 1581, pp. 286-290) é abundantemente usado por Polidoro Vergílio. Cf. a tradução de F. de Belleforest, I, 24, p. 127.
50. Thevet, *SFA*, cap. 38, f. 71 r°-v°. "Quando se atracam eles trocam, confusamente, flechadas, golpes de maças e de espadas de madeira, não havendo tão belo passatempo quanto ver tal confusão. Agarram-se e mordem-se em todos os lugares que podem encontrar e pelos lábios que têm perfurados."
    Essa guerra selvagem, cuja pintura parece ter sido feita no vivo, inspira-se de fato num modelo traçado por Polidoro Vergílio (II, 10, ed. de 1544, f. 64 r°-v°): "Os antigos diante do uso das armas costumavam combater com os punhos, calcanhares e morder: e isso era a primeira parte das batalhas. Depois usou-se batalhar jogando pedras e batendo com bastões, segundo o que deseja testemunhar Heródoto em seu livro quarto [...]. Diodoro o afirma em seu livro primeiro, e que as maças e a pele do leão fossem próprias a Hércules para combater, visto que antes as armas não tinham sido achadas, nem em sua época também. Vingavam-se as ofensas com grossas maças de madeira; e eram as gentes de armas cobertas e armadas apenas com peles de animais."

Desse fato, se se segue a lição de Polidoro Vergílio, observa-se que os tupinambás reúnem em seu modo de combater vários estágios distintos da invenção da arte da guerra.

O mesmo capítulo 38 das *SFA*, sobre a origem dos tratados (f. 70 v°), é ainda devido a Polidoro Vergílio: "e penso que se Teseu, o primeiro autor das tréguas junto aos gregos, aí estivesse, teria encontrado mais empecilhos do que então". Segundo Plutarco, *Vie de Thésée*, cap. XXXVII ("Bibl. De la Pléiade", p. 29), *via* Polidoro Vergílio, livro II.

51. Thevet, *SFA*, cap. 42, f. 80 r°, a propósito dos "Cris, povo da Trácia". Segundo Polidoro Vergílio, I, 4, ed. de 1544, f. 11: "Do nascimento do casamento, como as gentes diferiam nesse sacramento, e daqueles que em público (ao modo dos animais) uniam-se carnalmente."
52. Thevet, *SFA*, cap. 47, f. 91 v°-92, sobre a economia de troca anterior ao uso do ouro amoedado. Segundo Polidoro Vergílio, III, 16, ou Plínio, VII, 56, ed. Du Pinet, p. 288.
53. Thevet, *SFA*, cap. 53, f. 102 v°. Segundo Polidoro Vergílio, III, 14, ed. de 1544, f. 124: "Ovídio entretanto, na oitava de suas metamorfoses, disse que Perdris, sobrinho de Dédalo por causa de sua irmã, descobriu o serrote: à semelhança da espinha, que está nas costas de um peixe, na forma de um pente." Cf. Ovídio, *Métamorphoses*, VIII, versos 256-258. A mesma página de Thevet pega emprestadas ainda de Polidoro Vergílio as tradições concernentes à origem das "ferramentas", tais como "cunha", "serra", "lima e pregos" (P. V., *ibidem*).
54. Thevet, *SFA*, cap. 54, f. 104 r°. Segundo Polidoro Vergílio, III, 7, ed. de 1544, f. 111, citando Plínio, VIII, 56, e Vitrúvio, *Les dix livres de l'architecture*, II, 1, em que é evocada "a vida dos primeiros homens" antes da invenção do fogo e das moradias fixas. Polidoro Vergílio: "Cada um começou a imaginar algum remédio contra o frio e o gelo, de modo que compuseram pequenas casas de taipa e por vezes feitas de terra vil, que se mantinham por meio de varetas e galhos trançados com gravetos e vimes."
55. Thevet, *SFA*, cap. 58, f. 112 v° e 113 v°, sobre a vida dos primeiros homens e a origem da agricultura. Polidoro Vergílio, III, 2, ed. de 1544, f. 99, já tinha feito uma pequena síntese sobre a questão. É a ele que Thevet deve especialmente, f. 113 v°, a referência a Virgílio, *Geórgicas*, I, verso 125: "Antes de Júpiter nenhum lavrador trabalhava a terra..."

56. Sobre Teseu, ver as notas precedentes 47 e 50, *in fine*; sobre César, ver nota 45. Quanto a Licurgo e Sólon, legisladores de Esparta e Atenas, suas *Vie* gêmeas redigidas por Plutarco recomendaram suas sabedorias antitéticas aos homens do Renascimento. Thevet mostra-se tributário na *CL*, cap. XXVII e XXVIII. Evoca ainda o exemplo de Sólon na *SFA*, cap. 51, f. 98 v°, a propósito das restrições feitas ao comércio do mel, decerto segundo testemunho de Polidoro Vergílio.
57. Thevet *HI*, II, VII, cap. 149, 150, 147 e 145, na ordem em que as enumeramos.
58. Todos "inventores" mencionados no cap. 56 do livro VII da *Histoire naturelle*.
59. Sobre essa filiação, ver Denys Hay, *Polydor Vergil, Renaissance Historian and Man of Letters*, Oxford, Clarendon Press, 1952, cap. III, p. 58.
60. *Idem, ibidem*, pp. 60-61.
61. Thevet, *SFA*, cap. 58, f. 113 v°. Segundo Polidoro Vergílio, III, 2, 1544, f. 99: "No começo, segundo Plínio no preâmbulo ao décimo sexto livro de suas histórias naturais, a natureza da mãe de todos e de tudo ensinava aos homens a viver delicadamente como agora. Pois contentavam-se com os frutos da terra produzidos e engendrados sem serem trabalhados, corrompidos nem violados pelas ferramentas, assim como disse Ovídio, no primeiro de suas *Metamorfoses* [...] Virgílio diz a esse propósito no primeiro de suas *Geórgicas* [...] O labor foi agregado e unido aos frumentos e outros cereais quando se soube que as florestas queriam ser estéreis; e aquela de Dodona igualmente que já começava a recusar seu fruto [...]."
62. Como Du Bartas mostra no *Eden* (*Seconde Semaine*, Premier Jour), verso 271 ss. Ver, a esse respeito, minha comunicação "L'Art imite la Nature/La Nature imite l'Art: Dieu, Du Bartas et l'Éden", *Actes du colloque Guillaume de Saluste du Bartas (Pau, 1986)*, Lyon, La Manufacture, 1988, pp. 167-184.
63. Esse lapso de Thevet (*SFA*, f. 113 v°), que exclui Caim em proveito de Abel, o pastor, provocará os sarcasmos de Jean de Léry, *H1V*, 3ª ed., Genebra, 1585, Prefácio, f. qqq3: "Ele publicou sua ignorância, ao dizer que as Escrituras santas fazem menção ao trabalho de Abel, mas se colocasse corretamente seus óculos, veria que esse era pastor de ovelha e seu irmão Caim, trabalhador da terra."
64. Thevet, *SFA*, cap. 36, f. 68 r°.

65. Thevet, *SFA*, cap. 35, f. 65 r°-v°. A conclusão do capítulo é tão significativa quanto inexata: "... e são realmente idólatras, nem mais nem menos do que os antigos gentios".
66. Ver sobre esse ponto Suzanne Lussagnet, *op. cit.*, 1953, p. 39, nota 2, e p. 45, nota 1. A opinião do dilúvio é evocada nas *SFA*, cap. 53, f. 101 v°- 102 r°. Sabe-se a importância que os missionários darão a esse mito no qual descobrem a prefiguração do cristianismo e a prova da unidade da Revelação.
67. Thevet, *SFA*, cap. 58. Sobre a invenção da cultura da batata-doce e do milho pelo mesmo Maire, ver *CU*, II, XXI, cap. 6, f. 918 r° (S. Lussagnet, pp. 61-62). Cf. *H2V*, f. 48 r°: Maire-Monan apareceu sob o avatar de uma criança e foi surrado pelos índios, "fazia chover sobre eles raízes, que chamam *Jetica*, que são como rabanetes, e milho, que chamam *Avati*.
68. No capítulo XVI de sua *H1V*.
69. Suzanne Lussagnet, p. 39, 43-45 e 66-72. Cf. Pierre Clastres (*Le Grand Parler. Mythes et chants sacrés des indiens guarani*, Paris, Seuil, 1974, pp. 95-99), que reproduz, sob a rubrica das "Aventures des Jumeaux", um amplo excerto da *CU*, II, f. 919-920, outrora transcrito por S. Lussagnet, pp. 66-72.
70. Claude Lévi-Strauss, *Anthropologie structurale*, Paris, Plon, 1958, cap. XI: "La structure des mythes", p. 252.
71. Thevet, *CU*, II, f. 918 v° (S. Lussagnet, p. 65).
72. Thevet, *CU*, II, f. 920 r° (S. Lussagnet, p. 71).
73. Gilles Deleuze e Félix Guattari, *Rhizome (Introduction)*, Paris, Minuit, 1976. O sistema rizomático define-se por oposição ao sistema arborescente (hierarquizado) e, de outro lado, caracteriza-se pela abertura para o exterior (p. 66).
74. Thevet, *SFA*, cap. 58, f. 113 v°.
75. Thevet, *SFA*, cap. 53, f. 101 v°, à margem.
76. Thevet, *SFA*, *ibidem*. Na passagem equivalente da *CU* (XXII, 12, f. 937 v°; S. Lussagnet, p. 161), Thevet não reproduziu a expressão abreviada.
77. Jean de Léry, *H1V*, 2ª ed., 1580, cap. 18, p. 288: "Contudo, não que com isso queira dizer, ou mesmo crer ou fazer crer, aquilo que alguém colocou em seus escritos: a saber que o selvagens da América (que são aqueles dos quais falo no presente), antes dessa invenção de fazer fogo, secavam suas carnes na fumaça; pois, assim como tenho essa máxima da física tornada provérbio ser muito verdadei-

ra, a saber, que não há fogo sem fumaça, assim, pelo contrário, estimo não ser bom naturalista aquele que nos quer fazer crer que há fumaça sem fogo. Entendo por fumaça aquilo que, como aquele de que falo quer dar a entender, possa levar a cozer as carnes; de tal modo que se como solução quisesse dizer que ouviu falar de vapores e exalações, ainda que lhe concedêssemos que há as quentes, tanto que pudessem secar, que, ao contrário, fosse carne ou peixe, elas as tornariam mais molhadas e úmidas; a resposta será que isso é zombar de todos. Considerando, pois, que esse autor, tanto em sua cosmografia quanto alhures, lamenta-se muito e com frequência daqueles que não falam a seu gosto das matérias que ele toca, diz não ter bem lido seus escritos; peço aos leitores que notem bem a passagem excepcional que contei de sua nova fumaça, quente e estapafúrdia, a qual remeto a seu cérebro de vento."

Paul Gaffarel, em sua edição das *Singularidades* (Paris, Maisonneuve, 1878, p. 267, nota 1), não tinha mostrado mais compreensão por uma semelhante "ingenuidade".

78. Claude Lévi-Strauss, *Le cru et le cuit* (*Mythologiques*, I), Paris, Plon, 1964, mitos M. 7 a M. 12.
79. Thevet, *SFA*, f. 101 v°.
80. Thevet, *SFA*, cap. 61, f. 119 v°.
81. Sobre a análise do "pensamento mítico" em ação nas descrições do canibalismo tupinambá no Renascimento, ver meu estudo "Rage, fureur, folie cannibales: le Scithe et le brésilien", *in* Jean Césard éd., *La folie et le corps*, Paris, Presses de l'École Normale Supérieure, 1985, pp. 49-80, sobretudo pp. 49-58.
82. Claude Lévi-Strauss, *La pensée sauvage*, Paris, Plon, cap. I, p. 31: "Compreende-se assim que o pensamento mítico, ainda que colado nas imagens, possa seja generalizador, portanto científico".

Capítulo IV

1. Erwin Panofsky, *Essais d'iconologie*, trad. fr. B. Teyssèdre, Paris, Gallimard, 1967, cap. III, p. 107.
2. A. Thevet, *HI*, 1584, t. II, livro VIII, cap. 149, f. 661 r°: "Quoniambec".
3. Guillaume de Saluste du Bartas, *La seconde semaine*, Second Jour, "Les Colonies", versos 275-278. Ver a edição U.T. Holmes dos *Works of Du Bartas*, Chapel Hill, 1940, vol. III, p. 154.

NOTAS

4. Ver a esse respeito a contribuição de Huguette Zavala "L'allégorie de l'Amérique au XVIe siècle", *in La Renaissance et le Nouveau Monde*, Alain Parent ed., Quebec, Museu do Quebec, 1984, pp. 129-147. Cf. Jean-Claude Margolin, "L'Europe dans le miroir du Nouveau Monde", *in La conscience européenne au XVe et au XVIe siècle*, Paris, Presses de l'École Normale Supérieure, Coleção da ENSJF, 1982, pp. 235-264.
5. Thevet, *SFA*, f. 71, v° e *CU*, II, XXI, f. 942 v°.
6. Thevet, *SFA*, cap. 38, f. 71 v°.
7. Thevet, *CU*, II, f. 942 v° (S. Lussagnet, p. 183).
8. Sobre a distinção desses estilos, ver meu estudo "Les représentations du sauvage dans l'iconographie relative aux ouvrages du cosmographe André Thevet", *BHR*, t. XL, 1978, pp. 583-595.
9. Rever a referência e a citação dessa passagem de Polidoro Vergílio à nota 50 do capítulo III.
10. Étienne Delaune, *Combats et triomphes*, sequência de 12 estampas em forma de friso com fundo negro (65 a 67 mm X 218 a 222 mm), BN, Estampes, ed. 4 pet. fol. Descrição das diversas etapas em Robert-Dumesnil, *Le peintre-graveur français*, IX, p. 87, 281-292. Cf. André Linzeler, *Inventaire du fonds français. Graveurs du seizième siècle*, t. I. *Androuet du Cerceau-Leu*, Paris, M. Le Garrec, 1932, pp. 272-275, n° 275 a 286.
11. Para ter uma visão de conjunto dos artefatos do Brasil antigo chegados até nós, ver o estudo de Christian Feest "Mexico and South America in the European *Wunderkammer*", *in* Oliver Impey & Arhtur MacGregor, *The Origins of Museums: The Cabinet of Curiosities in Sixteenth and Seventeenth-Century Europe*, Oxford, Clarendon Press, 1985, pp. 237-246.
12. Sobre os ornamentos, ver Alfred Métraux, *La civilisation matérielle des tribus tupi-guarani*, Paris, Paul Geuthner, 1928, pp. 137-138, para os diademas, e p. 148 para a roda de plumas de avestruz.
13. Thevet, *SFA*, f. 83 r°; *CU*, II, XXI, f. 927 v° (S. Lussagnet, p. 106). Sobre os mantos de plumas de íbis vermelha dos tupinambás, ver Alfred Métraux, "A propos de deux objets tupinamba du musée du Trocadéro", *Bulletin du Musée d'Etnographie du Trocadéro*, janeiro de 1932, pp. 3-12.
14. Ver, sobre essa tradição, Claude Gaignebet e Jean-Dominique Lajoux, *Art profane et religion populaire au Moyen Age*, Paris, PUF, 1985, pp. 79-87: "L'oncle des bois", *passim*. Uma das ilustrações

tardias da morte do prisioneiro quando dos banquetes rituais dos tupinambás mostra-o metamorfoseado em urso e abatido por um golpe de clava de um selvagem "emplumado" e fantasiado com duas asas de anjo. Supõe-se que é essa gravura refeita que ilustra as coletâneas conjugadas de Hans Staden e Jean de Léry. Ver a *Historia Antipodum oder Neue Welt*, Francfurt, Matthieu Merian e Johann Ludwig Gottfrid, t. III, 1631 (BN: Rés. G. 431-3).

15. Cf. Thevet, *CU*, II, f. 942 v° (S. Lussagnet, p. 183): "Outros, tendo feito algum prisioneiro, colocam o dedo no lábio inferior desses, em todos fendidos, lá onde colocam suas belas pedras, enquanto fazem seus atos magníficos e bravatas, e as tiram deles [...]."
16. Thevet, *ibid.*
17. Étienne Delaune, *Combats et triomphes*, pr. 4. Reproduzida em Rabelais, *Oeuvres complètes*, ed. Guy Demerson, Paris, Éditions du Seuil, "L'Intégrale", 1973, pp. 146-147.
18. Erwin Panofsky, *op. cit.*, cap. II: "Les origines de l'histoire humaine: deux cycles de tableaux par Piero di Cosimo", pp. 53-103.
19. Antoine Jacquard, *Les divers pourtraicts/Et figures faictes sus les meurs/Des habitans du Nouveau Monde/Dedié/A Jean le Roy Escuyer Sieur de la/Boissiére gentilhomme poictevin/Cherisseur des Muses*, sequência de 13 peças numeradas, cujo frontispício e 12 pranchas em forma de frisos encerram cada um quatro assuntos nas arcadas (*circa* 1620). Sobre as pranchas 2 e 9 figuram as iniciais "A.I.F." Dimensões medianas: 46mm × 143mm. BN, Estampas, Of. 5/4°. A descrição bibliográfica de Roger-Armand Weigert, *Inventaire du fonds français. Graveurs du XVIIe siècle*, t. V, Paris, Bibliothèque Nationale, 1968, p. 445, n° 35-47, é das mais sumárias.

    Sobre os poucos dados biográficos que concernem a Antoine Jacquard, ourives e gravador de Poitiers, que foi talvez também agrimensor, e cuja obra gravada se estende de 1613 a 1640, ver as contribuições de Henri Clouzot, *Antoine Jacquard et les graveurs poitevins au XVIIe siècle*, Paris, Librairie Henri Leclerc, 1906, e do Dr. Édouard-Théodore Hamy, "L'Album des habitans du Nouveau Monde d'Antoine Jacquard, graveur poitevin du commencement du XVIIe siècle", extraído do *Journal de la Société des Américanistes de Paris*, nova série, t. IV, n° 2, 1908 (BN: 4° P. 1213).
20. Jean Le Roy, senhor da Boissière, a quem o álbum é dedicado, pertencia a uma família de notáveis cujos três representantes haviam sido chefes do corpo municipal de Poitiers, em 1293, 1482 e 1559. O mesmo Jean Le Roy é citado em termos elogiosos no *Le jardin et*

cabinet poetique de Paul Contant apoticaire de Poictiers, dedicado a Sully (Poitiers, Antoine Mesnier, 1609; BN: S. 3726 e S. 4044), se bem que Antoine Jacquard poderia ter sido o ilustrador dessa obra fértil em maravilhas e nutrida da leitura da *Second Semaine* de Dus Bartas (especialmente, pp. 64-67, em que a *Imposture* é citada a propósito do dragão satânico). O *Jardin et cabinet* de Paul Contant contém um número apreciável da *americana*: o *toucan* [tucano] (10, p. 68, prancha VII), o *"leger Canoé"* [canoa leve] (11, *ibid.*), o *"Espadon de mer"* [espadão de mar] (13, p. 69, pr. VII), o *"lezard étranger"* [lagarto estranho], que pode ser a iguana (14, p. 69, pr. IV), o tatu e a armadilha (15 e 16, p. 70, pr. II), o *chauve-souris* [morcego ou vampiro] (18, p. 71, pr. VII), os maracás emplumados (39, p. 84, pr. VII), dos quais eis a descrição poética:

> Esse fruto americano que o povo idolatra
> Adora como a um Deus de ouro, de prata ou de gesso
> Que superstição! Pois que a brutal mão
> Do cruel caribenho faz um barulho tão alto
> Ressoar quando coloca nesses frutos o meritoso
> Milho de sua região ou pequenas pedras;
> Adornados envoltos das plumagens mais belas
> Do tucano, da arara e de outros pássaros
> Os mais raros que sejam; adornados desse modo,
> Ministros de Satã vão de porta em porta,
> De vila em vila e em torno das casas
> Esse fruto assim ornado eles plantam à farta,
> Ordenando os pais de famílias
> A darem sem esbanjar todas as coisas úteis
> Para alimentá-los: Pois maracá, esse fruto,
> É um deus que se alimenta tão somente de noite.

Encontram-se vários exemplares de maracás na galeria brasileira de Antoine Jacquard (frontispício, 1; pr. 4, 1 a 4; pr. 6, 1 a 3; pr. 7, 3 e 4; pr. 8, 1 e 4; pr. 9, 4; pr. 10; pr. 11, 4).

O doutor E. T. Hamy, art. cit., 1908, p. 13, acreditou reconhecer uma alusão a André Thevet neste elogio que abre, no *Jardin et cabinet poetique* de Paul Contant (18, p. 71, pr. VII), a descrição do vampiro da América do Sul:

Um fiel escrivão cuja pluma autêntica
Fez ver aos franceses a outra França Antártica
Contando-nos de regiões estranhas e longínquas
Os modos e costumes, e dos americanos
As mais raras belezas, conta-nos uma história
tão bela a saber quanto difícil a crer [...].
Mas a fidelidade desse grande personagem
Traz disso em todos os lugares assegurado testemunho,
Como autor ocular, tendo visto pelos próprios olhos
O claro sangue escorrer de seu mais grosso artelho.

21. Os 14 volumes da *America* de Théodore de Bry foram publicados em Francfurt de 1590 a 1634. Sobre essa coleção, abundantemente ilustrada e imitada durante dois séculos, ver Michèle Duchet *et alii*, *L'Amérique de Théodore de Bry. Une collection de voyages protestante du XVIe siècle*, Paris, Éditions du CNRS, 1987.
22. Théodore de Bry, *Americae tertia pars*, Francfurt, 1592, p. 71, 124, 125, 126, etc. Cf. Michèle Duchet, *op. cit.*, p. 117, 183-185.
23. Inspiro-me aqui nas notas etnográficas do doutor E.T. Hamy, art. cit., p. 16, que propõe antes de tudo ver no machado de extremidade recurvada que acompanha a segunda figura da prancha 6 uma clava de "formas antilhanas". Mas pode-se pensar também no tipo de machado em forma de âncora, característico dos gê do leste do Brasil, que se encontra na coleção do castelo de Ambras, hoje no Museum für Völkerkunde de Viena. Sobre essa família de objetos e sua proveniência, ver a contribuição de Christian Feest, art. cit., 1985, p. 242 e pr. 91.
24. *Histoire naturelle des Indes: contenat Les Arbres, Plantes, Fruits, Animaux, Coquillages, Reptiles, Insectes, Oyseaux, etc. qui se trouvent dans les Indes; représentés Par des Figures peintes en couleur naturelle; comme aussi les diférentes maniéres de vivre des Indiens; savoir: La Chasse, la Pêche, etc. Avec Des Explications historiques. Ms.*, circa 1590, Morgan Library (New York), Ms. 3900, f. 85 r°: "Hindes de Ihona." Eis o texto manuscrito que acompanha aquela aquarela: "Quando os índios são senhores de seus/inimigos, os fazem deitar à terra depois/os despojam, então lhes dão um golpe/de sua espada na testa e, como o sangue/comece a sair, pegam-no apressadamente, julgando/por esse meio o corpo ser melhor para assar/para então comê-lo com grande solenidade, atribuindo/isso à valentia."

25. André Chastel, *La crise de la Renaissance*, Genebra, Skira, 1968, pp. 146-147. Cf. Gisèle Mathieu-Castellani, *Emblèmes de la mort. Le dialogue de l'image et du texte*, Paris, Nizet, 1988, pp. 121-130.
26. Thevet, *SFA*, cap. 63, f. 125 r°. Para uma leitura diagonal dos episódios das amazonas em Thevet, ver Anna-Luigia Villani, "La leggenda delle Amazzoni", *Bolletino dell'Istituto di Lingue Estere (Genova)*, 13, 1983, pp. 93-112, e sobretudo pp. 95-99. O autor mostra-se tributário da tese de Giuliano Gliozzi, *Adamo e il nuovomondo*, Firenze, La Nuova Italia, 1977.
27. Thevet, *SFA*, f. 124 r°.
28. Thevet, *SFA*, f. 124 v°.
29. Thevet, *SFA*, f. 126 v°. Gravura reempregada, como se verá, na *CU*, II, XXII, cap. 3, f. 960 v°.
30. Todas as referências ao corpus em Georg Friederici, *Die Amazonen Amerikas*, Leipzig, Simmel, 1910, *passim*. Cf. Juan Gil, *Mitos y utopías del Descubrimiento*, 3, *El Dorado*, Madri, Alianza Universidad, 1989, p. 195 ss.
31. Pierre Martyr Anghiera, *De Orbe Novo. Les Huit Décades*, traduzidas do latim, com notas e comentários, por Paul Gaffarel, Paris, Ernest Leroux, 1907, Quatrième Décade, p. 362.
32. Ver meu artigo: "Le nom des cannibales, de Christophe Colomb à Michel de Montaigne", *BSAM*, 6ª série, n° 17-18, junho de 1984, pp. 51-74.
33. Trata-se dos mitos M. 156 (*Apinayé: le caïman séducteur*), M. 287 (*Carib: le jaguar séducteur*) e M. 327 (*Warrau: l'origine du tabac*) focalizados por Claude Lévi-Strauss em suas *Mitologiques. II. Du miel aux cendres,* Paris, Plon, 1966, p. 261 e sobretudo p. 370.
34. C. Rhodiginus, *Lectiones antiquae*, IX, 12: "Item de Amazonibus scitu dignum", Éditions de Genève, Philippe Aubert, 1620, p. 461 E. Cf. N. Perotti, *Cornucopiae seu Latinae linguae Commentarii locupletissimi*, Basileae, apud V. Curionem, 1526, *s. v. Amazones*; A. Calepino, *Dictionarium, quarto et postremo ex R. Stephani Latinae linguae Thesauro auctum*, Paris, R. Estienne, 1553, s. v. Amazones; R. Estienne, *Dictionaium propriorum nominum vivorum, mulierum, populorum, idolorum, urbium...*, Paris, R. Estienne, 1541, *eod. voc.*

Thevet já havia recorrido aos mesmos instrumentos lexicográficos para a redação de sua *CL*. Rever o cap. II, nota 11 ss.
35. Thevet, *SFA*, cap. 63, f. 126 r°.

36. *Ibid.*
37. M. 327, segundo a classificação de Claude Lévi-Strauss, *op. cit.*, p. 370.
38. Thevet, *SFA*, f. 124 r°: "...essas amazonas, de que falamos, se refugiaram e habitam em algumas pequenas ilhas, que lhes são como fortalezas, estando sempre em guerra perpétua com quaisquer povos".
39. Thevet, *SFA*, f. 127 r°.
40. François Delpech, "La légende de la Tierra de Jauja dans ses contextes historique, folklorique et littéraire", *Texte et Contexte (XVe Congrès de la Société des hispanistes français), in Trames*, número especial, Limoges, 1980, pp. 79-98, mais especificamente p. 95.
41. Thevet, *SFA*, cap. 38, f. 71 v°.
42. Thevet, *op. cit.*, cap. 42, f. 79, v°-80 r°.
43. *Ibid.*, gravura da f. 101 r°.
44. Claude Lévi-Strauss, *Tristes tropiques*, Paris, Plon, 1955, cap. XXVII, pp. 327-328.
45. Thevet, *CU*, II, XXI, cap. 14, f. 941 v°.
46. François Hartog, *Le miroir d'Hérodote*, Paris, Gallimard, 1980, p. 237. Sobre as amazonas antigas, cf. Jeannie Carlier-Détienne, "Les amazones font la guerre et l'amour", *L'Ethnographie*, t. 74, 1, 1980, pp. 11-33.
47. Thevet, *op. cit.*, t. I, XII, cap. 12, f. 443 v°-446 r°. Esse capítulo, que conjuga à descrição do arquipélago dual de Imaugle e Inébile a evocação das lendárias montanhas de íman, pode ser relacionado com a passagem do *Isolario* de Benedetto Bordone (Venise, Nicolo d'Aristotile detto Zoppino, 2ª ed. 1534; BN: Rés. J. 169, f. LXX r°-v°), que já apresenta a mesma associação e a expõe, além do mais, sob a forma de um mapa.

Essa ilha amazonense do oceano Índico e seu apêndice macho de Inébile, destinado a lhe assegurar a procriação, são encontrados pela primeira vez na literatura ocidental com *Le devisement du monde* de Marco Polo (livro III, cap. CXC, éd. Stéphane Yérasimos, "La découverte", 1980, p. 474: "Ci devise des îles mâle et femelle"). A localização corresponde então aproximativamente às ilhas Kuri Muria, ao largo da costa de Omã. Thevet desloca esse arquipélago para o leste e, como se verá mais adiante, dá uma variante mítica nova, na medida em que a fecundação desde então tem lugar na ilha dos homens, e não mais na das mulheres, segundo uma tradição comum à maior parte das amazonas.

Após Marco Polo, o mapa-múndi de Fra Mauro, cuja data se situa entre 1457 e 1459, menciona as ilhas gêmeas dos homens e das mulheres para além do cabo do Diabo, na direção oeste, o que tem por efeito entronizar a Amazônia na área atlântica. De tudo isso Alexander von Humboldt pôde concluir: "A ficção das amazonas percorreu todas as zonas; ela pertence ao círculo uniforme e estreito de devaneios e ideias, em que a imaginação poética ou religiosa de todas as raças de homens e de todas as épocas move-se quase instintivamente." (*Examen critique de l'histoire de la géographie du Nouveau Continent et des progrès de l'astronomie nautique aux quinzième et seizième siècles*, trad. fr., Paris, Gide, t. I, 1836, p. 336.)
48. Guillaume Postel, *Les tres-merveilleuses victoires des femmes du Nouveau Monde et comment elles doibvent à tout le monde par raison commander*, Paris, Jean Ruelle, 1553 (reed. do século XVIII: BN: Rés. D2 10159), título do primeiro capítulo: "Des admirables excellences et faictz du sexe feminin, et comment il faut qu'il domine tout le monde".
49. Esse sistema cosmológico é descrito em um livrete de Guillaume Postel, *Des merveilles du monde et principalement des admirables choses des Indes et du Nouveau Monde*, Paris, Jean Ruelle, 1553 (BN: Rés. D2 5267). Sobre essa obra, ver meu estudo "Cosmologie et *mirabilia* à la Renaissance: l'exemple de Guillaume Postel", *The Journal of Medieval and Renaissance Studies*, vol. 16, n(r) 2, outono de 1986, pp. 253-279.
50. Guillaume Postel, *Des merveilles du monde*, cap. XXVI, f. 92 r°.
51. Guillaume Postel, *Les tres-merveilleuses victoires*, cap. I, p. 3. Thevet retoma Postel neste ponto preciso: "... ainda que aquele que fez o livrete intitulado *As muito-maravilhosas vitórias das mulheres do mundo* nos faça no presente revivê-las na África Austral, e outras na região do Peru, além daquelas que outrora foram tão célebres entre os gregos e os latinos" (*CU*, I, f. 444 r°).
52. Thevet, *CU*, I, f. 225 r°. A nota dessa passagem empregada na refutação das fábulas antigas no tocante às amazonas da Ásia é explícita: "Histoire des Amazones tresfaulse." O cosmógrafo não crê ser útil a esse propósito pronunciar sua autocrítica, como ele o fará mais adiante no capítulo das amazonas do Brasil (*CU*, II, f. 960 r°; ver nota 57 e seguintes). Mas ele não hesita em formular esta máxima bastante geral e bem temerária, se a aplicarmos ao seu caso particular: "Dessa forma digo que todo homem de bom julgamento

deve olhar quanta diferença há da história à fábula, e que a história, seja ela dos antigos, seja dos modernos, precisa seguir o fio da verdade."
53. Thevet, *CU*, I, f. 444 r°.
54. *Ibid.*, f. 444 v°.
55. Thevet, *CU*, I, f. 445 v°. O tema da crueldade feminina, já presente nas *SFA*, cap. 63, f. 126 v°, tempera fortemente o elogio das valetes guerreiras.
56. *Ibid.*, f. 443 v°. Sobre o complexo imaginário que associa a ilha ao erotismo, consultar-se-á com precaução o estudo, não obstante sugestivo, de Abraham A. Moles "Nissonologie ou science des îles", *L'espace géographique*, 1982, 4, pp. 281-289, mais especificamente as pp. 286-287. O encontro da estrutura insular e das amazonas acha-se ainda, sob o modo, é verdade, da denegação, num capítulo semelhante do *GI* consagrado à ilhota de "Strongile", no mar Egeu (t. II, BN, Ms fr. 15453, f. 103 v°). A "Rocha de Pentesileia", rochedo perigoso e local de um naufrágio, suscita as férteis conjecturas de Thevet que exclui para terminar a história "totalmente fabulosa" das amazonas.
57. Thevet, *CU*, II, XXII, cap. 3, f. 960 r°.
58. Thevet, *CL*, 1556, cap. 37, p. 136, linha 7.
59. Thevet, *CU*, II, f. 960 r°.
60. Essa explicação de tipo positivista consiste em procurar sob a lenda um fato social confirmado no mesmo sentido que sua transposição mítica. É o esquema causal retomado por Georg Friederici, *op. cit.*, 1910, e Enrique de Gandía, *Historia crítica de los mitos y leyendas de la conquista americana*, Buenos Aires, Centro Difusor del Libro, 1946, cap. VI, pp. 75-87. Esse último vê no povo das amazonas do Novo Mundo o reflexo hiperbólico e deformado das Virgens do Sol de Cuzco. Um tal esquema redutor se encontra paradoxalmente sob a pena de Claude Lévi-Strauss em um estudo consagrado à antropologia da família: as jovens concubinas do chefe nambikwara que preferem aos trabalhos domésticos, o encargo das armas e a companhia das guerreiras poderiam ter fornecido o modelo das legendárias amazonas do Brasil. Ver Lévi-Strauss, *Le regard éloigné*, Paris, Plon, 1983, p. 80. Essa análise se situa evidentemente na retaguarda em relação à reconstrução formal das *Mythologiques*.
61. Thevet, *CU*, II, f. 960 r°.
62. É claramente notável ver que o mesmo tipo de raciocínio é retomado por Thevet, nas *HI*, II, IV, cap. 25, f. 280 r°, para desculpar Joana

d'Arc da acusação dirigida contra ela pelos ingleses. Se vestiu o "traje de homem" para combater, isso não ocorre para se comportar como amazona, como se lhe censura implicitamente, e infringir por isso mesmo as leis da natureza. De fato, ela é da classe dessas mulheres que "de um coração endurecido e virtuoso para resistir aos inimigos, ou defender sua pátria, deixou a vestimenta feminina para carregar as armas e os trajes de guerra". Seguem os exemplos de "Semíramis, Rainha dos Assírios", de "Tamiris, Princesa dos Citas", de Ártemis, Camila, Lésbia e Maria, Rainha da Hungria. Thevet poderia ter acrescentado a essa sequência de *exempla* as valentes insulares de Imaugle e as diligentes mulheres dos margajás. É verdade que, no caso de Joana, acrescenta-se a parte essencial do milagre, Deus ter por seu "frágil" meio remido a liberdade da França. Se Thevet não menciona as amazonas no capítulo que consagra a "Joana, a Donzela", em compensação Postel, nas *Tres-merveilleuses victoires*, faz da "boa Lorena" uma baliza intermediária entre as antigas guerreiras e a nova Eva, a Madre Joana de Veneza (*op. cit.*, cap. VI e VII).

63. Thevet, *CU*, t. II, f. 960 v°.
64. *Ibid.*
65. Ver meu estudo "Fortunes de la singularité à la Renaissance: le genre de l'Isolario", *Studi Francesi*, n° 84, set.-dez. 1984, pp. 423-427.
66. Jean de Léry, *H1V*, 3ª ed., 1585, cap. III, p. 33.
67. Jean de Léry, *Historia Navigationis in Brasiliam, quae et America dicitur,* Genebra, Eustache Vignon, 1586, "Autores in hac historia citati" (ao fim do sumário dos capítulos). Trata-se da tradução latina da edição francesa de 1585.
68. Jean de Léry, *H1V*, 1585, cap. III, p. 35.
69. Entre os avatares do mito das amazonas após Thevet e Léry, podem-se conservar as balizas constituídas pelos relatos de viagem de Yves d'Évreux, *Suitte de l'histoire des choses plus memorables advenues en maragnans et annees 1613 et 1614. Second traité*, Paris, François Huby, 1615, cap. VIII, f. 23 v°-24 v° (reed. de Ferdinand Denis, Leipzig e Paris, A. Franck, 1864, p. 25), e de Jean Mocquet, *Voyages en Afrique, Asie, Indes Orientales et Occidentales. Faits par J. M., Garde du Cabinet des singularitez du Roy, aux Tuilleries*, Rouen, por Jacques Cailloué, 1645 (1ª ed., 1617), p. 102. Às prudentes reservas do padre capuchinho, que sublinha o caráter inadequado da

lenda das amazonas para se compreender a realidade indígena, opõe-se o delírio fantasmático de Mocquet, que vê nas bravias arqueiras mães e irmãs incestuosas: com efeito, uma vez que não conservam os machos que produzem, mas os confiam aos pais putativos, "parece que os filhos que elas têm dado a esses índios podem ter relações com irmãs e parentes próximos".

70. Sobre Hans Staden, ver a contribuição recente de Elisabeth Luchesi, "Von den'Wilden, Nacketen, Grimmigen Mensch-fresser Leuthen, in der Newenwelt America gelegen'. Hans Staden und die Popularität der Kanibalen' im 16. Jahrhundert", catálogo da exposição *Mythen der 'Neuen Welt. Zur Entdeckungsgeschichte Lateinamerikas*, Berlin, Frölich und Kaufmann, 1982, pp. 71-74.
71. Hans Staden, *Wahrhaftige Historia*, trad. por Henri Ternaux-Compans, Paris, A.-M. Métailié, 1979, pp. 88-89. Cf. Thevet, *CU*, II, f. 924 r°-v°. Ver, sobre essa última passagem, a nota de Suzanne Lussagnet na sua edição de André Thevet, *Le Brésil et les brésiliens*, Paris, 1953, pp. 88-89, nota 3.
72. Thevet, *CU*, II, f. 924 r° (edição S. Lussagnet, p. 89).
73. Thevet, *op. cit.*, f. 924 v° (edição S. Lussagnet, p. 92). Essa cena já está presente em estado embrionário nas *SFA*, 1557, f. 103 v°-104 r°. Mas Cunhambebe, "O rei mais vistoso e de renome de toda a região", faz aqui pálida figura, comparado aos seus avatares ulteriores da *CU* e das *HI*.
74. Thevet, *CU*, II, f. 924 r° (edição S. Lussagnet, p. 89).
75. Thevet, *CU*, f. 952 v° (edição S. Lussagnet, p. 232). Ver a prancha "Ruse de Quoniambech".
76. *Ibid.*, f. 924 r° (edição S. Lussagnet, p. 92): "Também vós teríeis visto seu palácio, que é uma cabana tão rica quanto outras, toda ornada e decorada por fora, com cabeças dos adversários massacrados e comidos." O termo hiperbólico de "palácio" já aparecia nas *SFA*, f. 103 v°.
77. Thevet, *CU*, II, f. 924 r° (edição S. Lusagnet, p. 92).
78. *Ibid.*, f. 924 v° (edição S.Lussagnet, p. 93).
79. Léry, *H1V*, 3ª ed., Genebra, Antoine Chuppin, 1585, pp. 146-147.
80. Léry, *H1V*, 2ª ed., Genebra, Antoine Chuppin, 1580, "Preface", f. B7 v°.
81. Thevet, *HI*, t. II, livro VIII, cap. 135 ("Júlio César, primeiro imperador"), e t. II, livro VIII, cap. 138 ("Tamerlão, imperador dos tártaros").

82. Thevet, *HI*, t. II, livro VIII, cap. 149, f. 661 v°.
83. Montaigne, *Essais*, I, 31, edição Villey-Saulnier, 213 A: os brasileiros encontrados por Montaigne em Ruão achavam "muito estranho que tantos homens, portando barba, fortes e armados, que estavam em torno do rei (é verossímil que eles falavam dos suíços de sua guarda), se submetessem a obedecer a uma criança, e que não se escolhesse antes alguém dentre eles para comandar". O pensamento paradoxal de Montaigne reúne-se aqui àquele de seu amigo La Boétie nos *Discours de la servitude volontaire*.
84. Jean de Meung, *Le roman de la rose* (século XIII), versos 9.579-9.582 (ed. Félix Lecoy, Paris, Honoré Champion, 1970, t. II, p. 42). Citado por Marc Lescarbot, *Histoire de la Nouvelle France*, 3ª ed., Paris, Adrian Périer, 1617, livro VI, cap. 24, p. 944.
85. Thevet, *CU*, II, f. 924 r°; *HI*, II, VIII, 149, f. 661 r°. Esses dois retratos gravados estão reproduzidos um e outro por Suzanne Lussagnet nas páginas 90-91 de sua edição citada anteriormente na nota 71.
86. Alfred Métraux, *La civilisation matérielle des tribus tupi-guarani*, Paris, Librairie Orientaliste Paul Geuthner, 1928, cap. XXXIV, p. 266: "Insignes de commandement".
87. Marc Lescarbot, *Histoire de la Nouvelle France*, 1617, p. 944, citando a *Germânia* de Tácito, cap. VII: "Reges ex nobilitate, duces ex virtute sumunt. Nec regibus infinita ac libera potestas, et duces exemplo potius quam imperio, si prompti, si conspicui, si ante aciem agant, admiratione praesunt". Lescarbot enunciava contudo as seguintes distinções: "Na Virgínia e na Flórida eles são mais honrados do que entre o souriquois (ou micmac). Mas no Brasil aquele que tenha tomado mais prisioneiros e matado mais inimigos, eles o tomaram por capitão, sem que seus filhos possam herdar essa qualidade".
88. Thevet, *HI*, t. II, livro VIII, cap. 149, f. 661 v°.
89. Léry, *H1V*, 3ª ed., 1585, "Preface", f. qq 5.
90. *Ibid.*, f. qqq 5.
91. Marc Lescarbot, *Histoire de la Nouvelle France*, 1617, p. 644. Rever a nota 87.
92. Pierre Clastres, *La société contre l'État*, Paris, Éditions de Minuit, 1974, cap. II: "Échange et pouvoir: philosophie de la chefferie indienne".

93. Thevet, *H2V*, f. 32 v°-33 r°. É verdade que nessa página o cosmógrafo e "insulista" universal fala "de l'isle et riviere de St. Dominique", na altura de "Fernambourg" (Pernambuco), e não das tribos próximas do litoral do Rio de Janeiro.
94. Ver sobre esse ponto, de acordo com as notas de Alfred Métraux, *The Tupinamba*, no *Handbook of South American Indians*, vol. III, pp. 113-114 (Washington, Smithsonian Institution, 1948), a nota de Suzanne Lussagnet no *Le Brésil et les brésiliens*, 1953, p. 252, n. 2.
95. No que concerne, por exemplo, ao privilégio oratório do chefe, Pierre Clastres escreve em *La société contre l'État* (1974, p. 136): "O dever da palavra do chefe, esse fluxo constante da palavra vazia que deve à tribo, é sua dívida infinita, a garantia que interdita ao homem da palavra de tornar-se homem de poder." Evidentemente, Thevet só podia dar uma interpretação diametralmente oposta da eloquência ostentatória de Quoniambec. Ela é ao contrário, aos seus olhos, a palavra eficaz e assustadora de um monarca cujo poderio não é só político e militar, mas se exerce magicamente sobre os homens e os eventos.
96. Montaigne, *Essais*, III, 6, "Des Coches", édition Villey-Saulnier, p. 909. A melhor interpretação desse capítulo é a de Marcel Bataillon: "Montaigne et les conquérants de l'or", *Studi Francesi*, an. II, fasc. III, set.-dez. 1959, pp. 353-367.
97. Thevet, *HI*, II, VIII, 149, f. 661 r°.
98. Thevet, *CU*, II, f. 906 v°. Cf. *GI*, I, f. 269 r°, em que o mesmo Thevet amplifica a digressão "gigatina" da obra precedente: "E porque vários demonstram consciência de crer nisso que não souberam descobrir às suas portas, estou muito contente de mostrar aqui alguns gigantes que têm sido vistos e reconhecidos entre nossa França, tanto mais que por esse meio poderia manter fora do fosso da incredulidade esses pobres descrentes, que têm escrúpulo de ouvir falar da existência dos gigantes de hoje. No claustro dos Jacobinos de Valence vê-se ainda o retrato de um gigante chamado Buard, que tinha oito côvados [5,5m]de altura, com os ossos desse homem monstruoso. Em Loches o capitão Pontbriant e alguns outros encontraram numa câmara subterrânea um homem sentado e de estatura maravilhosa, que considero, pela proporção de seus ossos, teve uns oito pés [2,4m] de altura. Deixarei o gigante de Saint-Germaindes-Près em Paris, como também aquele que se conta ter sido levado ao chão por Artur Rei dos Bretões Albiões na Isle Notre Dame

nesta cidade de Paris e vários outros, para evitar prolixidade." Para uma síntese recente sobre a questão, indicar-se-á o estudo de Jean Céard, "La querelle des géants et la jeunesse du monde", *The Journal of Medieval and Renaissance Studies*, vol. 8, n(r) 1 (primavera 1978), pp. 37-76.

99. Thevet, *GI, loc. cit.*: "Aqueles que estimam que o grande dilúvio tenha destruído totalmente a raça dos nascidos da Terra encontrarão, pelo discurso que farei presentemente, o quanto se enganaram...".
100. Thevet, *ibid.*
101. Thevet, *CU*, II, f. 906 v°. Esse capítulo da *Cosmografia*, intitulado "D'une Isle, où les hommes sont grands de dix à douze pieds" (ff. 903-906), é a transformação redundante e hiperbólica da sóbria narração de Antonio Pigafetta, o companheiro de viagem de Magalhães.
102. Girolamo Cardano, *De rerum varietate libri XVII*, Basileae, por H. Petri, 1557, livro I, cap. IV, p. 22. Citamos essa passagem segundo a tradução de Jean Céard, *La nature et les prodiges. L'insolite au XVIe siècle en France*, Genebra, Droz, 1977, p. 232.
103. Para uma evocação dos diferentes *scenarii* da entrevista de Magalhães, ver minha comunicação "La flèche du Patagon ou la preuve des lointains", *in* Jean Céard e Jean-Claude Margolin, *Voyager à la Renaissance. Actes du colloque de tours 1983*, Paris, Maisonneuve et Larose, 1987, pp. 467-496.
104. Claude Lévi-Strauss, *Tristes tropiques*, Paris, Plon, 1955, cap. XL, p. 478: "Cada palavra trocada, cada linha impressa estabelece uma comunicação entre os dois interlocutores, tornando plano um nível que se caracterizava outrora por uma distância de informação, portanto uma organização maior."
105. Thevet, *CU*, II, f. 924 r°.
106. Ver Olivier Reverdin, *Quatorze calvinistes chez les topinambous: histoires d'une mission genevoise au Brésil (1556-1558)*, Genebra, Droz, 1957.
107. Léry, *H1V*, 1580, cap. VI, p. 80.
108. Léry, *ibid.*, p. 82.
109. Léry, *H1V*, 1580, cap. XIV, pp. 196-197.
110. Léry, *ibid.*, p. 202. Francamente, nota-se em Thevet uma confusão da mesma ordem, pois que ele aplica recorrentemente o título de *morubixaba* ao "espantoso" Cunhambebe e aos velhos que formam o conselho que decide a guerra a empreender. Rever o cap. III, notas 30 a 32.

111. Léry, *ibid.*
112. Léry, *H1V*, 1580, p. 196.
113. Léry, *H1V*, 1580, cap. XX, p. 314.
114. Léry, *H1V*, p. 283, 285 etc. O mussacá é sucessivamente definido como o "bom pai de família que dá de comer aos passantes" e como o "velho senhor da casa".
115. Léry, *H1V*, 1580, p. 107.
116. Claude Lévi-Strauss, *Tristes tropiques*, Paris, 1955, extratexto n° 33. Na mesma perspectiva, reportar-se ao texto do mesmo: "Eine Idylle bei den Indianerm. Ueber Jean de Léry", *Mythen der Neuen Welt*, Berlim, Frölich & Kaufmann, 1982, pp. 68-70. Como o título deixa entender, trata-se menos de uma leitura crítica de Jear de Léry do que de uma "confissão retrospectiva", por Léry interposta.
117. Ver sobre esse ponto as notas esclarecedoras de Shopie Delpech na sua introdução à reedição da *Histoire d'un voyage* de Jean de Léry, Paris, Plasma, 1980, pp. 23-24.

Capítulo V

1. Sobre a personalidade de João Afonso, piloto "comprado" por François I e naturalizado francês, ver o estudo decisivo de Luís de Matos, *Les portugais en France au XVIe siècle. Études et documents*, Coimbra, Acta Universitatis Conimbrigensis, 1952, cap. I, pp. 1-77. Para uma avaliação, em geral bastante rigorosa, da obra cosmográfica de Afonso, remeteremos à contribuição de Luís de Albuquerque, "João Afonso (ou Jean Fonteneau) e a sua cosmografia", *Les rapports culturels et littéraires entre le Portugal et la France. Actes du colloque de Paris, 11-16 octobre 1982*. Paris, Fundação Calouste Gulbenkian, Centro Cultural Português, diff. Jean Touzot, 1983, pp. 101-121.
2. Ver sobre esse ponto Numa Broc, *La géographie de la Renaissance*, Paris, BN-CTHS, 1980, cap. V: "Le renouveau de la cosmographie", p. 61 ss.
3. Quer dizer 5 de abril de 1556 em novo estilo. Essa data figura ao fim da epístola dedicatória "Ao Grande e Poderoso Senhor Gaspar de Coligny, Cavaleiro da Ordem, Senhor de Chastillon, Almirante de França, Coronel da Infantaria Francesa, Governador de Île-de-France e Capitão da Cidade de Paris, Guillaume Le Testu, seu muito humilde e obediente servidor, deseja paz e eterna felicidade", f. II v°. A obra, conservada hoje em Vincennes, na Bibliothèque du

Service Historique de l'Armée de Terre (Rés DLZ 14. In-fólio), tem por título: *Cosmographie universelle selon les navigateurs, tant anciens que modernes. Par Guillaume Le Testu pillotte en la Mer du Ponent. De la ville françoyse de grace.* Ver, mais adiante, o Apêndice I, linhas 17-19.

4. Le Testu, *op. cit.*, f. I r. Cf. Thevet, *CL*, 1556: "A Monsigneur, Monsigneur François, Conte de La Rochefoucaud", p. 3, linha 23: "Quem é esse novo Anacársis ou cosmógrafo, que após vários autores, tanto antigos quanto modernos, pôde inventar algumas coisas novas?"

5. Sobre esse personagem lendário, que Heródoto invoca em *Histoires*, IV, 76, ver François Hartog, *Le miroir d'Hérotode*, Paris, Gallimard, 1980, cap. III, p. 82-102.

6. Le Testu, *ibid.*, na sequência. Ver Apêndice I, linhas 19-23. Cf. Thevet, *CL, loc. cit.*, na sequência: "Mas vos pergunto: [p. 4] é a natureza tão restrita e sujeita aos escritos dos antigos que não lhe fosse permitido nos tempos vindouros variar e dar vicissitude alternativa às coisas sobre as quais teriam escrito?" Como se vê, a epístola de Le Testu simplifica um pouco o estilo de Thevet.

7. Michel Mollat du Jourdin, "Introduction" a Michel Mollat e Monique de La Roncière, *Les portulans*, Fribourg e Paris, 1984, p. 23: "A dupla *portolano-compasso* (portulano-roteiro) prolonga-se na cadência ao mesmo tempo descritiva e figurativa do *planisfério* que acompanha a *cosmografia*. O problema conserva seu aspecto duplo: o cálculo e a imagem."

8. As cópias em aquarela estão hoje conservadas no fundo J.-B. d'Anville da Bibliothèque Nationale, Cartes et Plans, Ge DD 2987. Sobre a lista completa, ver meu catálogo dos mapas do *Grand insulaire, in* Mireille Pastoureau, *Les atlas français (XVI-XVII siècle)*, Paris, Bibliothèque Nationale, 1984, cap. XXIX, pp. 481-495.

9. Thevet, *HI*, II, V, 83, f. 482 r°: "...no qual se encontrou, em mui grande perigo e sorte de sua vida, assim como, Deus ajudando, espero mostrar algum dia em meu *Grande insular*".

10. Rever o capítulo I, notas 29 e 39.

11. Empréstimos de Thevet da pilotagem das costas da Escócia de Alexander Lindsay, furtado e traduzido por Nicolas de Nicolay: *GI*, I, f. 4 r° ("Isle d'Arren") e 24 v° ("Isle d'Yla" ou Islay), segundo Nicolay, *La navigation du Roy d'Escosse Jacques Cinquiesme du nom*, Paris, Gilles Beys, 1583, f. 4 v° e 24 v°. Cf. *GI*, I, f. 83 r°: "Angleterre

et Escosse". O "plágio" das *Voyages avantureux* de João Afonso por Thevet em vários capítulos do GI (I, f. 276 v° e 289 v°-290 r°) foi reconhecido por Roger Hervé, *Découverte fortuite de l'Australie et de la Nouvelle-Zélande par des navigateurs portugais et espagnols entre 1521 et 1528*, Paris, BN-CTHS, 1982, p. 47, nota 98. Mas o mesmo comentador ressalta, às f. 275 v° e 278 v° da mesma obra, as descrições originais, "bastante notáveis", do "dédalo insular" situado na desembocadura do estreito de Magalhães em direção ao Pacífico.

Pigafetta enfim, sem dúvida por intermédio da tradução italiana de Ramusio, foi usado por Thevet especialmente no primeiro capítulo do livro XXI da CU.

12. Pierre Garcie chamado Ferrande, *Le grant routtier, pillottage, et encrage de mer*, Poitiers, Jan de Marnef, 1545 (Mazarine: A 138.45. Réserve), f. 56 r°: "Sensuyt de Groye".
13. João Afonso, *Les voyages avantureux*, Poitiers, Jan de Marnef, 1559 (BN, Gde Rés. G. 1149-1), f. 4 r°, 28 r°, 32 r°, 39 r°, 59 r° e 64 r°.
14. João Afonso, *Les voyages avantureux*, Poitiers, Jan de Marnef, s.d. [1559], coleção particular. Esse exemplar é revestido de *ex-libris* prédatados: "Thevet, 1553", anomalia nada surpreendente quando se conhecem as maneiras cronológicas do cosmógrafo.

Nesse exemplar, anotado do início ao fim, a menção a "isle" se encontra às folhas 4 r° ("isle de fer"), 9 r° ("Isle de Calis"), 12 r° e v°, 15 r° e v° ("Isle doleron", "Isles"), 16 r° ("baleines/3. Isles", "belle/Isle"), 16 v° ("Isle de Groye", "Isles", "Isle de Sein"), 17 r° ("Isle", "Isles", "Isles de bretai/gne"), 18 v° ("Isle de/Surlingue"), 19 r° ("Isleaux"), 19 v° ("Isle/Huich/Isle"), 20 v° ("Isle", "lac descosse", "Islette", "Isles"), 21 r° ("I. de Londey"), 21 v° ("Isle de Main" [= de Man], "Isles", "Isle"), 22 r° e v°, 23 r° ("30. Isles", "Isle(s)" três vezes repetida), 23 v° ("Isleaux"), 24 r° ("Isle de Zelande"), 24 v° (*id.*), 25 v° (*id.*), 26 r° ("Isle de Fixlande"), 27 v°, 28 r° e v° ("3. Isles", "isles des/exoires"), 29 r° e v° ("Isle de St/domingue", "Isle de Lucatan" [= Yucatan], 30 v° ("Perles", "Isle de la trinite", repetida), 31 r° ("isles de St/ian et/espagnole"), 31 v° ("Isle de/môna", "Isle espagnole"), 32 r° ("Isle dela/trinite"), 34 v° ("isles des/moluques"), 35 r° ("5000. isles" [a leste das Molucas], "isles que trouvat Magelan", "nota des isles"), 37 r° ("isles de/minorque/et maiorque"), 39 r° ("isles dieres"), 42 r° ("isle/Corse"), 48 v° ("isles des/exoires", "madere"),

49 r⁰ ("Canaries"), 49 v⁰ ("isles de/cap deverd"), 54 v⁰, 56 v⁰ ("isle du/prince", "isle de lambon"), 57 r⁰ ("isle cap deverd"), 57 v⁰ ("Isles fer"), 59 r⁰ ("isle de St/laurans" [Madagascar]), 59 v⁰ (*id.*), 60 v⁰, 61 r⁰, 63 r⁰ ("Isle de/sel"), 63 v⁰ ("Isle dieu"), 64 r⁰ ("isle de/Cochin", "4000 isles" [= Maldivas]), 64 v⁰, 65 r⁰ e v⁰, 66 r⁰ ("isles de/Clos" [= du Clou]), 67 r⁰ ("Ydo isle "), 67 v⁰.

15. Michiel Coignet, *Instruction nouvelle des pointcs plus excellents et necessaires, touchant l'art de naviguer*, Antuérpia, Henry Hendrix, 1581 (Bibliothèque du CNAM, 4— Sa 6), pp. 12-13. No capítulo "Des marées" (p. 84), duas anotações contraditórias, "feito" e "não feito", testemunham, talvez, o estado de antecipação da cópia.

    A menção "feito" é igualmente encontrada na margem da f. 51 v⁰ das *Voyages avantureux* (coleção particular), abaixo da nota manuscrita: "Riviere des Rameaux".

16. Antonio Pigafetta, *Le voyage et navigation faict par les espaignolz es isles de mollucques*, Paris, Simon de Colines, circa 1526 (Aix, Bibl. Méjanes, D. 751), f. Avi v⁰, vii, 15 r⁰, 17 r⁰, 19 v⁰, 20 v⁰, 36 v⁰, 43 r⁰, 45 r⁰ e v⁰, 52 r⁰, 53 r⁰, 54 r⁰ e v⁰, 55 r⁰ e v⁰, 56 r⁰, 57 v⁰, 61 r⁰, 67 r⁰ e v⁰, 70 r⁰.

17. *Ibid.*, f. Av v⁰, Avi v⁰ e VIII r⁰: "folye"; f. 38, cap. 52 *in fine:* "Thevet [...] falsum est"; f. 54 r⁰ e 72 v⁰: "nichil est"; f. 43 r⁰: "Thevet niquil".

18. Especialmente em Münster conservado na Bibliothèque du Mans (História F⁰ 54), pp. 1.185 e 1.188: "ses faulx dit Thevet"; "faulx dit Thevet". Cf. Michiel Coignet, *op. cit.*, Bibliothèque du CNAM, p. 13: "bourde".

19. Jacque-Auguste de Thou, *Historia sui temporis*, reino de Henrique II, ano 1555; trad. por P. du Ryer, Paris, 1659, t. I, p. 894.

20. Nicolas-Claude Fabri de Peiresc, *Lettres*, ed. por Philippe Tamizey de Larroche, Paris, Imprimerie Nationale, t. V, 1894, carta XVI a Lucas Holstenius, datada de Aix-en-Provence em 29 de janeiro de 1629, p. 304.

21. Abade A. Anthiaume, "Un pilote et cartographe havrais au XVIᵉ siècle. Guillaume Le Testu", *Bulletin de Géographie Historique et Descriptive*, 1911, n⁰ 1-2, pp. 11-21.

22. Thomaso Porcacchi da Castaglione, *L'isole piu famose del mondo*, Veneza, Simon Galignani e Girolamo Porro, 1572; edição ampliada, com a ordem da descrição modificada, em 1576, *ibid.*

23. Porcacchi, *op. cit.*, 1576, pp. 185 e 189.

24. *Ibid.*, p. 172.
25. *Ibid.*, p. 193.
26. *Ibid.*, p. 198.
27. Sobre esse duplo destinatário do texto de Thevet, ver meu estudo "Voyage dédoublé, voyage éclaté. Le morcellement des Terres Neuves dans l'*Histoire de deux voyages* d'André Thevet (c. 1586)", *Études françaises*, n° 22, 2, outono de 1986 ("Voyages en Nouvelle-France"), pp. 17-34, sobretudo pp. 26-30.
28. Hilary Louise Turner, "Christopher Buondelmonti: adventurer, explorer, and cartographer", *in* Monique Pelletier ed., *Géographie du monde au Moyen Age et à la Renaissance*, Paris, Éditions du CTHS, 1989, p. 216: "His aim was, I think, to bring to life for those who could not travel to them those small areas associated with classical mythology and history. Strict geographical accuracy was not his goal, interrelationships were".
29. Thevet, *GI*, I, f. 3 v° e 4 r°, n° 2 e 3 do "Catalogue des cartes du Grand insulaire d'André Thevet", *in* Mireille Pastoureau, *Les atlas français (XVIe-XVIIe siécle)*, Paris, 1984, p. 487.
30. Thevet, *GI*, catálogo n° 1. Esse frontispício gravado, com o título estragado por uma borboleta, foi identificado por Marcel Destombes. Está conservado no *Cabinet des Estampes de la Bibliothèque Nationale*, na coleção Lallemant de Betz (BN, Estampes, V x I [24], p. 453).
31. Ver a reprodução desse retrato de Thomas de Leu pr. I. — BN, Cabinet des Estampes, Res. 761 (catálogo de Robert-Dumesnil 495.2). Sobre esse retrato, v. Marcel Destombes, "André Thevet, 1504-1592, et sa contribuition à la cartographie et à l'océanographie", *Second International Congress on the History of Oceanography*, Edimburgo, Royal Society of Edinburgh, 1972, pp. 123-131.
32. A respeito dessa divergência de pontos de vista, ver cap. I, p. 60-61, onde está exposta essa concepção de um oceano "mediterrâneo", muito parecido com um imenso mar Cáspio. A crer no "Prefácio" do *GI*, f. 9 r°, nessas preliminares cosmográficas do atlas estariam faltando dois mapas, ao menos. Thevet efetivamente anuncia ali "quatro figuras que servem a tudo o que está contido em todo o universo". Além das duas "meias-partes" setentrional e austral do mundo, que nos foram conservadas, o "leitor benévolo" teria ainda

tido à sua disposição, de um lado, uma "figura que serve ao conhecimento dos mapas terrestres e marinhos e da grandeza da terra universal" e, por outro, "a quarta e mais difícil, que é [quer dizer] a figura dos rumos dos ventos, aplicados nos mapas marinhos, para viajar por todo o universo, tanto ao mar quanto à terra". Esse último mapa, que está perdido ou jamais foi desenhado, lembra a *Carta da navigare* que conclui o *Isolario* de Thomaso Porcacchi da Castiglione.

33. Thevet, *GI*, I, Ms fr. 15452, fol. 142(bis): "Terres Neufves ou Isles des Molues", fol. 148(bis): "La grand Isle de S. Julien". Sobre esses dois mapas, ver meu estudo "Terre-Neuve ou la carte éclatée d'après le *Grand insulaire* d'André Thevet", *Mappemonde* 87/3, pp. 1-7.

34. Ver, por exemplo, a carta dirigida por Thevet a Ortelius, "Geographe et Cosmographe du Roy Catholique", por volta de 1586 (*Abrahami Ortelii epistulae*, Éditions J. H. Hessels, Cambridge, 1887, I, pp. 329-330). Thevet ali escreve notadamente: "Enquanto tramo minha Cosmografia, minha História Prosopográfica dos Homens Ilustres e meu Grande Insular, não tenho para mim que não vos lembrei e aleguei com honra. Isso vos fiz apenas para assemelhar-me, pois me citastes em vosso Teatro: Sinonímia da Geografia e outras obras vossas...".

35. Emprego esse termo "bricolagem" no sentido específico dado por Claude Lévi-Strauss em *La pensée sauvage*, Paris, Plon, 1962, cap. I. Ver, mais adiante, a nota 56.

36. Esse exemplo foi analisado por Danielle Lecoq, "La mappemonde du *Liber floridus* ou la vision du monde de Lambert de Saint-Omer", *Imago Mundi. The Journal of the International Society for the History of Cartography*, 1987, n° 39, pp. 9-49. De um modo mais geral, o simbolismo de valor didático dos mapas medievais foi estudado por David Woodward, "Reality, Symbolism, Time and Space in Medieval World Maps", *Annals of the Association of American Geographers*, 75 (4), 1985, pp. 510-521. Do mesmo autor, "Medieval Mappaemundi", cap. 18, p. 330 ss., de *The History of Cartography*, vol I. *Cartography in Prehistoric, Ancient, and Medieval Europe and the Mediterranean*, ed. por J. B. Harley & D. Woodward, Chicago, The University of Chicago Press, 1987.

37. Guillaume Le Testu, *Cosmographie universelle*, 1556, f. XIX r°. Ver, a seguir, no Apêndice II, linhas 15-17.

38. Le Testu, *op. cit.*, f. XXI r°, face ao mapa da África meridional (f. XX v°).
39. Le Testu, *op. cit.*, f. XXVIII v°, mapa representando o golfo de Bengala e a quase ilha de Málaca. Eis aqui o comentário (f. XXIX r°): "Os desta última parte das/Montanhas até os prásios, se dizem ser/Pigmeus, tendo apenas a altura de um pé, os quais são/Infestados e molestados por grous. Perto da origem do/Ganges se encontram povos nomeados monoceli: que só têm/Um pé, de maravilhosa ligereza a saltar: Também outros/Chamados ciópodes, os quais no tempo do calor deitam-se à Terra sob o dedos, e se cobrem das injúrias do sol pela sombra/De seu pé, que é de grandeza suficiente para cobrir. Ainda/Nas montanhas Rniphees se encontram povos tendo cabeças de cães/E latem em lugar de falar, assim como disse Marco Veneneziano".
40. Le Testu, *op. cit.*, f. XXXIV v°. Comentário à f. XXXV r°.
41. Abade A. Anthiaume, *art. cit.*, 1911, p. 45: "O recuo da Grande Java na direção oeste parece favorecer a hipótese da origem lusitana das Terras Austrais. Os portugueses, de fato, procuravam fazer adentrar essas regiões na parte do mundo que lhes era atribuída pelo Tratado de Tordesilhas (7 de junho de 1494)". Cf. R. Hervé, *op. cit.*, 1982, p. 27.
42. Le Testu, *op. cit.*, f. XXXV r°, comentário sobre a carta da f. XXXIV v°, representando as "Isles des Grifons" e, abaixo, a "Terre Australle", com um combate de selvagens nus e ensanguentados. Ver, adiante, Apêndice III, linhas 8-9.
43. Montaigne, *Essais*, I, 21, Édition Villey-Saulnier, pp. 97-106. Montaigne, é verdade, só se interessa nesse capítulo pelos fenômenos que hoje seriam qualificados como psicossomáticos.
44. Le Testu, *loc. cit.*
45. Le Testu, *op. cit.*, f. XXXVII r°, comentário sobre o mapa da f. XXXVI v°: "Mer oceane de l'Inde orientale".
46. Germaine Aujac, "L'Ile de Thulé, de Pytheas à Ptolémée", comunicação apresentada no XII Congresso Internacional de História da Cartografia (Paris, set. 1987), *in* Monique Pelletier éd., *Géographie du monde au Moyen Age et à la Renaissance*, Paris, Éditions do CTHS, 1989, p. 181-190.
47. Le Testu, *op. cit.*, f. XXXV r° (a propósito da "Terre Australle"), transcrito mais adiante no Apêndice III. A mesma nota se encontra

duas folhas mais adiante, a propósito do "Mer oceane de l'Inde orientale" (f. XXXVII rº): "E conquanto tenha escrito e anotado alguns nomes sob alguns cabos, isso só ocorreu para rearranjar as peças aqui desenhadas umas das outras e também a fim de que aqueles que navegarem se protejam quando quiserem se aproximar da dita Terra".

48. Le Testu, *op. cit.*, f. XL rº.
49. Para uma definição desse conceito, cujo sentido literal é "o que o olhar pode abarcar facilmente", ver o artigo de Christian Jacob "La mimésis géographique en Grèce antique: regards, parcours, mémoire", in *Sémiotique de l'architecture. Espace et représentation. Penser l'espace*, Paris, Éditions de la Villette, 1982, p. 67.
50. Sobre essa noção, ver Leo Spitzer, *Classical and Christian Ideas of World Harmony. Prolegomena to an Interpretation of the Word "Stimmung"*, Baltimore, The Johns Hopkins Press, 1963.
51. Sobre as circunstâncias dessa ficção cartográfica de destino duradouro, ver, além do artigo de A. Anthiaume já citado (p. 45-46), a obra de R. Hervé *Découverte fortuite [...], op. cit.*, 1982, p. 27 ss.
52. BN, Cartes et Plans, Res. Ge AA 625. Esse mapa-múndi em dois hemisférios (uma folha em pergaminho ms em bistre, 1180 x 790mm) carrega a seguinte menção: "Este mapa foi traçado com toda a perfeição tanto de latitude quanto de longitude por mim Guillaume Le Testu piloto real nativo da cidade *Françoise de grace*. Em favor da nobre e ilustre pessoa Pierre De [Coutes] Sr. de la [Chapelle] du Pré et du Bouschet/Capitão ordinário introduzido pelo Rei em sua Marinha do Poente, e foi acabado no dia 23 de maio 1566." Para o comentário desse mapa, antigamente conservado nos arquivos do Ministério dos Negócios Estrangeiros, ver A. Anthiaume, art. cit., 1911, pp. 59-70.
53. Le Testu, mapa citado, lado esquerdo: "Pois que essa costa e terra não foi até/Aqui devidamente descoberta achei melhor/Deixá-la imperfeita que ajuntar a este/Mapa verdadeiro alguma mentira." Cf. a propósito do Labrador: "Deixei esta costa imperfeita ainda/Que alguns a fechem até que ela/Seja mais mplamente descoberta."
54. Le Testu, mapa citado, moldura que figura sobre o Pacífico Norte e anteriormente ressaltado por Anthiaume: "No ano de 1527. Pelo comando do Imperador/Carlos da Áustria foram enviados três navios partindo do porto/de Ciuattancio para descobrir as Molucas

em que se encontrava o capitão/Dom Alvaro Savedra o qual achou em sua navegação/Que podia ter estado 1.400 léguas do dito porto/Até as ditas Molucas lá onde ele e sua tripulação/Permaneceram por mau tempo exceto 8 homens que/Foram aprisionados pelos portugueses em Málaca/Os quais narraram o que se disse acima."
55. Le Testu, mapa citado, inscrição que figura numa moldura embaixo à direita, não longe do "ESTREITO DE MAGALHÃES".
56. Claude Lévi-Strauss, *La pensée sauvage*, Paris, 1962, p. 35. O modelo reduzido, resultado da bricolagem, não é "uma simples projeção, um homólogo passivo do objeto: constitui uma verdadeira experiência com o objeto".
57. Le Testu, *Cosmographie universelle*, 1556, f. LVII v°; comentário na f. LVIII r°. Ver, mais adiante, o Apêndice IX. Mapa em aquarela sobre papel (53 x 37cm), reproduzido em M. de la Roncière e M. Mollat, *Les portulans*, Fribourg, Office du Livre, e Paris, Nathan, 1984, pr. 50.
58. Le Testu, *op. cit.*, f. LVI v°; comentário à f. LVII r°, transcrito adiante no Apêndice VIII. Terra Nova é um arquipélago em três grandes pedaços principais, com a diagonal fortemente marcada dos montes Granches. Ver M. de la Roncière e M. Mollat, *op. cit.*, pr. 49. As incessantes e complexas transformações da cartografia da Terra Nova ao longo do século XVI foram traçadas com minúcia por Henry Harrisse, *Découverte et évolution cartographique de Terre-Neuve et des pays circonvoisins* (1497-1501-1769), Paris, H. Welter, 1900. O cap. XVI, "Nouvelles cartes dieppoises", p. 260 ss., analisa a contribuição de Le Testu e Thevet para essa evolução.
59. A expressão dessa "decepção" encontra-se em Thevet, quando opõe, à ocasião de um elogio da navegação, as "ilhas inconstantes e incertas" à "terra firme, boa e fértil" (*H2V*, "L'embarquement de l'autheur. Chapitre premier", f. 1 v°).
60. Essa definição, aparentemente contraditória, da forma "redonda" do rondó, que se caracteriza, como se sabe, pelo retorno em refrão do primeiro hemistíquio ou estribilho, é emprestada de Pierre Le Fevre, chamado Fabri: *Le grand et vrai art de pleine rhétorique* (Rouen, 1521; reed. com notas e glossário por A. Héron, Rouen, A. Lestringant, 1890). Ver sobre esse assunto a "nota poética" de minha edição de Clément Marot, *L'Adolescence clémentine*, Paris, Gallimard, "Poésie", 1987, pp. 335-342.

NOTAS

61. A "Ilha dos homens grandes", situada ao norte do estreito de Magalhães por Le Testu, *Cosmographie*, f. XLIX v°, poderia corresponder às Malvinas ou Falkland. Segundo Roger Hervé, *op. cit.*, 1982, pp. 25 e 68, a ilha da Joncade, no Pacífico Sul, seria a Nova Zelândia.
62. Sobre o mito geopolítico da Terra Austral em La Popelinière, ver cap. XIV, p. 513, assim como o estudo de Erich Hassinger "Die Rezeption der Neuen Welt durch den französischen Späthumanismus (1550-1620)", *in* Wolfgang Reinhard hg, *Humanismus und Neue Welt*, Weinheim, Acta Humaniora, VCH, 1987, pp. 111-114 e pp. 128-132. Do mesmo autor, *Empirisch-rationaler Historismus. Seine Ausbildung in der Literatur Westeuropas von Guicciardini bis Saint-Evremond*, Berna e Munique, Francke, 1978, pp. 26-35.
63. É assim que o *Théatre de l'Univers* de Abraham Ortelius (Anvers, Christophe Plantin, 1583) pôde fornecer em Thevet os modelos insulares de Islay, Mull, North e South Uist, Lewis nas Hébridas (segundo o mapa da "Escócia", n° 10), o das "Ilhas Britânicas" (n° 9) pela vinheta do *GI* representando a "Inglaterra e Escócia" (cat. n° 40; f. 82) orientada igualmente o norte à direita. A mesma coisa, talvez, para a "Hibernie ou Irlande" (Ortelius, 13, *GI*, 42); para as ilhas de Voorn, Walcheren, Zuid Beveland, passadas no mapa da "Zelândia" (Ortelius, 39) ao arquipélago thevetiano (*GI*, 7, 9, 10 respectivamente) etc. Quanto a Mercator, seu célebre *Mappemonde* de 1569 foi seguido por Thevet para os quatro mapas continentais que figuram no início de cada um dos tomos da *CU* de 1575.
64. Thevet, *GI*, I, f. 142 (bis). Ver a ilustração IX.
65. Jacques Cartier, *Relations*, ed. por M. Bideaux, Montreal, 1986, p. 97: "Dos quais nossa gente ali [encontrou] um grande como uma vaca tão branco como um cisne que saltou no mar diante deles."
66. Thevet, *GI*, f. 145 r°: "Quanto à ilha que está em meus mapas subnomeada com meu nome, Thevet, isso se deu pois fui o primeiro que lá pus os pés entre meus companheiros, que lá desceram comigo em um batel, para encontrar alguma água doce [...]". Essa ilha canadense era mencionada de passagem na *CU*, II, f. 1009 v°, mas sem que fossem dadas as razões de sua nominação.
67. Thevet, *GI*, f. 260 r°. O mapa gravado constitui a f. 259(bis). A ilha brasileira de Thevet já era evocada na *CU*, II, f. 1015 r°: "Não esquecerei aqui uma ilha, que tem oito graus dez minutos além do

equador, tirante Sul Sudeste, a qual não tinha sido descoberta por qualquer pessoa [sic], nem marcada num mapa, na qual desci com um batel, assim como alguns outros, para encontrar água doce, após os nossos terem ancorado, por ter vento contrário, fizemos um pacto entre nós, que o primeiro que lá colocasse os pés daria nome à ilha. O que me coube. Por isso ela foi nomeada ilha de Thevet. Os habitantes e governadores da ilha eram apenas pássaros de diversas plumagens e tamanhos [...]."

Sobre essas duas "ilhas de Thevet", ver meu estudo "Nouvelle-France et fiction cosmographique dans l'oeuvre d'André Thevet", *Études littéraires*, vol. 10, n° 1-2, abril-agosto 1977, pp. 145-173.

68. Thevet, *CU*, II, livro XXI, cap. 1, f. 907 (v° da f. 906). Rever cap. I, p. 31.
69. Thevet, *GI*, I, f.245 r°: "Do Goulphre ou Riviere de Ganabara". O mapa correspondente a esse capítulo está conservado na coleção J.-B. Bourguignon d'Anville, BN, Cartes et Plans, Res. Ge DD 2987, n° 9480 (14,6 x 18,3 cm).
70. Jacques de Vaudeclaye, *Le vrai pourtraict de Geneure et du Cap de Frie*, ms em cores sobre velino (645 x 485 mm). BN, Cartes et Plans, Res. GE. C. 5007. Documento reproduzido e comentado em Ch. Jacob e F. Lestringant, *Ars et légendes d'espaces*, Paris, 1981, p. 243 ss., assim como em Monique de la Roncière e Michel Mollat, *Les portulans*, Fribourg e Paris, 1984, pl. 61 e pp. 240-241.
71. Sobre essa polêmica, ver minhas "Fictions de l'espace brésilien à la Renaissance: l'exemple de Guanabara", *Ars et légendes d'espaces*, Paris, Presses de l'École Normale Supérieure, 1981, pp. 205-256.
72. A expressão é de Gilles Lapouge, *Equinoxiales*, Paris, Le Livre de Poche, 1977, p. 55.
73. Thevet, *GI*, II (Ms fr. 15453), f. 102(bis): "Escueil ou Isle de Strongile a p[rese]nt Peogola". Comentário extraído da f. 103 v°.
74. Thevet, *GI*, II, f. 93(bis): "L'Isle de Church" (= de Curco). Comentário à f. 94 v°.
75. Thevet, *GI*, II, f. 56(bis): "Le Caloeiro de Nisaro dit Panegea"; e f. 90(bis): "Caleiro d'Andros/dit le bon vieillart". Sobre essa dupla, ver meu estudo "Fortunes de la singularité à la Renaissance: le genre de l'Isolario", *Studi Francesi* n° 84, set.-dez. 1984, pp. 415-436, especialmente pp. 430-435.
76. Thevet, *GI*, I (Ms fr. 15452), f. 145 v°: "Isle de Roberval"; f. 153 r°: "Isle des Demons"; e f. 404 r°: "Isle de la Demoiselle". Sobre a

lenda de Marguerite de Roberval e seus destinos literários, ver a obra de Athur P. Stabler *The Legend of Marguerite de Roberval*, Pullman, Washington, Washington State University, 1972.
77. Thevet, *GI*, I, f. 147 r°-v° (cf. R. Schlesinger e A.-P. Stabler, *André Thevet's North America*, 1986, pp. 235-236). Os ataques a Rabelais estão suprimidos na primeira versão ulterior de DPI (Ms fr. 17174, f. 95 r°-v°).
78. Thevet, *CU*, I, f.443 v°-446 r°. Cf. o capítulo IV, notas 47 a 57.
79. Thevet, *GI*, I, f. 268 r°. Foi Roger Hervé, *op. cit.*, 1982, p. 124, que identificou essas ilhas enigmáticas com o arquipélago das Malvinas.
80. Sobre esse encontro, ver capítulo IV, nota 103.
81. Thevet, *GI*, I, f. 275 bis.
82. Thevet, *GI*, I, f. 277 v°. O mapa está ausente do manuscrito.
83. Thevet, *GI*, I, f. 278 v°.
84. Thevet, *GI*, I, f. 280 v°. Falta o mapa.
85. Sobre essa questão, remeto à obra de Roger Hervé *Découverte fortuite* [...], 1982, pp. 42-43: "Tudo isso tenderia a provar que os cartógrafos normandos — e seu provável informante, ao meu ver João Afonso — tinham certamente um levantamento hidrográfico preciso proveniente da Caravela *Santo-Lesmes*, mas sem saber exatamente de qual viagem se tratava." Tratar-se-ia, e é o aspecto mais frágil da hipótese levantada por Roger Hervé, da caravela espanhola *Santo-Lesmes*, derivando em alto-mar ao curso de fevereiro de 1526, após ter sido separada da frota de Garcia Jofre de Loaysa. Thevet evoca várias vezes "as memórias que tive de alguns velhos pilotos portugueses, espanhóis e outros" (*GGI*, I, f. 277 v°). Ou ainda, a propósito das "ilhas Gigantes" de Sansão, ao longo da Patagônia, menciona "um velho capitão e bom piloto português que encontrei na cidade de Lisboa em Portugal" (*GI*, I, f. 169 v°). Mas ele evita precisar sua dívida em relação aos escritos do falecido Afonso.
86. Thevet, *GI*, I, f. 151 r° e *DPI*, f. 97 r°.
87. Thevet, *GI*, I, f. 149 v° (*DPI*, f. 100 v°): "Para isso, entretanto, não é preciso dispensar (negligenciar e dispensar) a esperança de sua fertilidade, visto que Holanda, Zelândia e outras regiões, por mais que estejam atoladas nas larnas, não deixam de manifestar por todos os lugares o louvor de sua fecundidade." A transcrição dessa passagem do *GI* (I, f. 149 v°) por R. Schlesinger e A.-P. Stabler, *op. cit.*, 1986, pp. 240-241, é usada com precaução.

88. Tomo emprestado essa terminologia de Jack Goody, *La raison graphique. La domestication de la pensée sauvage*, Paris, Edições de Minuit, 1979, pp. 149 e 164-169.
89. Thevet, *H2V*, f. 149 r°-155 r°: "De Canada et terre-neufve"; "La route et dangers de la terre de Canada"; "S'ensuit un petit dictionnaire de la langue des canadiens".
90. Thevet, *GI*, I, f.276 v°.
91. Rever cap. I, pp. 45-46.
92. Thevet, *GI*, I, Prefácio, f. 6 r°.
93. La Popelinière, o "chantre de l'Antarctide", do qual falou Numa Broc, inspirava-se tanto nas recentes viagens de Drake quanto nos relatos de um piloto português, Bartolomeu Velho, e de um cosmógrafo de origem italiana, André d'Albaigne. Ver a síntese de Numa Broc, "De l'Antichtone à l'Antarctique", *in Cartes et figures de la terre*, Paris, Centre Georges Pompidou, 1980, pp. 136-149, e a súmula ainda hoje inigualada de Armand Rainaud, *Le continent austral. Hypothèses et découvertes*, Paris, A. Colin, 1893.

Epílogo

1. Thevet, *CU*, II, livro XXI, cap. 1, f.903 v°: "Tive comigo dois de seus casacos, feitos da pele desses animais, cuja cor jamais vi em região ou lugar que tivesse estado. Quando vesti um, fui arrastado por mais de uma braça [2,2m] ao chão"; "Eles tinham atirado flechas nos navios, as quais lá ficaram tão bem fixadas que com muita dificuldade foram tiradas das tábuas dos ditos navios, tão fundo tinham entrado; e em lugar de ferro estavam aferradas e fixadas com ossos de feras e pedras bem pontiagudas, das quais recolhi algumas, que tenho em meu escritório em Paris"; cf. f. 905 r°: "Recolhi um arco e flechas, que vinham da região deles, com os quais presenteei ao falecido de feliz memória Antonio Rei de Navarra."

Todos esses objetos têm por função confirmar a veracidade da narrativa de viagem à região longínqua. Têm valor mediúnico, transferindo "para cá" a admirável e radiante presença de "lá". Ver, em relação a esses objetos intermediários, meu estudo "La flèche du Patagon ou la preuve des lointains: sur un chapitre d'André Thevet", *in* Jean Céard et Jean-Claude Margolin éd., *Voyager à la Renaissance*, Paris, 1987, pp. 467-496.

2. Se o *GI* foi parcialmente copiado e adaptado à *DVI*, o *H2V* representa a última etapa de uma relação inicialmente intitulada *Seconde voyage*, cujo cerne é constituído pelo livro XXI da *CU*. Uma vez que a *DVI* e o *SV* são da mesma escritura, parece que o *H2V* é o último na datação dos projetos nos quais Thevet tinha trabalhado.
3. Rabelais, *Tiers livre*, cap. 49-52 (éd. Guy Demerson das *Oeuvres? complètes*, Paris, Éd. du Seuil, 1973, pp. 542-557). Cf. Plínio, *Histoire naturelle*, livro XIX, cap. I, trad. Antoine du Pinet, Lyon, Charles Pesnot, 1581, t. II, pp. 70-73.
4. Na novela intitulada *Pierre Ménard, auteur du Quichotte* e publicada nas *Fictions* (trad. fr. Paris, Gallimard, 1957), Jorge Luis Borges apresenta um poeta simbolista de Nîmes que se empenhou não só em copiar — solução demasiadamente fácil —, mas em reescrever, literalmente, o *Quixote*. Esse empreendimento "estupeficante" conduziu ao enunciado do princípio das atribuições errôneas, pelo qual se conclui esta narração filosófica: "Atribuir a Imitação de Jesus Cristo a Louis-Ferdinand Céline ou a James Joyce não é renovar de modo satisfatório os fracos conselhos espirituais dessa obra?"
5. Ver André Tournon, *Montaigne: la glose et l'essai*, Lyon, Presses Universitaires de Lyon, 1983.
6. Ideia expressada por Jean Céard, "Les tranformations du genre du commentaire", *Actes du colloque L'Automne de la Renaissance (1580-1630)*, Paris, Vrin, 1981, pp. 101-115.
7. Thevet, *Le livre contenant la description de tout ce qui est comprins soubz le nom de Gaule,* BN, Ms fr. 4941.
8. Thevet, *op. cit.*, f. 5 r°, anotação interlinear: "como se me quer fazer crer"; f. 4 r° (a propósito de Toulouse): "O que me é difícil a crer, uma vez que não vi marca de tão grande antiguidade."
9. François Rigolot, *Le texte de la Renaissance. Des rhétoriqueurs à Montaigne*, Genebra, Droz, 1982.
10. Por volta de 1872, como testemunham seus *Carnets de travail*, Gustave Flaubert consultou a *CU* de Thevet, quando da preparação da última versão da *Tentation de Saint Antoine*, publicada em abril de 1874. A iconografia teratológica de Thevet está na origem dos "pássaros que se nutrem de vento", cuja teoria forma o penúltimo aparecimento da narrativa, precedendo as "feras do mar" e a crise materialista final. Ver Flaubert, *Oeuvres complètes*, Paris, Club de l'Honnête Homme, t. 8, 1973, pp. 383-384: *Carnets 16* (conserva-

do na Biblioteca Histórica da Cidade de Paris). Cf. Pierre-Marc de Biasi, ed. dos *Carnets de travail*, Paris, Balland, 1988, p. 668.
11. Claude-Gilbert Dubois, *L'imaginaire de la Renaissance*, Paris, PUF, 1985, p. 83 ss., assim como Leo Spitzer, *Classical and Christian Ideas of World Harmony*, Baltimore, The Johns Hopkins Press, 1963.
12. Samuel Purchas, *Hakluytus Posthumus or Purchas His Pilgrimes* (Londres, 1625), reed. Glasgow, James Mac Lehose, vol. XV, 1906, p. 412 ss.: "The history of the Mexican nation, described in pictures by the Mexican author explained in the Mexican language; which exposition translated into Spanish, and thence into English, together with the said picture-historie, are here presented."

   Purchas com efeito tentou reproduzir *in extenso* a parte iconográfica do *Codex* asteca.
13. Alfred Métraux, *La religion des tupinamba et ses rapports avec celle des autres tribus tupi-guarani*, Paris, E. Leroux, 1928, pp. 239-252, onde estão transcritas as folhas 53 a 62 v° da *H2V*; Claude Lévi-Strauss, *Tristes tropiques*, Paris, Plon, 1955, p. 399; Pierre Clastres, *Le grand parler*, Paris, Le Seuil, 1974, pp. 95-99; Christian Duverger, *L'origine des aztèques*, Paris, Le Seuil, 1983, *passim*, especialmente pp. 35-36 e 109-110. Ver, além disso, mais adiante, a bibliografia das edições modernas de Thevet (após 1800).
14. Marc Lescarbot, *Histoire de la Nouvelle France*, Paris, Jean Millot, 1609, livro II, cap. 29, pp. 425-428: "Censures sur certains autheurs qui ont écrit de la Nouvelle France." Belleforest é igualmente atacado, mas Thevet é poupado, sendo louvado em outras passagens pela ficção prospectiva da Henryville do Brasil (*id.*, pp. 208-209).
15. Jean Alfonse de Saintonge, *Les voyages avantureux*, Poitiers, J. de Marnef, 1559, f. 62 r°: a queda de Maomé suspendido no ar por uma pedra íman; f. 67 v°: as formigas caçadoras de ouro ou Alibifors. Na f. 27 v° encontra-se, a partir da Terra Nova, o encadeamento seguinte: "...e depois vire a Oeste mais cem léguas. Todas as gentes dessa terra têm rabo".

Bibliografia Sumária

OBRAS DE ANDRÉ THEVET

I. Edições antigas e manuscritos

Para uma bibliografia detalhada das obras de Thevet e a localização dos exemplares subsistentes, remeto à edição crítica da *Cosmographie de Levant* (Genève, Droz, 1985, pp. LXXV-LXXVIII e XCIII-XCVI), bem como à minha obra: *André Thevet, cosmographe des derniers Valois* (Genève, Droz, 1991).

Cosmographie de Levant, par F. André Thevet d'Angoulesme, Lyon, Jean de Tournes e Guillaume Gazeau, 1554. Pequeno in-4° de 214p. + 8 f., 25 fig. em madeira e retrato do autor como franciscano.

Cosmographie de Levant, par F. André Thevet d'Angoulesme. Revue et augmentee de plusieurs figures. Lyon: Jean de Tournes et Guillaume Gazeau, 1556. Pequeno in-4° de 218p. + 7 f., 34 fig. e retrato do autor.

Cosmographie de Levant, par F. André Thevet, d'Angoulesme, Anvers, Jean Richart, 1556. In-8° de 158 f., fig.

Cosmographia Orientis. Das ist Beschreibung desz gantzen Morgenlandes [...] in Teutsche Sprache versetzt und mit nützlichen marginalibus vermehret durch Gregor Horst, Giessen, Caspar Chemlin, 1617. In-4° de 4 f. n. ch. + 216p. Frontispício e figura no texto. Doze pranchas em páginas não numeradas.

Les Singularitez de la France Antarctique, Autrement nommée Amerique: et de plusieurs Terres et Isles decouvertes de nostre temps, Paris, les héritiers de Maurice de la Porte, 1557 e 1558. In-4° de VIII + 166 f. + tábua. 41 gravuras em madeira.

Les Singularitez de la France Antarctique [...], Anvers, Christophe Plantin, 1558. In-8° de VIII + 164 f. 41 gravuras em madeira, cópias reduzidas em acordo com a edição precedente.

Historia dell'India America, detta altramente Francia Antartica [...], tradotta di Francese in Lingua Italiana, da M. Giuseppe Horologgi, Venise, Gabriel Giolito De' Ferrari, 1561. In-8° de 16 f. + 363 páginas. (Novas edições em 1583 e 1584.)

The New found worlde, or Antarctike, wherein is contained wonderful and strange things, as well of humaine creatures, as Beastes, Fishes, Foules, and Serpents, Trees, Plants, Mines of Golde and Silver: garnished with many learned aucthorities, travailed and written in the French tong, by that excellent learned man, master Andrewe Thevet. And now newly translated into Englishe, wherein is reformed the errours of the auncient Cosmographers, Londres, Henry Bynnemann, por Thomas Hacket, 1568. In-8° de 8 f. n. ch. + 138 f. + 2 f. de tábua. (BL: 798.c.34 e G.7107.)

Epístola dedicatória de Thomas Hacket a "Sir Henrie Sidney".

La Cosmographie universelle d'André Thevet cosmographe du Roy. Illustree de diverses figures des choses plus remarquables veuës par l'Auteur, et incogneuës de noz Anciens et Modernes, Paris, Pierre L'Huillier et Guillaume Chaudière, 1575. 4 tomos em 2 vol. in-fol., f. 1. + 1025 f. ch. + tábuas. 228 madeiras gravadas cujo frontispício é sete vezes repetido. 4 mapas dos continentes.

Les Vrais Pourtraits et Vies des Hommes illustres Grecz, Latins, et Payens, recueilliz de leurs tableaux, livres, medalles antiques et modernes. Par André Thevet Angoumoysin, Premier Cosmographe du Roy, Paris, veuve Jacques Keever et Guillaume Chaudiere, 1584. 2 tomos em um vol. in-fol. de 16 f. n. ch. + 664 f. ch. + 18 f. de tábua. 224 retratos em talho-doce.

Histoire des plus illustres et scavans hommes de leurs siecles. Tant de l'Europe, que de l' Asie, Afrique et Amerique. Avec leurs portraits en taille-douce, tirez sur les veritables originaux, par A. Thevet, historiographe. Divisé en huit tomes, Paris, François Mauger, 1671. 9 vol. in-12, dos quais 8 de texto e 1 de retratos.

Prosopographia: Or, some select Pourtraitures and Lives of Ancient and Modern Illustrious Personages. Collected out of their Pictures, Books, and Medals. Originally compiled and written in French by Andrew Thevet, Chief Cosmographer to Henry the third, King of France and Poland. Newly translated into English by some learned and eminent

Persons; and generally by Geo. Gerbier, alias D'Ouvilly, Esq., Londres, Abraham Miller, por William Lee, 1657. In-fol. de 1 f. n. ch. + 76 p. em 20 capítulos. 19 retratos gravados.

Essa coletânea forma o apêndice das *Vidas* de Plutarco, traduzidas do francês de Jacques Amyot por Thomas North.

Prosopographia: Or, some select Pourtraitures and Lives of Ancient and Modern Illustrious Personages. [...] And now also in this Edition are further added the Pourtraitures and Lives of five other selected eminent Persons, of Ancient and Modern Times; newly translated into English, out of the Works of the said famous Andrew Thevet, by a learned and eminent Person, Cambridge, John Hayes, por William Lee, Londres, 1676. Um vol. in-fol. de 2 f. n. ch. + 91 p., em anexo do Plutarco de Sir Thomas North.

A série complementar de cinco retratos e vidas (p. 73 a 91), que compreende "Ferdinand Cortez", "Basil Duke of Moscovy", Sebastião I de Portugal, Cunhambebe e Colombo, é introduzida por uma página de título específico (p. [73]; v° branco).

Le Grand Insulaire et Pilotage d'André Thevet Angoumoisin, Cosmographe du Roy. Dans lequel sont contenus plusieurs plants d'isles habitées, et deshabitées, et description d'icelles [1586-1587], BN, Ms fr. 15452-15453 (fonds Séguier-Coislin; Saint-Germain français 654). 2 vol. ms de 413 e 230 f. (358 X 225 mm). 84 mapas de ilhas em talho-doce contracoladas no início dos capítulos correspondentes.

Para uma descrição do *corpus* cartográfico em relação com o *Grand Insulaire*, ver meu "Catalogue des cartes du Grand Insulaire d' André Thevet", em Mireille Pastoureau, *Les Atlas français (XVIe – XVIIe siècle)*, Paris, Bibliothèque nationale, 1984, p.481-495.

Description de plusieurs Isles, par M. André Thevet [1588], BN, Ms fr. 17174 (fonds Séguier-Coislin; Saint-Germain français 655). Um vol. de 145 f. (345 × 220 mm).

Trata-se da reorganização parcial do *GI*. Os 51 capítulos trataram das Ilhas do mar do Norte, da Mancha e do Atlântico.

Histoire d'André Thevet Angoumoisin, Cosmographe du Roy, de deux voyages par luy faits aux Indes Australes, et Occidentales. Contenant la façon de vivre des peuples Barbares, et observation des principaux points que doivent tenir en leur route les Pilotes, et mariniers, pour eviter le naufrage, et autres dangers de ce grand Ocean, Avec une response aux libelles d'injures, publiées contre le chevalier de Ville-

gagnon [1587-1588], BN, Ms fr. 15454 (colllection Séguier-Coislin; Saint-Germain français 656). Um vol. ms de 167 f. (355 × 220 mm). O escrito é o mesmo da *DVI*.

A "Response aux libelles d'injures publiées contre le chevalier de Villegagnon", inserida nas f. 108 v°-110 v°, é a cópia fiel, exceto por dois detalhes, de um livreto apologético publicado por Villegagnon, e editado por André Wechel, em 1561 (BN: 8° Lb³³ . 388).

A *H2V* é a réplica à *H1V* de Jean de Léry (Genève, Antoine Chuppin, 1578, 1580 e 1585), com a amplificação do relato brasileiro pelo cosmógrafo (*SFA* e sobretudo *CU*, livro XXI).

Second Voyage d'André Thevet, dans les Terres Australes et Occidentales [1587?], BN, Ms fr. 17175 (collection Séguier-Coislin; Saint-Germain français 657). Um vol. de 178 f. (300 × 200 mm). O texto de Thevet começa apenas na f. 11 r°.

Cópia contemporânea de uma parte da *H2V*, com correções de próprio punho do autor.

II. EDIÇÕES MODERNAS (DEPOIS DE 1800)

1858

1. *Cosmographie moscovite, par André Thevet*, coligida e publicada pelo príncipe Augustin Galitzin, Paris, J. Techener, 1858. Um vol. in-16 de XVI-181p.
Trata-se da reedição não comentada de 5 capítulos da *CU* (II, XIX, 8 a 12) e de um capítulo das *HI* (II, V, 56).

1878

2. *Les Singularitez de la France Antarctique*. Nova edição com notas e comentários por Paul Gaffarel, Paris, Maisonneuve, 1878. Um vol. in-8° de LXIV, 459 páginas. Vinhetas de acordo com as gravuras da edição original.

1881

3. *La Grande et Excellente Cité de Paris*. Introdução e notas pelo abade Valentin Dufour. Paris, A. Quantin, "Collection des anciennes descriptions de Paris", V, 1881. Um vol. in-8° de XXIV-55 páginas. Figuras

e retrato, entre os quais a tapeçaria de Emaús da coleção Gaignières à BN, Gabinete das estampas.
Reedição de um capítulo da CU (II, XV, 5).

1882

4. "The Cosmography of the Fraudulent Thevet", *Magazine of American History, with Notes and Queries*, vol. 8, pt. 1 (jan. 1882), p. 130-138.
Publicação das páginas da CU (II, XXIII, 3) concernente à futura Nova Inglaterra ou Norambègue.

1883

5. *Le Grand Insulaire et Pilotage d'André Thevet (Isle de Haity ou Espaignole; Isle Beata; Isles du Chef de la Captive)*, em "Appendice" (p. I 3-111 I) do *Discours de la navigation de Jean et Raoul Parmentier de dieppe*, publicado por Charles Schefer, Paris, Ernest Leroux, "Voyages et documents pour servir à l'histoire de la géographie", 1883.
Excertos do GI, I, f. 183ter a 194 r°.

1890

6. *Le Grand Insulaire et Pilotage d'André Thevet (12 chapitres: Venise, Zarre, Bua, Corfou, Duché, Grande Céphalonie, Petite Céphalonie, Sapience, Cérigo, Scarpante, Nissare, Cypre)*, em "Appendice" (p. 245-309) do *Voyage de la Terre Sainte composé par Maistre Denis Possot et achevé par Messire Charles Philippe*, publicado por Charles Schefer. Paris, Ernest Leroux, "Voyages et documents pour servir à l'histoire de la géographie", 1890.
Excertos do GI, II, passim.

7. *Jeanne d'Arc, par André Thevet. Extrait de ses " Vrais Poutraits et vies des hommes illustres" (1584), avec une note sur les armes de la Pucelle*, por Pierre Lanéry d'Arc. Orléans, H. Herluison, 1890, 43 p.
Excertos das HI, II, IV, 25.

1903

1. *Cosmographie moscovite, par André Thevet*, coligida e publicada pelo príncipe Augustin Galitzin, Paris, J. Techener, 1858. Um vol. in-16 de XVI-181p.
8. "De l'isle de Madagascar, autrement de Saint-Laurent, par A. Thevet (1558) "; " De l'isle d'Albargra ou Madagascar et du deluge advenu en icelle, par A. Thevet (1575) "; "Des habitans de Madagascar (1575)"; "Isle de Madacascar ou de S. Laurent", in *Collection des ouvrages anciens concernant Madagascar*, publicada por Alfred e Guillaume Grandidier, Paris, Comité de Madagascar, t. I, 1903, p. 105-109; 118-126; 127-134; 148-155.

    Excertos das *SFA*, cap. 23; da *CU*, I, IV, cap. 4 e 5; do *GI*, I, f. 342 v°-344 v°. O editor assinala (p. 151, nota 1) que toda uma parte da descrição do *GI* é tomada emprestada da *CU* de F. de Belleforest (II, XXVI, col. 20 II).

1905

9. "Isle d'Alopetie diete des renards"; "Ce premier dictionnaire en langue moscovite appartient à M. André Thevet Premier Cosmographe du Roy", na sequência (p. 19-33) de: Paul Boyer, "Un vocabulaire français-russe de la fin du XVIe siècle, extrait du *Grand Insulaire* d'André Thevet, manuscrit de la Bibliothèque nationale, publié et annoté par P.B.", extraído das *Mémoires orientaux. Congrès de 1905 (Alger)*, Paris, Ernest Leroux, 1905, p. 9-18.

    Excerto do *GI*, II, f. 211 r°-224 r°.
10. "*Histoyre du Mechique*. Manuscrit français inédit du XVIe siècle", publicado por Edouard De Jonghe, *Journal de la Société des américanistes de Paris*, nova série, t. II, n° 1, 1905, p. 1-43.

    Publicação do Ms fr. 19031 da BN, f.79-88.

1910

11. "Thevet's Description of Chios", "Appendix" em F. W. Hasluck, "The Latin Monuments of Chios", *Annual of the British School at Athens*, t. XVI, 1909-1910, p. 137-184.

    Excerto do *GI*, II, f. 162 v°-163 v°.

1926

12. *Jean Guttemberg, Inventor of Printing*. A Translation by Douglas C.Mc. Murtrie of the essay in A. Thevet's *Vies des hommes illustres*, Paris, 1589 (sic); Nova York, 1926. In-4°, 8 p.
Tradução das *HI*, II, VI, cap. 97.

1928

13. "Mythes des Tupinamba recueillis par Thevet de la bouche du roi Quoniambec et d'autres vieillards lors de ses voyages à Rio de Janeiro em 1550 et 1555"; "L'anthropophagie rituelle des Tupinamba", "Appendices" (p. 225-239 e 239-252) de Alfred Métraux, *La Religion des Tupinamba et se rapports avec celle des autres tribus Tupi-Guarani*, Paris, Ernest Leroux, 1928.
Excerto da *CU*, II, f. 913-920 v°, e da *H2V*, f. 53-62 v°.

1929

14. "Les Indiens Waitaka (à propos d'un manuscrit inédit du cosmographe André Thevet)", por Alfred Métraux, *Journal de la Société des américanistes de Paris*, nova série, t. XXI, fasc. 1, 1929, p. 107-126.
Publicação, nas páginas 121-124 deste artigo, das folhas 101 e 114 a 116 da *H2V*.

1933

15. "Des montagnes qui sont en la contrée de Queurevrijou, païs des Tapoüys, joignant la riviere de Potijou"; "Des contrées de Ouyana, Achyrou, et des singularités d'icelle"; "Des provinces de Tararijou et Daritama en la province de Margana, et gouverneurs d'icelles", p. 33-40 de Alfred Métraux, "Un chapitre inédit du cosmographe André Thevet sur la géographie et l'ethnographie du Brésil", *Journal de la Société des américanistes de Paris*, nov. série, t. XXV, fasc. 1, 1933, p. 31-40.
Publicação das f. 33-37 v° da *H2V*.

1944

16. *Singularidades da França Antártica a que outros chamam de América*. Prefácio, tradução e notas do Prof. Estevão Pinto. São Paulo, Cia. Editora Nacional, 1944. In-8°, 502 páginas.

1953

17. *Les Français en Amérique pendant la deuxième moitié du XVIe siècle. I. Le Brésil et les Brésiliens par André Thevet*. Escolha de textos e notas por Suzanne Lussagnet, introdução de Charles-André Julien, Paris, Presses Universitaires de France, "Les Classiques de la colonisation", 1953. VIII + 346 p.
    Excertos da *CU*, II, livro XXI (por inteiro, salvo cap. 1); da *H2V*, f. 29r⁰-59r⁰, 100r⁰-102v⁰, 113v⁰ -116r⁰, 119r⁰ -122v⁰ ; do GI, I, f. 260 r⁰ -262r⁰, 274v⁰-275 r⁰.

1973

18. *Les Vrais Pourtraits et Vies des hommes illustres (1584)*, Facsímile. Reprodução com Introdução (p. V-XIV) por Rouben C. Cholakian, Delmar, Nova York, Scholars Facsimiles & Reprints, 1973. 2 vol. in-8°, I.
    Fac-similado do exemplar da Widener Library, Harvard University (Cambridge, Mass).

1974

19. "Les Jumeaux", p.95-99 de Pierre Clastres, *Le Grand Parler. Mythes et chants sacrés des Indiens Guarani*, Paris, Éditions du Seuil, 1974.
    Reedição de acordo com Suzanne Lussagnet, 1953, p. 66-72, da *CU*, II, f. 919-920.

1978

20. *As Singularidades da França Antártica*, tradução de Eugênio Amado. São Paulo, Livraria Itatiaia, 1978, 271 p. in-4°.

1982

21. *Les Singularités de la France Antarctique*, fac-símile da edição de 1557/1558, prefácio de Pierre Gasnault. "Un dossier Thevet", por Jean Baudry. Paris, Le Temps, 1982, 80 p. + VIII + 166 f. + II f. de tábua.
22. *Les Singularitez de la France Antarctique*, texto traduzido e anotado por Ken-ichi Yamamoto, p.157-501 de *La France et l'Amérique* (I), Tokyo, Librairie Iwanami Shoten, "La Grande Decouverte", 1982.
   Thevet em japonês.
23. *Un inedito di André Thevet* (edição crítica da "Description de plusieurs isles"), tesi di laurea di Valeria De Longhi. Milan, Universitá degli Studi di Milano, Facoltá di Lettere e Filosofia, ano acadêmico 1981-1982. Vol. de 434 páginas.

1983

24. *Les Singularités de la France Antarctique. Le Brésil des Cannibales au XVIe siècle*. Escolha de textos, introdução e notas por Frank Lestringant, Paris, La Découverte, 1983, 177 páginas.

1984

25. *Voyages en Égypte (1549-1552). Jean Chesneau, André Thevet*. Apresentação e notas de Frank Lestringant, Le Caire (Égypte), Institut français d'archéologie orientale, "Les voyageurs occidentaux en Égypte", 1984. IV + 311 páginas.
   Excerto da *CL*, cap. XXXII-XLIV; da *CU*, I, II, cap. 3 e 4; do *GI*, II, f. 189 r° -191v^o.

1985

26. *Cosmographie de Levant (1556)*. Edição crítica por Frank Lestringant, Genève, Droz, "Travaux d'humanisme et Renaissance", n° CCIII, 1985. CXXII + 374 páginas.
   Fac-símile da edição de Lyon, 1556 (exemplar da Mazarine, Rés. 16176), com introdução, bibliografia, variantes e notas.

1986

27. *André Thevet's North America. A Sixteenth-Century View.* Edição e tradução com notas e introdução, por Roger Schlesinger e Arthur P. Stabler, Kingston & Montréal, Mc Gill-Queen's University Press, 1986, LX + 292 p.
    Excertos das *SFA*, cap. 73, 74, 75 a 82; da *CU*, livros XXII e XXIII; do *GI*, I, f.143 rº-159vº; 176rº -l77vº, 180vº e 403rº -407vº; da *DVI*, f. 126 rº; apenas a seção canadense do *GI* (f. 143-159 e 403-407) está em francês.

Index

ABEL, 122, 126, 264
Açores (arquipélago dos), 20, 41, 190
ADÃO, 63, 101, 122
AFONSO (João), piloto de origem portuguesa, conhecido em francês por Jean FONTENEAU ou JEAN ALFONSE DE SAINTONGE, 185, 188, 189, 190, 197, 213, 214, 217, 224, 280, 282, 291
AFORTUNADAS, ilhas, 148, 201
África, 28, 199, 231
AGOSTINHO (Santo), 21, 57
AGRÍCOLA (Rodolfo), 114
ALBAIGNE (André d'), 292
ALBERTO O GRANDE, 64
ALBUQUERQUE (Luís de), 240, 280
ALEXANDRE DE AFRODISIAS, 117
ALEXANDRE O GRANDE, 117, 120, 262
Alexandria, 71, 201
Aliboron, 49
Alemanha, 55, 100
ALPERS (Svetlana), 238
ALVARES (Manuel), 217
Amazona, 129
AMAZONAS, povo fabuloso, 70, 133, 142, 143-160, 199, 212, 271-276

Amazônia, 151, 155, 273
América, 28
Américas, 144
AMYOT (Jacques), 297
ANA DA BRETANHA, 115
ANACÁRSIS, 186, 281
Anatomia, 86, 92, 133, 141, 168
Andes, 148, 149
ANEAU (Barthélemy), 87, 88, 250
ANHÃ, ANHÃ IPOXI, o espírito maligno, 109
Angoulême, 29, 112
Angoumoisin, monte, 60, 66, 186, 297
Angra dos Reis, 104, 255
ANNIUS DE VITERBO, 115
Antártida, 292
Antártica, 61, 106, 107, 109, 203
ANTHIAUME (abade de), 283, 286, 287
Anticosti ou Ilha da Assunção, 208, 213
Antigos (os), 45, 62-64, 186, 229, 239, 242, 245, 262
Antilhas, 139, 145, 146, 194, 234
Antioquia, 90, 97
ANTÍPODAS, povo fabuloso, 47, 57, 111, 112, 175, 210

Anvers, 289, 295, 296
ANVILLE (Jean-Baptiste BOURGUI-NON d'), 187, 281, 290
APIAN OU APIANUS (Peter), chamado Peter BENEWITZ, 23, 185, 238
APINAYÉ (ÍNDIOS), 146, 271
Aquiles, 117
ÁRABES, 67, 106, 109, 138, 246
Arábia, Arábia Deserta, Arábia Feliz, Arábia Pétrea, 91, 106, 112, 251-252, 253
ARAWAK (ÍNDIOS), 146
Arquipélago (Pequeno), 205
ARIMASPOS, povo monstruoso, 199
ARISTÓTELES, 38, 44, 51, 62-64, 66, 91, 95, 110, 247, 252
Armada (A Invencível), 49
Arren (ilha de; para Arran, ilha de), 281
ÁRTEMIS, 132, 275
ARTEMÍSIA, esposa de Mausolo e rainha de Caria, 275
Ártico, 60, 192
ARTUR OU ARTUS, rei da Bretanha, 278
Ásia, 22, 28, 104, 129, 143, 173, 199, 240, 273
Ásia Menor, 154
ATENA, 85
Atenas, 85, 264
Athos (monte), 69, 89, 254
ATKINSON (Geoffroy), 18, 237, 238
AUBIGNÉ (Agrippa d'), 49-53, 243
AUGUSTO (César), 54
AUJAC (Germaine), 286
AULO-GÉLIO, 88, 250
Austral (Terra), 22, 28, 194, 195, 200, 202, 206, 232, 235, 289
Austrália, 282

Autarcia, 176
Autópsia, 38, 39, 48, 62, 64, 65, 112, 223
autoridade(s), 48, 58, 220, 221
Avalon (península de), 208
AVERRÓIS, 110
AVICENA, 64, 110
ASTECAS, 32

Bacailo (região de), 208
Baccalieu Island, 208
BACO, 121, 134, 136-138, 146-147, 211, 248
BALAVOINE (Claude), 250
Bâle, 78
BARBARO (Ermolao), 81, 96
BARBERINI (cardeal Francesco), 187
BASIL, duque da Moscóvia, 297
BATAILLON (Marcel), 278
Bazacate (ilha de), 155
Belém, 57, 85
BELLEFOREST (Frrançois de), 23, 37, 55, 62, 80, 83, 88, 95, 96, 104, 125, 212, 221, 224, 244, 246, 261, 262, 294, 300
Belle-Ilê de Bretagne, 282
Belle-Isle (estreito de), 189
BELON (Pierre), 98
BELONA, 137
Bengala, 286
Benin, 231
BENZONI (Girolamo), 245
BERNARD (Claude), 46
Bíblia, 97, 116, 121, 123, 126, 212
BIDEAUX (Michel), 289
BISSELIN (Olivier), 217
BLÊMIOS, povo monstruoso, 22, 199
BOAISTUAU (Pierre), 79, 249
BODIN (Jean), 247

ÍNDICE

Bolonha, 78, 177
Bonavista (cabo de) ou Boa Vista, 208
BON TEMPS, Roger, 49
BORDONE (Benedetto), 188, 211, 272
BORGES (Jorge Luis), 71, 293
Borgonha, 115
Bornéu, 194
BOURBON (Antonio de), rei de Navarra, 292
BOURBON (Carlos, cardeal de), 53
BOURDIN (Gilles), 53
BOYER (Paul), 300
Brasil, 9, 12, 13, 23, 28, 30, 32, 41, 55, 66, 101, 103-113, 115, 116, 118, 119, 120, 122, 128, 133, 138, 139, 142, 143, 145, 150, 154, 160, 164, 169-170, 175, 180, 209, 215, 217, 233, 234, 258, 259, 267, 273, 277
Bretanha, 189, 256
BREUNING (Hans Jacob), 98
BROC (Numa), 280, 292
BRUNO (Giordano), 57
BRY (Théodore de), 43, 139, 140, 170, 223, 241, 270
BUCHER (Bernadette), 241
BUONDELMONTI (Christophe), 193, 211, 284
BUXTORF (Johann), 254

Cabala, 24, 31, 79, 81, 84
Cabo Bretão (ilha do), 207, 208
CABOTO (Giovanni), 208
CABRAL (Pedro Álvares), 41
CADMO, 121
CAIM, 121, 122, 217
Cairo, 66, 86, 88
CALEPINO (Ambroglio), 78, 81, 146, 248, 271

Califórnia (Baixa-), 203
Calis (ilha de — no mar do Sul), 212
Caloyer ou Caloiero (escolhos do mar Egeu), 211
CAMERARIUS (Ludwig), 23, 55, 62, 244
CAMERS (Joannis), 81, 95
CAMILA, rainha des Volsques, 275
Canadá, 28, 31, 66, 206, 209, 213, 214, 217, 235, 236, 292
Canárias, 190, 194
Câncer (trópico de), 60, 192
Cândia, 69, 254
CANDULUS, 87
CANIBAIS, 70, 103-104, 106, 164, 174, 233-234
Canibais (promontório e região do Brasil)
CARAÍBA (GRANDE), herói civilizador dos Tupinambá, 233-234
CARDANO (Girolamo), 20, 176, 177, 237, 247, 279
CARIBE (ÍNDIOS), 146, 269
CARLIER-DÉTIENNE (Jeannie), 272
CARLOS MAGNO, 169
CARLOS QUINTO, 40, 287
CARLOS IX, rei da França, 167
CARTIER (Jacques), 197-198, 205, 208, 209, 236, 289
Cáspio (mar), 64, 284
Cataio, 106
CATARINA DE MÉDICIS, 31, 53
CATULO, 82, 249
CÉARD (Jean), 238, 243, 247, 249, 279, 292, 293
Ceilão, 152, 154, 190
CÉLINE (Louis-Ferdinand), 293
CENTAUROS, 134-138
CERES, 116, 121
CERVANTES (Miguel de), 219

CÉSAR (Júlio), 116, 118, 120, 166, 169, 261, 264, 266, 276
Chaco, 145
CIÓPODOS, povo monstruoso, 22, 199
CIPIÃO EMILIANO, o segundo Africano, 44, 50, 58
CITA(S), 275
Cítia, 119, 129, 143, 199
CHASTEL (André), 141, 271
CHATEAUBRIAND (François-René), 17
CHÂTELET (François), 258
CHAUVETON (Urbain), 23, 178
CHEMLIN (Caspar), 96, 252, 253, 295
CHESNEAU (Jean), 303
Chile (ilha do Cabo do), 212-213
CHINARD (Gilbert), 17, 44, 237, 241
CÍCERO (Marcus Tullius), 50, 82, 247, 249
Cilícia, 211
CINÉAS, legado do rei Pirro, 118, 261
CINOCÉFALOS, 22, 199
CIRO, rei dos persas, 118, 261
CLASTRES (Hélène), 258, 259
CLASTRES (Pierre), 171, 172, 224, 265, 277, 278, 294, 302
CLOUZOT (Henri), 268
Cochin (ilha de), 283
COIGNET (Michel), 189, 190, 214, 283
COLIGNY (Gaspard de —, almirante de), 31, 51, 165, 185, 200, 203, 207, 229, 280
COLINES (Simon de), 190, 283
Colômbia, 145
COLOMBO (Cristóvão), 17, 38, 47, 105, 145, 146, 297
COLÓPODOS, povo fabuloso, 199
Colossos, cidade de Frigia, 69, 71, 72, 92
Comentário, 17, 50, 78, 81, 95, 111, 157, 200
Constantinopla, 29, 69, 77, 88
CONTANT (Paul), 139, 269
COPÉRNICO (Nicolas), 57
Corografia, 18, 21, 22, 23, 215, 238
Córsega, 282
CORTÉS (Hernán), 145
Cortina, cidade de Creta, 99
Cós, 247
Cosmocracia, 54
Cosmogonia, 23, 114, 125, 224
Cosmografia, 17, 20, 21, 22, 32-59
Cosmos, 73, 74
COUTES (Pierre de — senhor de la Chapelle du Pré et du Bouschet), 287
Creta, 99
CRIS, povo da Trácia, 263
CRISTO (JESUS), 199, 293
Cuba, 192
CUNHAMBEBE, chefe tamoio dos arredores do Rio de Janeiro, *ver também*: QUONIAMBEC, 103, 120, 162-167, 169, 170, 173-175, 177-181, 276, 279, 297
Curco ou Church (ilha), 211, 290
Curiosidades, 10, 30, 70, 111, 135, 139
Cuzco, 274

DAINVILLE (François de), 56, 58, 242, 244, 245
DALBY (David), 258
DARDEL (Eric), 242
DARES DA FRÍGIA, 92, 117, 308
DE BUJANDA (J.-M.), 261
DÉDALO ou DEDALUS, 121, 263, 282
DEFAUX (Gérard), 245

ÍNDICE

DE JONGHE (Édouard), 300
DELAUNE (Étienne), 134-142, 267, 268
DELEUZE (Gilles), 126, 183, 265
Delfos, 118
DE LONGHI (Valeria), 303
DELPECH (François), 149, 272
DELPECH (Sophie), 280
DEMERSON (Guy), 75, 248, 268, 293
Demônios (ilha dos), 211, 213
Descobertas (Grandes), 27, 56, 132, 144, 153, 157, 176, 221
DESTOMBES (Marcel), 284
DEUS, 25, 44, 50-51, 58, 62, 64-65, 68, 85, 97, 108, 122, 124, 230, 233, 275, 281
Diabo (cabo do), 109, 213, 273
Diderot (Denis), 181
Dieppe, 198, 200, 203, 205-207, 216, 299
DIODORO da SICÍLIA, 126, 262
DIÓGENES LAÉRCIO, 245
DIOSCUREDES, 67
DORAT (Jean), 30, 53-55, 243
DRAKE (Francis), 292
DROIXHE (Daniel), 258
DU BARTAS (Guillaume de Saluste), 132, 264, 266
DU BELLAY (Joachim), 30
DUBOIS (Claude-Gilbert), 294
DUCHET (Michèle), 270
DUFOUR (abade Valentin), 298
DU MOULIN (Antoine), 46, 242
DU PINET (Antoine), 246, 262, 263, 293
DU PRÉAU (Gabriel), 57, 245
DU RYER (Pierre), 283
DUVERGER (Christian), 224, 294

Ecúmeno, 17, 27, 56, 61, 91, 201, 215

Éden, 69, 122, 179
Egeu (mar), 62, 70, 88, 95, 193, 211, 274
EGÍPCIOS, 81, 85, 116, 121, 260
Egito, 66, 71, 77, 91, 96, 112, 248, 251, 258, 260
Eldorado, 149
ELIANO, 255
Emblema, 86, 87, 88, 91, 132, 141, 223
EMPÉDOCLES, 62, 63, 245
ENNIUS, 79
Entropia, 177
Equador ou equinocial, 66, 233
ERASMO (Desidério), 88, 89, 91, 95, 242, 250
ERICHTLAS, 116
Eslavônia, 69
Escócia, 189, 281, 289
Esfera, 12, 21, 28, 43, 51, 52, 61, 67, 191, 195, 198, 222, 245
Espanha, 20, 41, 49, 195, 216
ESPANHÓIS, 148, 177, 291
Esparta, 80, 264
ESPARTANO, 69
ESTIENNE (Henri), 81
ESTIENNE (Robert), 146, 249, 271
ESTRABÃO, 92
Etiópia ou AEthiopia, 231
Etna, 62, 88, 257
Eubeia, 247, 258
Europa, 9, 18, 28, 41, 42, 106-108, 112, 115, 117, 120, 123, 124, 138, 143, 164, 173, 175, 178, 195, 240, 244
Eurotas, rio da Lacônia, 80
EUSÉBIO DE CESAREIA, 122
EVA nova, 153, 275
Evemerismo, 116, 119, 260
Exotismo, 17, 181

Experiência, 46, 47, 48, 56, 57, 58, 60, 183, 197, 205
EZEQUIEL, 26, 97

FABRI (Pierre LE FEVRE, chamado), 283, 288
Falkland (ilhas), *ver também*: Malvinas, 289
Falkland Sound, 212
FARGE (James K.), 261
FEBVRE (Lucien), 45
FEEST (Christian), 267, 270
FELIPE II, rei da Espanha, 49
FENÍCIO(S), 121
Fernambourg, *ver*: Pernambuco, 278
Ferrara, 78
FINÉ (Oronce), 24
FIORAVANTI (Leonardo), 47, 242
FILÃO de Alexandria, 201
FLAUBERT (Gustave), 44, 222, 241, 293
FLÁVIO JOSEFO, 121, 122
Flórida, 28, 217, 277
FONTAINE (Marie-Madeleine), 242, 250
FOUCAULT (Michel), 247
FOUGEROLLES (François de), 247
FOURNIER (Pierre-François), 261
Franc Archer de Bagnolet, 49
França, 30, 31, 40, 56, 57, 95, 100, 115, 151, 172, 174, 182, 187, 203, 207
França Antártica, 30, 69, 77, 103, 119, 169, 179, 209, 210, 211, 245, 258, 270
FRANÇOIS I, rei de França, 280
FRANÇOIS III DE LA ROCHEFOUCAULD, 185-186
FRIEDERICI (Georg), 145, 271, 274
Frigia, 92, 117

FRÍGIO(S), 121
Frio (cabo), 256, 259
FROBEN, 78, 248, 250, 252
FROBISHER (Martin), 195
Funk Island ou Ilha dos Pássaros, 208

GAFFAREL (Paul), 266, 271, 298
GAGUIN (Robert), 114, 259
GAIGNEBET (Claude), 267
GALILEU (Galileo), 56
GALITZIN (príncipe Augustin), 298, 300,
GALLE (Hans), 241
Ganabara, *ver*: Guanabara, 210
GANDIA (Enrique de), 274
Ganges, 286
Gália, 114, 220
GARCIA (Pedro — chamado FERRANDE), 189, 214, 217
Gaza, 39, 57, 90
GÊ (ÍNDIOS), 127, 140, 270
Gigantes (ilhas dos), 212
GIOVIO (Paolo), 113, 258
GÉNÉBRARD (Gilbert), 23, 210
Geocentrismo, 51
GÉRANDO (Joseph-Marie de), 111, 258
GERÔNIMO (são), 92, 97
Giessen, 96, 252
GIL (Juan), 271
GILLES (Nicole), 220
GILLES (Pierre), d'Albi, 92, 252
GIRAUD (Yves), 237, 250
GLIOZZI (Giuliano), 271
GOODY (Jack), 292
GÓRGONAS, 129, 143
GOSSIAUX (Pol-P.), 258
GOTTFRID (Johann Ludwig), 268
Governador (Ilha do), 255
GOYET (Francis), 249

Graal, 107, 125, 256
Granches (montes dos), 288
GRANDIDIER (Alfred e Guillaume), 300
Grandes Homens (ilha dos), 212
Grécia, 97
GREGOS, 78, 97, 118, 126, 151, 186, 188, 263, 273
Grifos (ilhas dos), 137, 200
GRIJALVA (Pedro de), 145
Groix (ilha de), 189
GRYNAEUS (Simon), 247
Guanabara, 26, 30, 39, 103, 104, 112, 178, 210, 255, 290
GUATTARI (Félix), 126, 183, 265
GUAYAKI (ÍNDIOS), 171
GUENÉE (Bernard), 252
Guiné, 194, 231
GUISE, 31
GUSDORF (Georges), 244
Guyana, 140
GUYON (Louis), senhor de La Nauche, 256

HACKET (Thomas), 116, 117, 260, 296
HAIR (P.E.H.), 258
HAKLUYT (Richard), 25, 28, 55, 195, 223, 239, 244
HAKLUYT (Richard — o primogênito), 25
HAMY (Dr Édouard-Théodore), 268, 269, 270
Harley (J.B.), 285
harmonia universal, 70, 202
HARRISSE (Henry), 239, 288
HARTOG (François), 39, 240, 272, 281
HASLUCK (F.W.), 300
HASSINGER (Erich), 289

Havre, 21, 185
HAY (Denys), 122, 260, 261, 264
HEBREUS, 79, 91
Hébridas, 214, 289
HENRIQUE II, rei da França, 53, 207, 210, 283
HENRIQUE III, rei da França, 23, 168
Henryville / Cidade-Henry, 23, 215, 294
HÉRCULES, 121, 131-133, 178, 195, 262
HÉRET (Mathurin), 117-120, 124-126, 261
HERÓDOTO, 66, 87, 92, 119, 143, 151, 262, 281
HERVÉ (Roger), 282, 286, 287, 289, 291
Hesse, 96, 97, 99, 100, 103, 162, 277, 285
HESSELS (J. H), 285
HEULHARD (Arthur), 239
Hierro ou ilha de Ferro, 190
HIGMAN (Francis M.), 261
Himalaia, 199
HIPÓCRATES, 247
HIPODÂMIA, 134, 138
Hocheloga, 235
Holanda, 223, 291
HOLSTENIUS (Lucas HOLSTEIN), 283
HOMERO, 117
HONDIUS (Josse), 250
HOROLOGGI (Giuseppe), 296
HORST (Gregor), 77, 96-100, 116, 117, 248, 252, 254, 255
HORST (Gregor — o jovem), 253
HORST (Johann Daniel), 253
HUMBOLDT (Alexander von), 273
HUPPERT (George), 55, 238
Hybris, 25, 42, 62
Hyères (ilhas de), 190

ÍCARO, 63
ICAROMENIPO, 24, 49
Ilhas, 145, 148, 155, 177, 188, 190, 191, 193, 194, 197, 199, 200
Imaginação, 44, 93, 200-203, 216, 232, 238, 273
Imaugle ou Imangla, ilha das Mulheres, 152, 154, 155, 158, 212, 272, 275
IMPEY (Oliver), 267
INDAGINE (Jean de HAYN, chamado Jean d'), 47, 242
Índia, 41, 105,
Índias, 38, 65, 106
Índias Austrais e Ocidentais, 16, 31, 103
Índias Ocidentais, 245
Índias Orientais, 275
Índico (oceano), 152, 154, 272
Inébile ou ilha dos Homens, 154, 155, 158, 212, 272
Inglaterra, 25, 28, 116, 117, 223, 239, 289, 299
Inquisição (Santa), 39
Irlanda, 289
ISABEL DE CASTELA, 20
ISIDORO DE SEVILHA, 21, 199
Ísis, 116
Islã, 107
Islândia, 112, 257
Islay, uma das ilhas Hébridas, 281, 289
Isolario, 188, 192, 193, 195, 272, 275, 285, 290
Ístria, 69
Itália, 100

JACOB (Christian), 287
JACQUARD (Antoine), 139-142, 268-269
JACQUES V, rei da Escócia, 281
JARATIVA, *caciqueza* índia, 145
JASÃO, 30, 53
Java a Grande ou a Grande Java, 194, 201, 203, 214, 232, 286
JEAN DE MEUNG, 167, 169, 277
Jericó, 85, 90
JOANA (Madre) ou JOHANNA a Virgem veneziana, 152-153, 275
JOANA D'ARC, 274-5, 299
JOÃO II o Perfeito, rei de Portugal, 20
Jerusalém, 29, 39, 57, 69, 84
JESUÍTAS, 97
JODELLE (Etienne), 30, 53
JONAS, 26, 57
Joncade (ilha da), *ver também*: Nova Zelândia, 205, 289
Josefo, 121, 122
JOPPIEN (Rüdiger), 238
JOYCE (James), 293
Judéia, 85
JUDEUS, 84
JULIEN (Charles-André), 302
JÚPITER, 181, 263

KIRCHER (Rudolph), 98
KNAUER (Elfriede Regina), 257
KOHUT (Karl), 239
KORINMAN (Michel), 247
Kuri Muria (ilhas), 272

LA BOÉTIE (Étienne de), 277
Labrador, 204, 211, 287
Lacedemônia, *ver também*: Esparta, 80, 81
Lacônia, 80
LACTÂNCIO, 47, 57
LAFOND (Jean), 27, 239, 243
LAJOUX (Jean-Dominique), 267
LAMBERT DE SAINT-OMER, 199, 285

LANÉRY D'ARC (Pierre), 299
LANGUET (Hubert), 55, 244
Lanternois (região de), 160
LÁPITAS, 134, 136
LA POPELINIÈRE (Lancelot Voisin de), 23, 28, 55, 178, 206, 216, 244, 289, 292
LAPOUGE (Gilles), 290
LA ROCHEFOUCAULD (François III de), 82, 186
LA RONCIÈRE (Monique de), 281, 288, 290
LAS CASAS (Bartolomeu de), 249
LAUDONNIÈRE (Rene de), 31
LAUMONIER (Pau!), 243
LAUVERGNANT-GAGNIÈRE (Christiane), 243
LECOQ (Danielle), 285
LE FÈVRE DE LA BODERIE (Guy), 53-55, 243, 257
LEMAIRE DE BELGES (Jean), 114
Lemno, 254
LE MOINE (Roger), 243
LE Roy (Jean, senhor de la Boissière), 139, 268
LÉRY (Jean de), 13, 16, 45, 55, 109, 112, 113, 124, 127, 140, 160, 161, 162, 166, 170-172, 178-182, 210, 244, 245, 264, 265, 268, 275, 276, 277, 279-280, 298
LÉSBIA, 88, 275
LESCARBOT (Marc), 167, 169, 171, 210, 224, 277, 294
LE TESTU (Guillaume), 21, 185-187, 191, 192, 198, 199, 200-207, 210, 211, 215, 227, 229, 238, 280, 281, 283, 285, 287-289
LEU (Thomas de), 195, 285
Levante, 15, 24, 29, 32, 53, 69, 70, 73, 77, 79, 81, 83, 84, 85, 86, 87, 90, 91, 92, 95, 96, 98, 105, 109, 112, 113, 116, 119, 126, 157, 185, 216-219
LÉVI-STRAUSS (Claude), 101, 127, 146, 150, 177, 205, 224, 265, 266, 271, 272, 274, 279, 280, 285, 288, 294
Lewis, uma das ilhas Hébridas, 289
L'HOSPITAL Michel de, 53
LICHTENSTEIN (Jacqueline), 246
LINDSAY (Alexander), 188, 189, 281
LINZELER (Andre), 267
Lisboa, 291
Lituânia, 112
LITUANOS, 107
LOAYSA (GARCIA JOFRE DE), 291
LOCHES, 278
Londres, 26, 238, 239, 244, 260, 294, 296, 297
LORRAINE (Jean, cardeal de), 53
LUCHESI (Elisabeth), 276
LUCIANO de Samosata, 49
LUSSAGNET (Suzanne), 245, 246, 255, 256, 259, 265, 267, 268, 276, 277, 278, 302
LUTERO (Martinho), 97, 113, 114
LICURGO, 80, 120, 264
Lyon, 29, 87, 96, 241, 242, 247, 250, 256, 258, 264, 293, 295, 303

Macaé, 104, 255
Macedônia, 262
MACGREGOR (Arthur), 267
MACRÓBIO, 50, 243
Madagascar, 190, 194, 283, 300
MAGALHÃES (Fernão de), 43, 47, 174, 176, 191, 198, 212, 213, 279
MAINO (Jasão de) ou MAYNO, 259
MAIRE-ATA, 114, 125

MAIRE-MONAN, 114, 115, 121, 123-125, 127, 265
MAIRE-POCHY, 114, 121
maires, 115
Maiorque, 282
Málaca, 286, 288
Maldivas, 283
Malvinas ou Falkland, 212, 224, 289, 291
Man (ilha de), 282
Manicongo, 104
MANTO, filha de Tiré, 85
Mântua, 81, 85
MAOMÉ, 224, 294
mappemonde, 203, 285, 289
Maranhão, 139
MARGAJÁS, índios do Brasil, 106, 133, 138, 157, 163, 255, 258, 275
MARGOLIN (Jean-Claude), 247, 267, 279, 292
MARGARIDA DA ÁUSTRIA, 115
MARGARIDA DE NAVARRA, 212
MARIA, rainha da Hungria, 275
MAROT (Clément), 205, 288
Marselha, 69, 77
MARTIANUS CAPELLA, 26
MARTYR D'ANGHIERA (Pierre), 271
MATHIEU-CASTELLANI (Gisèle), 271
MATOS (Luis de), 280
MATTIOLI (P.A.), 67, 246
MAUGER (François), 296
MAURO (Fra), 273
Mauritânia, 70
Meca, 66
meditações cosmográficas, 25, 91
Mediterrâneo, 18, 28, 54, 57, 61, 64, 112, 188, 195, 211, 284
MEDUSA, 129
MEINERS (Christoph), 258
MÉLUSINA, 107, 256
Mely (reino da África), 231

memória (arte da), 21, 261
MÉNAGER (Daniel), 244
MENDOZA (Antonio de), vice-rei da Nova-Espanha, 217, 224, 238
MENIPEIA, 49
Menuës (ilhas), ou arquipélago da Rainha Adelaide, 212, 215
MERCATOR (Gérard), 25-26, 89, 196, 197, 207, 250, 289
MERIAN (Matthieu), 268
MERLIM, o mago, 107, 256
MÉTRAUX (Alfred), 168, 224, 267, 277, 278, 294, 301
México, 145, 217, 267
MICHAUX (Henri), 245
MICMAC (ÍNDIOS), 277
Milão, 78, 114
Minorque, 282
MINOS, 116
Mirebeau, 49
Mitilena, *ver*: Lesbos, 88
Mito (s), 50, 54, 56, 58, 107, 115, 125, 126, 128, 138, 142-147, 150, 152, 154-162, 169, 172, 177, 178, 180, 206, 257, 259, 265, 275, 289
MIZAULD (Antoine), 24
MOCQUET (Jean), 275, 276
MOISÉS, 26, 121
MOLES (Abraham A.), 274
MOLLAT DU JOURDIN (Michel), 281
Molucas, 41, 106, 192, 194, 207, 215, 282, 288
Molues (ilhas das), *ver também*: Terra-Nova, 285
MONOCULI, 22
MONTAIGNE (Michel de), 9, 17, 37, 47, 60, 64, 79, 110, 112, 167, 170, 173, 174, 200, 218, 219, 237, 238, 242, 245, 249, 271, 277, 278, 286, 293

More (cabo de), 202, 205
Morto (mar), 67
Mull (uma das Hébridas), 289
MÜNSTER (Sébastien), 22, 25, 26, 37, 81, 89, 95, 96, 185, 187, 217, 220, 222, 244, 250, 252, 258, 283
Mussacá, 180, 280

NACOL-AÇU, rei do Promontório dos Canibais, 103, 120
NAMBIKWARA (ÍNDIOS), 150, 181, 274
NETUNO, 116
Nicarágua, 145
NICOLAY (Nicolas de), 98, 188, 214, 281
NICOLET (Claude), 244
Nilo, 66, 71, 81
NOÉ, 116, 121
Nordeste brasileiro, 128
Nordeste (passagem do), 212
NORTH (Thomas), 297
NOSTRADAMUS (Michel de NOSTREDAME chamado), 210
Nova Escócia, 207
Nova França, 28, 200, 207, 209
Nova Granada, 145
Nova Guiné, 194
Nova Zelândia, 289

Ocidente (Extremo-), 54, 112
OLAUS MAGNUS, 106, 107, 257
Oleron (ilha de), 189, 282
OLIVA (Gaetano), 248
Omã (mar de), 104, 272
Órcades, 214
ORELLANA (Francisco de), 148, 149
Oriente, 19, 22, 54, 61, 77, 105, 112, 202, 233, 234

OROMÁSIO, 262
ORFEU, 53
ORTELIUS (Abraham), 187, 197, 207, 209, 285, 289
OVÍDIO, 119, 122, 263, 264
OVIEDO Y VALDÉS (Gonzalo Fernandez de), 38, 40, 239, 240

Pacífico (oceano), 155, 195, 282, 287, 289
Pádua, 78
Países Baixos, 25
PALISSY (Bernard), 35, 46, 242
PANOFSKY (Erwin), 131, 132, 266, 268
PANTIN (Isabelle), 243
PARACELSO, 46
Paraguai, 171
PARÉ (Ambroise), 46, 249
PARENT (Alain), 267
Paris, 10, 11, 13, 26, 31, 35, 42, 101, 135, 152, 190, 225, 229, 237-250, 252, 255, 256, 258-261, 265-268, 270-288, 290, 292, 293, 294-303
PARMENTIER (Jean), 299
PARMENTIER (Raoul), 299
PASCAL (Blaise), 65, 246
Pássaros (ilha dos) *ver*: Funk Island, 208
PASTOUREAU (Mireille), 281, 284, 297
PATAGÃO, 43, 175-177
Patagônia, 108, 175, 176, 212, 215, 234, 291
PAULO (São), 92
PEIRESC (Nicolas-Claude Fabri de), 191, 283
PELLETIER (Monique), 284, 286
PENTESILEIA, rainha das Amazonas, 144, 274

PERDRIS, sobrinho de Dédalo, 263
PÉREZ DE QUESADA (Fernán), 145
Pernambuco, 278
PEROTTI (Nicollo, chamado Sipontinus), 78, 81, 146, 248, 271
Peru, 105, 153, 204, 273
Pérsia, 19, 106
PICO DELLA MIRANDOLA, 79
PIERO DI COSIMO, 138, 268
PEDRO DE MEDINA, 41, 241
PIGAFETTA (Antonio), 148, 174, 188, 190, 214, 279, 282, 283
PIGMEUS, 26, 84, 97, 199, 286
PITÁGORAS, 63
PLANTIN (Christophe), 257, 289, 296
PLATÃO, 44
Plêiade (poetas da), 53, 243, 246, 262, 263
PLÍNIO O ANTIGO, 17, 21, 38, 44, 63, 66, 69, 81, 91-96, 99, 118, 121, 219, 240, 246, 250, 252, 262, 263, 264, 293
PLUTARCO, 32, 80, 117, 118, 120, 124, 262-264, 297
Pó, 81 Poitiers, 93, 139, 268, 269, 282, 294
Polos, 28, 37, 44, 112, 144, 151, 155
POLEUR (Jean), 240
POLIZIANO (Ângelo), 86
POLO (Marco), 198, 199, 272, 273
POMPEU, 71
POMPÔNIO MELA, 17, 37, 81, 96
PORCACCHI DA CASTIGLIONE (Thomaso), 188, 192, 193, 196, 211, 283, 285
Portugal, 20, 28, 41, 206, 280, 291, 297, 312

PORTUGUÊS, 12, 30
portulano(s), 27, 185, 187, 192, 196, 198, 207, 216, 281
POSSOT (Denis), 299
POSTEL (Guillaume), 24, 152, 153, 154, 187, 237, 256, 273, 275
Pseudomorfose, 131, 138, 142
PTOLOMEU (Cláudio), 21, 22, 26, 27, 37, 38, 47, 51, 57, 63, 112, 201, 202, 237, 238, 286
PTOLOMEU(S), soberanos do Egito, 248
PURCHAS (Samuel), 224, 294
PYTHEAS, 286

Quios, 80, 98, 248, 252, 255
QUONIAMBEC, 266, 278, 301

RABELAIS (François), 49, 75, 79, 212, 218, 237, 241, 243, 248, 250, 268, 291, 293
RAINAUD (Armand), 292
Rainha Adelaide (arquipélago), *ver também*: Menues (ilhas),
RALEIGH (Sir Walter), 28
RAMUSIO (Giovanni Battista), 19, 223, 282
RANDLES (William G.L.), 239
Ratisbonne, 96
Ratos (ilha dos), 59
Raz, Raze ou Race (cabo), 208
RAZILLY (François de), 139
RECH (Bruno), 249
REDONDO (Augustin), 54, 136, 192
REINHARD (Wolfgang), 249, 289
República das Letras, 221
REULOS (Michel), 259
REVERDIN (Olivier), 279
Rodes, 71, 85, 92, 201
RHODIGINUS (Lodovico RICCHIERI, chamado Ludovicus COELIUS),

77-79, 81, 82, 88, 91, 92, 94, 95, 98, 99, 116, 146, 247-250, 252, 255, 271
RICHER (Pierre), 210
Rigolot (François), 247, 293
RIMBAUD (Arthur), 237, 241
Rio de Janeiro, 103, 149, 209, 210, 217, 278, 301
Riphaeus (montes), 285
ROBERT-DUMESNIL, 267, 284
ROBERT VAL, *ver*: ROBERVAL., 209
ROBERVAL(Jean-François, senhor de La Roque), 31, 206, 209, 236, 290
ROBERVAL (Marguerite de), sobrinha do precedente, 211-212, 290-291
Roberval (ilha de), 211-212, 290-291
ROMA, 97, 108, 136, 242, 261
ROMANO(S), 81, 86, 136
RÔMULO, 116
RONSARD (Pierre de), 30, 51-55, 237, 243-244
ROUSSEAU (Jean-Jacques), 17
Rovigo, 78, 84, 248
Ruão, 167, 174, 277
RUELLE (Jean), 152, 273
RUPP-EISENREICH (Britta), 258

Saguenay, 206, 235-236
Saint-Domingue, 282
Saint-Gall, 90
Saint-Julien (ilha de), promontório insularizado da Terra-Nova, 285
Saint-Malo, 240
SALOMÃO, 41, 241
São Bartolomeu (massacres de), 51
São Lourenço (golfo e rio do Canadá), 26, 208, 209, 213
São Lourenço (ilha de), *ver*: Madagascar, 190, 194
São Sebastião na baía de Rio de Janeiro, 210
SANSÃO, 26, 57
Sansão (ilhas de ou dos Gigantes), *ver*: Gigantes (ilhas dos), Malvinas, 212, 291
SANSOVINO (Francesco), 19, 113, 237, 258
Saragoça, 203
SATÃ, 118, 179, 269
Sátira Menipeia, 49
SATURNO, 116
Saumaize (Bénigne), 245
SAVEDRA (Don Alvaro), 288
SCHEFER (Charles), 299
SCHINDLER (Valentin), 254
SCHLESINGER (Roger), 239, 291, 304
SEBASTIÃO, rei de Portugal, 297
SECRET (François), 79, 238, 249, 257
Sein (ilha de), 282
SÉLIM I, sultão otomano, 258
Selvagem (mito do Bom), 17, 111, 165, 170
SEMÍRAMIS, rainha de Babilônia, 275
Senegal ou Sanaga, 231
SERVET (Michel), 57
Sevilha, 21, 39, 199
SEZNEC (Jean), 260
SIBILA(S), 79
SIDNEY (Sir Henry), 116, 260, 296
SIMLER (Josias), 89
SIMONE (Franco), 259
Sinai, 66
SOLINO (Caius Julius SOLINUS chamado), 17, 37, 69, 81, 83, 95, 96, 98, 99

Sólon, 120, 264
SOURIQUOIS, *ver*: MICMAC (ÍNDIOS), 277
SPITZER (Leo), 287, 294
STABLER (Arthur P.), 239, 257, 291, 304
STADEN (Hans), 103, 140, 162, 163, 172, 268, 276
STAFFORD (Sir Edward), 239
STAROBINSKI (Jean), 238
Strongile, 211, 274, 290
Strüppe (Joachim — de Gelhausen), 96, 253
SULEIMAN O MAGNÍFICO, 18
SULLY (Maximilien de Béthune, barão de Rosny, depois duque de), 269
Sumatra, 194

TABAJARAS (ÍNDIOS), 106, 133, 138
TABOUROT (Étienne, senhor des Accords), 79, 249
TÁCITO, 100, 169, 277
TALES de Mileto, 63
TAMERLÃO, 276
TAMIZEY DE LARROCHE (Philippe), 283
Taprobana, *ver*: Sumatra, 192, 194
Tebaida do Egito, 90
teologia natural, 25
Termodonte, rio da Ásia, 129, 143
TERNAUX-COMPANS (Henri), 276
Terra Austral, 22, 28, 48, 194, 195, 200, 202, 206, 232, 235, 289
Terra de Fogo, 201, 203
Terra-Nova, 190, 196, 205, 206, 208, 235, 236, 239, 288, 294
Terra sem mal (mito da), 149
TESEU, 118, 120, 263, 264
THAITIEN, 180-181

THEVET (André), 9-13, 17, 22-26, 29-33, 37-40, 42, 43, 45-49, 51, 53, 54, 56, 57, 60, 61, 62, 65, 66, 67, 69, 73, 80, 82, 88, 90, 93, 95, 98, 107, 108, 111, 114, 119, 127, 133, 139, 144, 153, 157, 163, 172, 189, 206, 214, 221, 273, 274, 278, 289, 290, 291, 293, 294
Thevit Andrewe, *ver*: THEVET (André), 117, 261
Thevet (ilha de — no Brasil), 209
Thevet (ilha de — no Canadá), 208
THOU (Jacques-Auguste de), 191, 283
Thule ou Thyle (ilha de), 108, 201, 286
TIPHYS, 53, 54
TIRÉSIAS, 85, 121
Topografia, 58, 71, 91, 147, 215
Tordesilhas, 20, 40, 41, 203, 240, 286
TOURNON (André), 293
Trácia, 263
Translatio imperii, 173
Trento (Concílio de), 56, 58
Trinidad ou Trinite (ilha da), 190
TROGUS POMPEIUS, 262
Troia, 114, 115, 119
TUPI (ÍNDIOS), 127, 133, 147, 267
TUPINAMBÁ (ÍNDIOS), 23, 113, 114, 120, 127, 140, 152, 171, 181, 259, 266, 267, 278, 294, 301
TUPINIQUIM (ÍNDIOS), 106, 149
TURBET-DELOF (Guy), 256
TURCO(s), 18, 67, 69, 88, 106, 107, 179, 246, 256
TURNER (Hilary Louise), 284
Turquia, 19

Ubatuba, 179
Uist (North & South), 289
ULISSES, 101
Upsala, 108
Urbino, 120, 122
Ursos (cabo dos), 208

VADIANUS (Joachim von WATT, chamado), 25, 81, 89, 90, 91, 219, 251, 252, 260
vaidade (na pintura), 50
Valência, 278
VALOIS, 9, 26, 28, 43, 56, 209, 238, 261, 295
Varietas, 67, 82, 200
VAUDECLAYE (Jacques de), 210, 290
VELHO (Bartolomeu), 292
Veneza, 19, 69, 77, 78, 113, 152, 240, 242, 275, 283
VERGILIO (Polidoro), 116-122, 124-126, 128, 131, 133, 135, 137, 219, 260, 261, 262, 263, 264, 267
VERMEER DE DELFT (Jan), 238
Vervins, 108
VÉSALE (André), 141
VESPÚCIO (Américo), 199, 231
Vesúvio, 81
Vicenza, 78
VITÓRIA (deusa da), 137
VILLANI (Anna-Luigia), 271
VILLEGAGNON (Nicolas Durand, cavaleiro de), 30, 114, 117, 163, 169, 178, 179, 239, 298
Villegaignon (ilha de), 255
Ville-Henry do Brasil, *ver também*: Henryville, 210

VINET (Élie), 220
VIRGÍLIO, 54, 119, 122, 263, 264
Virginia, 277
VITRÚVIO, 263
VOLATERRANUS (Raffaello MAFFEI, chamado), 92, 252
VOLTAIRE, 259
Voorn, 289
VULCANO, 126, 138

Xamanismo, 107

WAITAKA (ÍNDIOS), 301
Walcheren, 289
WALSINGHAM (Sir Francis), 239
WARRAU (ÍNDIOS), 146, 147, 271
WECHEL (André), 298
WEIGERT (Roger-Armand), 268
WOODWARD (David), 285

YATES (Frances A.), 238
YÉRASIMOS (Stéphane), 19, 237, 258, 272
Yeu (ilha de), 189
Yucatán, 145, 282
YVES D'EVREUX, 275

Zakynthos, Zante ou Lezante, 247
ZAMOLXIS, 262
Zante, *ver*: Zakynthos, 247
ZAVALA (Huguette), 267
Zelândia, 289, 291
Zodíaco, 60, 107, 194, 256
zona(s), 63, 64, 231-235
ZOROASTRO, 262
ZUID BEVELAND, 289

O texto deste livro foi composto em Sabon, desenho tipográfico de Jan Tschichold de 1964 baseado nos estudos de Claude Garamond e Jacques Sabon no século XVI, em corpo 11/15. Para títulos e destaques, foi utilizada a tipografia Frutiger, desenhada por Adrian Frutiger em 1975.

*A impressão se deu sobre papel off-white 80g/m²
pelo Sistema Cameron da Divisão Gráfica
da Distribuidora Record.*